Peter Neuner

Streiten für die Einheit

Peter Neuner

Streiten für die Einheit

Erfahrungen mit der Ökumene
in fünf Jahrzehnten

HERDER

FREIBURG · BASEL · WIEN

© Verlag Herder GmbH, Freiburg im Breisgau 2021
Alle Rechte vorbehalten
www.herder.de
Umschlaggestaltung: Verlag Herder
Umschlagmotiv: Grafik auf der Basis des Ökumene-Logos
Satz: Barbara Herrmann, Freiburg
Herstellung: CPI books GmbH, Leck
Printed in Germany
ISBN Print 978-3-451-38956-6
ISBN E-Book (PDF) 978-3-451-83956-6

Inhalt

Inhalt

Vorwort

Zunächst reagierte ich eher skeptisch auf die Einladung, ein Buch über „Mein Leben für die Ökumene" zu schreiben. Ich war keine so große Nummer, dass sich ein solcher Titel nahelegen würde. Ich wurde in keine der offiziellen Kommissionen berufen, die Konvergenz- und Konsenstexte ausgearbeitet und veröffentlicht haben und kaum einmal wurde ich von meiner Kirche zur Beratung herangezogen. Ich habe Aufgaben im Rahmen der Universität übernommen, die nicht unmittelbar mit der Ökumene zu tun hatten, und hatte Kontakte zu Kirchen in der Dritten Welt, zu Kirchen in der Situation der Verfolgung und zu Kirchen in Fernost, in denen sich die konfessionelle Problematik ganz anders darstellt als bei uns. Diese Aktivitäten haben meine Arbeit kaum weniger bestimmt als mein ökumenisches Engagement.

Andererseits, so ist mir aber auch bewusst geworden, habe ich im Verlauf der vergangenen mehr als 50 Jahre ökumenische Erfahrungen gesammelt, die vielleicht nicht einfachhin untergehen sollten, selbst wenn sie sich zumeist nicht auf hoher kirchlicher oder wissenschaftlicher Ebene abgespielt haben – oder vielleicht gerade deshalb. Dazu gehört nicht zuletzt die Tatsache, dass sich Bemühungen, die überkommenen Kontroversen zu überwinden, rund alle 20 Jahre wiederholen und die Arbeit wieder von vorne beginnt. Neue Akteure treffen neue Dialogpartner, oft sind sie nur unzulänglich darüber unterrichtet, was die Vorgängergeneration bereits bedacht und vielleicht auch schon geklärt hat. Zudem wurden in den dazwischenliegenden Jahren neue, angeblich noch ungelöste Probleme entdeckt oder auch nachgeschoben, die nun der Lösung harren. Und vor allem: es gilt immer wieder neu, Vertrauen aufzubauen, ohne das auch das schönste Konsensdokument wirkungslos bleibt.

Die umfangreichen Bände „Dokumente wachsender Übereinstimmung"[1] sammeln die Konsens- und Konvergenztexte, die auf

---

[1] Dokumente wachsender Übereinstimmung (DwÜ), 4 Bde., Paderborn – Frankfurt ab 1983.

universalkirchlicher Ebene zwischen den verschiedenen Kirchen verabschiedet werden konnten. Diese Dokumente wurden immer umfangreicher, die Zeiträume, die die einzelnen Bände abdecken, immer kürzer. Kardinal Kasper hat sich in seinem Buch „Harvesting the fruits"[2] das Ziel gesetzt, die gewonnenen Ergebnisse vor dem Vergessen zu bewahren. In-via-Erklärungen sollten festhalten, wie weit die Kirchen auf ihrem Weg zur Einheit schon fortgeschritten sind, auch wenn sie das Ziel noch nicht erreicht haben. Der Ökumenische Arbeitskreis evangelischer und katholischer Theologen (ÖAK) hat unter dem Titel „Gemeinsam am Tisch des Herrn"[3] ein Votum zur Eucharistiegemeinschaft veröffentlicht, das die in diesem Kontext in zahlreichen internationalen und nationalen Dialogen erreichten Konvergenzen bündeln und zusammenfassende Auskünfte über die breit gestreute ökumenische Arbeit zu diesem Thema geben will. Wäre es nicht sinnvoll – so die Frage, die ich mir stellte –, nicht nur die Früchte theologischer Dialoge vor dem Vergessen zu bewahren, sondern auch Erfahrungen festzuhalten, die in der ökumenischen Arbeit gemacht wurden? Könnten sie nicht dazu beitragen, das ökumenische Engagement zu beflügeln, sich insbesondere durch Enttäuschungen nicht entmutigen zu lassen und Irrwege nicht immer wieder erneut zu beschreiten?

Mit dieser Überlegung war ich mit einem Problem konfrontiert, das mich bereits in meiner Promotionsarbeit beschäftigt und seither nicht mehr losgelassen hat, bis hin zu dem Graduiertenkolleg über religiöse Erfahrung, an dem ich in den letzten Jahren meiner aktiven Zeit an der Universität mitgearbeitet habe: Kann man Erfahrungen vermitteln, kann man sie weitergeben, kann man aus fremden Erfahrungen lernen? Oder muss jede und jeder seine eigenen Erfahrungen selbst machen, gute ebenso wie schlimme? Gibt es nur die Methode von *trial and error*, also die Möglichkeit, aus Schaden klug zu werden, oder lassen sich Erfahrungen aus ihrer individuellen Begrenzung

[2] Deutsch: Walter Kasper, Die Früchte ernten. Grundlagen christlichen Glaubens im ökumenischen Dialog, Leipzig – Paderborn 2011.
[3] Dorothea Sattler – Volker Leppin (Hg.), Gemeinsam am Tisch des Herrn. Ein Votum des Ökumenischen Arbeitskreises evangelischer und katholischer Theologen, Freiburg 2020.

befreien, verallgemeinern und vermitteln? Wahrscheinlich muss man sich selbst die Finger an einem heißen Ofen verbrannt haben, um zu wissen, wie sich das anfühlt. Es wäre wohl zu schön, um wahr zu sein, wenn sich Erfahrungen unmittelbar übertragen ließen und unsere Gesellschaft und die Kirchen einen Erfahrungsschatz sammeln könnten, der sie immer klüger werden ließe.

Von Martin Luther ist der Satz überliefert: „Im deutschen Sprichwort sagt man von einem jungen Arzt, dass er einen neuen Friedhof haben müsse; von einem jungen Juristen, dass er alles in Streitigkeiten verwickle; von einem jungen Theologen, dass er die Hölle mit Seelen fülle. Denn sie wollen alles ohne die Erfahrung, die allein klug macht, nach ihren Gesetzen und Regeln fertigbringen; darum laufen sie an und irren, sehr dem Menschen zum Schaden wie der Sache"[4]. *Experientia facit theologum*, die Erfahrung macht den Theologen und sie allein macht klug. Einige Erfahrungen habe ich in der Ökumene in den vergangenen fünf Jahrzehnten und auch schon etwas länger gewiss gesammelt. Sollte ich nicht doch versuchen, sie weiterzugeben?

Denn selbst wenn sich Erfahrungen nicht einfachhin übertragen und lernen lassen, wenn sie nicht allgemeinverbindlich sind wie strikte Beweise, so ist es doch unbezweifelt, dass man Erfahrungen mit Erfahrungen und an ihnen machen kann. Literatur lebt davon. Ein Schriftsteller schreibt, weil er die berichteten Erfahrungen nicht nur für sich selbst, sondern auch für potentielle Leser für bedeutsam erachtet. Man kann Erfahrungen erzählen, kann über sie berichten, und der Hörer und Leser kann daran seine eigenen Erfahrungen machen. Aber es sind neue, es sind seine Erfahrungen, die dabei entstehen, und Erzähler und Autor haben es nicht in der Hand, wie sie sich zu dem verhalten, wovon sie berichten. Der Autor ist nicht mehr Herr seines Textes.

Von der Etymologie her verweist der Begriff Erfahrung auf Fahren, auf Unterwegs-Sein. In der Theologie scheint das Wort Fuß gefasst zu haben in der Situation von Vertreibung und Exil, als man auswandern musste und Sicherheiten zerbrochen sind. Unbehaust-

---

[4] WA 42, S. 505.

sein und Heimatlosigkeit stehen an der Wurzel des Begriffs. Es gilt, eine Sache kennenzulernen, indem man sie er-fährt, er-wandert, sich ihr aussetzt. Erfahren wird man nicht dadurch, dass man wohlbehütet und beschützt am Ort sitzen bleibt und nichts an sich heranlässt, sondern indem man sich in die Fremde begibt, weggeht, fährt, Neues wagt, auch wenn es sich noch nicht hat bewähren können. Darum hängen wohl auch die Begriffe Erfahrung und Gefahr zusammen, nicht allein in der deutschen Sprache. Wer nichts wagt, wer sich nicht selbst aufs Spiel setzt, der erfährt auch nichts. Zumeist tun Erfahrungen weh, sie sind nicht billig zu haben. Aus einer Erfahrung kommt man anders heraus, als man in sie hineingegangen ist, das unterscheidet sie vom Erlebnis. Erfahrungen prägen, verändern, und man hat es nicht im Griff, was sie bewirken, was sie aus einem machen. Sich auf Erfahrungen einzulassen ist immer auch ein Abenteuer, es erfordert Mut.

Erfahrung beinhaltet ein subjektives Moment, sie zeigt ein Modell der Wirklichkeit, in das man aktiv mit eingeht. Schon der Sprachgebrauch verrät es, Erfahrungen werden nicht nur gesammelt, sondern auch gemacht. In diesem individuell-subjektiven Charakter stellen sie Autoritäten in Frage. Gegen die Aussage: „Ich habe die Erfahrung gemacht, …" können sich universal gültige Argumente nur schwer behaupten. Für die verfassten Kirchen stellt die Berufung auf Erfahrung immer eine Herausforderung dar. Die Mystiker, Spiritualisten, Schwärmer, Modernisten standen zumeist am Rande der Kirche, waren beargwöhnt oder wurden verdrängt.

Dabei entzünden sich Erfahrungen an Gegenständen, man macht sie mit Personen, mit Texten, Gesellschaften, Kirchen und ihren Gottesdiensten und mit Büchern. Ökumenische Erfahrungen ereignen sich vor allem in der Auseinandersetzung mit abweichenden Überzeugungen, in Herausforderungen und Kontroversen. Besonders prägend und nachhaltig sind Enttäuschungen. Sosehr Erfahrungen individuell geprägt sind, sie ereignen sich in der Begegnung mit Inhalten, besonders mit sperrigen Wirklichkeiten, die sich nicht in den eigenen Verstehenshorizont eingliedern lassen. Für die religiöse Erfahrung ist es konstitutiv, einer Wirklichkeit zu begegnen, das unterscheidet sie von der Illusion. Wenn ich hier über ökumenische Erfahrungen berichte, soll es jedenfalls nicht um mich gehen, sondern um die Sache, den Gegenstand. Inhalt des Buches ist die Ökumene, die Suche nach der Einheit der christlichen Kirchen, und nur aus dieser Perspektive möchte ich berichten, wie ich dieser Herausforderung begegnet bin und was sie aus mir gemacht hat. Keinesfalls will das Buch eine Autobiographie sein. Aber es soll deutlich machen, dass Ökumene nicht eine trockene Schreibtischgelehrsamkeit ist, sondern dass sie Menschen betreffen und Biographien prägen kann.

Bei der überwiegenden Zahl der Texte und der Ereignisse, auf die ich hier zu sprechen komme, war ich in der Entstehung nicht beteiligt. Aber sie haben mich herausgefordert, ich musste mich ihnen stellen. Ich habe über sie referiert und geschrieben, versucht sie in den Kirchen und in der Öffentlichkeit bekannt und plausibel zu machen, ihre theologischen Implikationen aufzuzeigen und die Konsequenzen zu umreißen, die sich eröffnen, wenn man sie ernst nimmt. Ich habe für sie gestritten oder sie zurückgewiesen und kritisiert. Vor allem habe ich bemängelt, wenn die Kirchen die in den Dokumenten erschlossenen Möglichkeiten zu ökumenischer Verständigung nicht rezipiert haben. Auf diese meine Darlegungen und Reaktionen greife ich in diesem Buch zurück, verweise auf Aufsätze und zitiere aus Texten, die ich publiziert habe und die oft nicht die Resonanz gefunden haben, die sie nach meiner Überzeugung verdient hätten. Ich wurde nie daran gehindert, eine von kirchenamtlicher Seite eventuell abweichende Überzeugung zu publizieren, kaum einmal wurde ich kritisiert, sehr viel häufiger totgeschwiegen. Weil es um die Sache geht, durchbreche ich verschiedentlich den historischen Ablauf und fasse die Probleme zusammen, die sich mir im Laufe der Jahrzehnte immer wieder gestellt haben. Wenn ich hier häufig auf eigene Veröffentlichungen zurückgreife, ist das von der Themenstellung des Buches bedingt und wenn ich aus eigenen Texten zitiere, möge das nicht der Unsitte der Selbstzitation zugeschrieben werden, sondern der Bemühung, dem Verdacht eines Plagiats zu entgehen, ein Vorwurf, der inzwischen auch auf einen nicht ausgewiesenen Rückgriff auf eigene Publikationen angewandt wird.

Selbst wenn sich die Gliederung des Buches an Stationen meines beruflichen Lebens orientiert, so soll diese lediglich zeigen, wie ich den ökumenischen Herausforderungen begegnet bin, die natürlich unabhängig sind von meiner Biographie. Dennoch geht es um Erfahrungen, die ich gemacht habe. Nicht alles, was ökumenisch bedeutsam war, ist für mich zu einer persönlichen Erfahrung geworden. Was in diesem Buch nicht vorkommt, wird damit nicht für unbedeutend erklärt. Ich hoffe, dass die Erinnerungen, von denen ich hier berichte, zutreffend sind, persönlich geprägt sind sie jedenfalls. Ich schreibe hier keine der Objektivität und wissenschaftlichen Standards verpflichtete Geschichte der Ökumenischen Bewegung. Doch ich hoffe, dass die Erinnerungen einen kleinen Beitrag zu einer solchen erbringen. Und vor allem hoffe ich, dass sich daran Erfahrungen anschließen können, die, um nochmals das Luther-Zitat aufzugreifen, heutige Akteure in der Ökumenischen Bewegung klug werden lassen.

Die Erinnerungen, die ich hier aufgreife, habe ich vorwiegend in der katholischen Kirche gemacht. Wenn nicht ausdrücklich anders gesagt, ist sie gemeint, wenn ich einfachhin von Kirche spreche. Ich habe dabei nicht die Absicht, anderen Kirchen und kirchlichen Gemeinschaften ihr Kirchesein abzusprechen.

Im Dezember 2010, bei einem Symposion von ehemaligen Studierenden an der Dormitio Abtei in Jerusalem[5] hat Achim Budde, damals Direktor auf der Burg Rothenfels und Gastgeber des Treffens, Harding Meyer und mich als „Altmeister der Ökumene" begrüßt. Für Harding Meyer erschien mir diese Bezeichnung als angemessen, aber für mich? Inzwischen sind 10 Jahre vergangen, Harding Meyer ist verstorben, Budde ist Direktor der Katholischen Akademie in Bayern und ich bin nicht nur, wie man so schön beschönigend sagt, älter, sondern ich bin alt geworden. Gerade deshalb möchte ich über meine ökumenischen Erfahrungen der vergangenen 50 Jahre berichten, in der Hoffnung, dass sie zu neuen Erfahrungen anregen.

Ich bedanke mich bei Weggefährten und Freunden, die mir in der Ökumene begegnet sind, insbesondere bei denen, die in der Arbeit an diesem Buch meinen Erinnerungen nachgeholfen haben. Viele, denen ich hier Dank abstatten müsste, sind nicht mehr am Leben. Meinen Dank sagen möchte ich insbesondere Andreas Batlogg, Gudrun Stein-

---

[5] Dokumentiert in: Achim Budde – Oliver Schuegraf (Hg.), Ökumene retten! Symposion der Burg Rothenfels und des Forum Studienjahr Jerusalem, Münster 2012.

eck, Athanasios Vletsis und Gunther Wenz sowie Clemens Carl vom Verlag Herder, bei dem ich mich bei der Publikation in guten Händen wusste.

München, November 2020   Peter Neuner

A) Im Studium während des Konzils: Auf dem Weg zur Ökumene

Es war mir nicht in die Wiege gelegt, in meinen alten Tagen einen Rückblick auf ökumenische Erfahrungen zu schreiben. Ich bin in einer eher traditionell katholischen Familie aufgewachsen, meine Eltern waren beide Lehrer, die ihre Religion praktizierten, in erster Linie wohl aus Gewissenhaftigkeit und als Pflichterfüllung. Obwohl ich meine Kindheit und meine Jugendjahre in München verlebt habe, waren Kontakte zu evangelischen Altersgenossen eher die Ausnahme. Ich besuchte ganz selbstverständlich eine katholische Konfessionsschule, wurde Ministrant, später Oberministrant und habe in der Pfarrjugend eine recht traditionelle Beheimatung in der katholischen Kirche erfahren. Mit evangelischen Gleichaltrigen kamen wir von Zeit zu Zeit bei Sportveranstaltungen zusammen, geprügelt haben wir uns mit ihnen nicht, oder jedenfalls nicht wegen religiöser Differenzen.

Im Gymnasium waren wir konfessionell gemischt, in meiner Klasse waren die Katholiken in der Minderheit. Spannungen sind daraus nicht entstanden. Ich besuchte ein naturwissenschaftliches Gymnasium, damals Oberrealschule genannt. Die Segnungen einer klassisch humanistischen Bildung sind mir dadurch entgangen, dafür wurde mir ein Interesse an naturwissenschaftlichen Fragestellungen vermittelt, das mich auf Dauer geprägt hat.

1. Ein schwieriger Anfang im Priesterseminar

Nach dem Abitur bin ich im Herbst 1960 in das Priesterseminar in Freising eingetreten. Kardinal Wendel, der am Silvestertag dieses Jahres plötzlich verstarb, hatte durchgesetzt, dass ein Neubau am Ort des alten Priesterseminars wiederum auf dem Domberg in Freising errichtet wurde, obwohl die Existenz der dortigen Philosophisch-Theologischen Hochschule bereits sehr umstritten war. Das Haus war noch nicht fertig und die meisten der rund 130 Seminaristen hatten ihre Unterkunft verstreut in der Stadt. Nur wir als der erste Kurs waren im alten Seminar eher notdürftig untergebracht. Im Studierraum waren wir zu zehnt einquartiert, der Schlafsaal war nach meiner Erinnerung mit rund 25 Betten bestückt, private Bereiche gab es nicht. Ich erinnere mich an meine Suche von Orten, an denen man für sich und ungestört studieren und nachdenken konnte. Die Bibliotheken hatten nur begrenzte Öffnungszeiten. Im Sommer boten sich der Garten und der Kreuzgang des Domes an, im Winter blieb die Suche oft erfolglos.

Ein Jahr nach meinem Eintritt ins Priesterseminar war der Neubau bezugsfertig, jeder bekam ein Einzelzimmer – ein gewaltiger Fortschritt. Das Haus war neu, ein neuer Geist ist jedoch nicht eingezogen. Jetzt, ein Jahr vor Beginn des II. Vatikanischen Konzils, wollte man die traditionelle Seminarerziehung noch einmal mit Macht durchsetzen, etwa mit der Pflicht, alle Vorlesungen an der Hochschule zu besuchen, mit vorgegebenem Tagesablauf, festen Studierzeiten, knapp bemessener Freizeit und der Schwellenregel, die Besuche im Zimmer von Mitstudenten untersagte. Sogar Radios waren verboten. Ökumene war kein Thema, nicht einmal als Gegenstand der Kontroverse. Als Seminaristen waren wir auf dem Freisinger Domberg weithin unter uns, abgeschottet in einer sehr künstlichen Atmosphäre, soweit als möglich unberührt von den Herausforderungen von Welt und Zeit. Auch alle Probleme und Ärgerlichkeiten, die nicht ausgeblieben sind, wurden in diesem engen Rahmen ausgekocht. Ich wundere mich heute, dass ich das damals, wenn auch widerwillig, akzeptiert habe, und ich muss gestehen, stolz bin ich darauf nicht. Bei der Einweihung des Neubaus sprach Kardinal Döpfner, inzwischen Erzbischof von München und Freising, von den großen Fenstern des Hauses und ermunterte uns, hinauszuschauen, auch nach dem 40 km entfernten München. Ich hatte schon damals den Eindruck, dass er mit dem Seminarneubau in Freising nicht glücklich war. Die Entscheidung dafür war vor seiner Zeit als Bischof von München gefallen.

2. Auf dem Weg zur Ökumene

Nach Abschluss der vier Semester Philosophie in Freising nahm ich das theologische Studium an der Universität München auf. Ich erinnere mich an das erste Hauptseminar, das ich im Wintersemester 1962/63 in Fundamentaltheologie bei Heinrich Fries besucht habe. Es ging um die Theologie des Wunders. Unter den Seminarteilnehmern waren Johann Baptist Metz, Jörg Splett, Otto Hermann Pesch, Johannes Finsterhölzl, Johannes Brosseder. Max Seckler war unmittelbar zuvor als Professor nach Passau berufen worden. Einige Jahre später kamen Karl Lehmann als Assistent von Karl Rahner, Jürgen Werbick als Doktorand und Harald Wagner als Habilitand dazu. Ich habe zunächst von den Referaten und den Diskussionen kaum etwas verstanden, aber es ist mir aufgegangen, dass hier Probleme erörtert wurden, die bedeutsam waren für die Kirche und für die Existenz eines Christenmenschen in unserer Welt und Zeit.

Heinrich Fries war 1958 von Tübingen an die Katholisch-Theologische Fakultät in München berufen worden. Seine Antrittsvorlesung vom November dieses Jahres stand unter dem Motto „Der Beitrag der Theologie zur Una Sancta". Theologie, so führte er aus, hat dafür zu sorgen, „dass die Frage der Una Sancta als Aufgabe nicht zur Ruhe kommt, einschläft oder verschüttet wird. Die Theologie hat für die notwendige Wachheit des Geistes und die heilsame, schöpferische Unruhe des Herzens zu sorgen. Die Theologie soll der erklärte Gegner der Gleichgültigkeit, der falschen Sicherheit und der daraus geborenen Überheblichkeit sein"[1]. Das waren im November 1958 noch ganz ungewohnte Töne. Das Pontifikat Papst Pius' XII. lag noch keine zwei Monate zurück, seine Enzyklika *Humani generis* von 1950 mit der Verurteilung der *Nouvelle Théologie* und sein Verbot, dass katholische Theologen auch nur als Beobachter an den Vollversammlungen des Ökumenischen Rates der Kirchen in Amsterdam 1948 und in Evanston 1954 hätten teilnehmen dürfen, belasteten das Klima zwischen den Kirchen noch schwer.

---

[1] Heinrich Fries, Der Beitrag der Theologie zur Una Sancta, München 1959, 26.

3. In welchem Sinne war das Konzil ökumenisch?

Die Semester, die ich an der Universität München verbrachte, waren die Jahre des II. Vatikanischen Konzils (1962–1965). Mehrere der Professoren der Fakultät waren Konzilstheologen[2]. Es waren Höhepunkte meines Studiums, wenn sie von ihren Erfahrungen im Konzil berichteten und dabei jeweils bestrebt waren zu zeigen, dass sich ihre theologische Position durchgesetzt habe und die Gegenrichtung ständig an Einfluss verliere. Michael Schmaus und Klaus Mörsdorf und vor allem Karl Rahner, der während des Konzils von Innsbruck an die Universität in München wechselte, waren offizielle Konzilsperiti, Joseph Pascher und Richard Egenter fungierten als theologische Berater von Kardinal Döpfner. Heinrich Fries hatte eine durch Rahner angeregte Einladung abgelehnt, er war besorgt, altgediente Säulen der theologischen Fakultät würden es übel vermerken, wenn er als der jüngste Professor der Fakultät ihnen vorgezogen würde. Vielleicht trieb ihn auch die Sorge um, das Konzil würde einen ganz unerfreulichen Verlauf nehmen und längst überholte Positionen der Kontroverstheologie festschreiben, mit denen er nicht in Verbindung gebracht werden wollte. In der Vorbereitungsphase, als ihn die Einladung Döpfners erreichte, war ein solcher Verlauf des Konzils keineswegs ausgeschlossen. Später hat Fries es bereut, sie nicht angenommen zu haben.

Auch wir als junge Studenten haben damals verstanden, dass die Positionen, die unsere Professoren im Konzil vertraten, durchaus unterschiedlich waren. Ihre Erfolgsberichte haben einander jedenfalls deutlich widersprochen. Dies zeigte sich nicht zuletzt in ihrem Verständnis des Begriffs Ökumene.

Als Papst Johannes XXIII. am 25. Januar 1959 ein ökumenisches Konzil ankündigte, verbanden sich mit dem Begriff „ökumenisch" sehr unterschiedliche Erwartungen[3]. Sollte es ein Unionskonzil wer-

---

[2] Siehe hierzu: Peter Neuner, Kardinal Döpfner und Münchner Theologen im II. Vatikanum. Ein Beitrag zur Kooperation von Lehramt und Theologie, in: MthZ 64 (2013) 327–340.

[3] Zum Abschnitt und den Zitaten siehe Peter Neuner, Das Konzil und die Ökumene, in: MthZ 54 (2003) 141–155.

den? Der Papst selbst hat derartige Erwartungen in gewisser Weise bestärkt. Die Ankündigung des Konzils geschah am letzten Tag der Weltgebetsoktav für die Einheit der Christen – gewiss kein zufälliges Datum. Er verband damit „eine freundliche und neuerliche Einladung an unsere Brüder der getrennten christlichen Kirchen, mit uns an diesem Festmahl der Gnade und Brüderlichkeit teilzunehmen, auf das so viele Seelen in jedem Winkel der Welt hoffen"[4]. Fünf Tage später bekräftigte der Papst seine Absicht nochmals: „Wir wollen nicht aufzuzeigen versuchen, wer Recht und wer Unrecht hatte. Die Verantwortung ist geteilt. Wir wollen nur sagen: kommen wir zusammen, machen wir den Spaltungen ein Ende"[5]. In der offiziellen Pressemitteilung des Vatikans war man dann wesentlich behutsamer. Hier hieß es nur noch, das Konzil solle „eine Einladung an die getrennten Gemeinschaften zur Suche nach der Einheit sein"[6]. Hatte der Papst von „christlichen Kirchen" gesprochen, hießen diese nun in herkömmlicher Lesart wieder „getrennte Gemeinschaften". Hans Küng veröffentlichte ein Buch mit dem Titel „Konzil und Wiedervereinigung", das weitreichende Erwartungen weckte. Es war ein Plädoyer für Reformen der Kirche und es hat vorausschauend präzise die Themen angesprochen, in denen das Konzil dann Neubesinnungen vorgenommen hat. Kardinal König hat es in einem Geleitwort zu dem Buch als ein „erfreuliches Zeichen" genannt, dass es Perspektiven aufgreift, „die sich angesichts der zerrissenen Christenheit und der Erwartungen des kommenden Konzils ergeben"[7].

Die Leitungen der vom Papst angesprochenen Kirchen reagierten zurückhaltend. Einige orthodoxe Bischöfe erklärten spontan, sie würden am Konzil teilnehmen, wenn sie als gleichberechtigte Partner eingeladen würden, was in ihrer Terminologie bedeutete, wenn der Papst als Erster unter Gleichen das Konzil zusammenrufen und ihm präsidieren, nicht aber von seinem Primat Gebrauch machen würde. Der Zentralausschuss des Ökumenischen Rates der Kirchen, der zwei

---

[4] Zitiert nach: Otto Hermann Pesch, Das Zweite Vatikanische Konzil, Würzburg 1993, 58.

[5] Herder-Korrespondenz 13 (1958/59) 274f.

[6] A. a. O. 273.

[7] Hans Küng, Konzil und Wiedervereinigung, Freiburg 1960, 5.

Wochen nach Konzilsankündigung in Genf tagte, erklärte: „Es hängt viel davon ab, auf welche Weise das Konzil einberufen wird und in welchem Geiste man an die Frage der christlichen Einheit herangeht. Die entscheidende Frage lautet: Wie ökumenisch wird das Konzil in seiner Zusammensetzung und seiner geistlichen Ausrichtung sein?"[8]

Doch in der Konzilsgeschichte und im Kirchenrecht hat der Begriff „ökumenisch" eine andere Bedeutung als in der modernen Ökumenischen Bewegung. Als ökumenisch werden hier Synoden bezeichnet, in denen, vom Papst einberufen, die Bischöfe als Repräsentanten der universalen Kirche zusammenkommen und in Glaubensfragen beraten und Beschlüsse fassen. Weil, so der Anspruch, durch die katholischen Bischöfe die universale Kirche repräsentiert ist, stellt ihre Versammlung ein ökumenisches Konzil dar, das den *consensus unanimis* der Kirche formuliert und darum glaubensverbindlich ist. So gehören nach katholischem Verständnis zu den ökumenischen Konzilien neben denen der frühen Christenheit auch die mittelalterlichen Generalsynoden der lateinischen Kirche, sowie die Versammlungen von Trient und das I. Vatikanum (1869/70). Ökumene in diesem Sinne impliziert den Anspruch der katholischen Kirche, für sich allein die universale Kirche Jesu Christi zu sein. Die Konzilsväter sind aufgerufen, den Glauben zu formulieren und Beschlüsse zu fassen, ohne dass sie dabei Rücksicht auf die nicht-katholischen Gemeinschaften und ihre Mitglieder zu nehmen hätten. Die Tatsache, dass es Gemeinschaften gibt, die von ihr abgefallen sind und sich dennoch als Kirchen verstehen, tut ihrem Selbstbewusstsein keinen Abbruch. Sie entbehrt nichts, was Kirche zur Kirche macht. Wenn die getrennten Gemeinschaften wieder zurückkehren sollten, würde das theologisch allein deren Qualität erweitern. Der Anspruch Roms, ein ökumenisches Konzil abhalten zu können, implizierte in diesem Verständnis die Auffassung, dass die anderen Gemeinschaften, in denen Christen ihren Glauben leben, nicht Kirchen im theologischen Sinn des Wortes seien. Die römisch-katholische Kirche ist demnach allumfassend, ökumenisch, sie ist die *una sancta ecclesia* des Glaubensbekenntnisses.

---

[8] Manfred Plate, Weltereignis Konzil, Freiburg 1966, 151.

Dieses Verständnis von Ökumene konnten wir als Studenten den Berichten von Klaus Mörsdorf entnehmen, doch wir assoziierten mit dem Begriff vor allem die Idee der Einheit der Christenheit. Die Existenz des Ökumenischen Rates der Kirchen und sein Engagement für die Einigung der Christenheit erschienen uns als viel plausibler als der für unser Empfinden überholte Anspruch Roms. Doch die Frage war spannend, in welchem Sinne würde das Konzil ökumenisch sein: im Bemühen um die Einigung der Christenheit, oder im Anspruch, die römisch-katholische Kirche und sie allein sei die Kirche Jesu Christi, sie verwirkliche alles, was Christus mit seiner Kirche gewollt hat, und außerhalb ihrer Grenzen sei keine kirchliche Realität, derer sie entbehren würde. Würden die nicht-katholischen Gemeinschaften einbezogen, würden sie eine Rolle spielen oder nicht?

Die Informationen über das Konzil flossen spärlich. Die Konzilsväter und die theologischen Berater wurden auf Stillschweigen verpflichtet, Nachrichten über den Konzilsverlauf sollten alleine durch die vatikanischen Büros an die Öffentlichkeit gelangen. Vor allem wollte man vermeiden, dass Konflikte publik würden, die das Bild der Kirche und ihrer Geschlossenheit hätten in Frage stellen können. Doch diese Informationspolitik ließ sich nicht mehr durchhalten. Es wurde auch in der Öffentlichkeit deutlich, dass es in der Vorbereitung des Konzils und dann insbesondere in seiner Anfangsphase zu erheblichen Konflikten kam. Die wichtigste Stimme für uns war der Jesuit Mario von Galli mit seinen Berichten vom Konzil in mehreren deutschen und österreichischen Rundfunkanstalten und seinen Beiträgen in der von den Schweizer Jesuiten herausgegebenen Zeitschrift „Orientierung". Daneben fanden wir in der vom Verlag Herder herausgegebenen Zeitschriften „Christ in der Gegenwart" und in der „Herder-Korrespondenz" zuverlässige und durchaus auch kritische Informationen.

Zunächst blieb die Frage offen, in welchem Sinn das Konzil ökumenisch sein würde. Einerseits wurde schnell klar, ein Unionskonzil würde es nicht sein, Mitglieder des Konzils waren Bischöfe und höhere Ordensobere der römischen Kirche. Doch die getrennten Kirchen wurden eingeladen, amtliche Beobachter zu entsenden. Das hat sich als folgenreich erwiesen. Als erste erklärte sich die anglikanische Gemeinschaft bereit, drei offizielle Vertreter zum Konzil zu benennen; die Evangelische Kirche in Deutschland nominierte Professor Edmund Schlink, Direktor des Ökumenischen Instituts an der Universität Heidelberg; der Lutherische Weltbund, der Reformierte Weltbund, der Ökumenische Rat der Kirchen sandten ihre Vertreter. Die Orthodoxen Kirchen verhielten sich zunächst zögernd. Buchstäblich am Vorabend der Konzilseröffnung traf die Nachricht ein, zwei Vertreter des Moskauer Patriarchen Alexios seien unterwegs nach Rom. Damit war der Bann gebrochen und der Weg auch für die anderen orthodoxen Kirchen offen. Bei Konzilsbeginn waren rund 40 Beobachter anwesend, die 17 nicht-katholische Kirchen vertraten, in der vierten Sitzungsperiode waren es über 100 aus 29 Kirchen.

Die offiziellen Beobachter der christlichen Kirchen waren nicht Teilnehmer des Konzils, ihr ekklesialer Status sollte offen bleiben. Sie hatten kein Rede- und Stimmrecht, aber sie waren auch nicht einfachhin Privatleute, sondern offizielle Vertreter ihrer Kirchen mit dem Recht zur Teilnahme an allen Sitzungen und zur Einsicht in alle Vorlagen. Der Papst selbst sorgte dafür, dass sie in der Konzilsaula auf einer Tribüne unmittelbar neben dem Präsidium die besten Plätze bekamen. Sie waren also weithin sichtbar und führten schon durch ihre Anwesenheit den Konzilsvätern vor Augen, dass die Christenheit umfassender ist als die römische Kirche. Wenn man im Konzil über Nicht-Katholiken sprach, waren diese selbst anwesend, und bekanntermaßen ändert es die Situation erheblich, ob man zu jemandem spricht oder über ihn. In diesen Jahren fand das Fernsehen Eingang in die Wohnzimmer in Deutschland. Den Konzilsbeginn konnte ich bei einer befreundeten Familie verfolgen, natürlich in Schwarz-Weiß, aber dadurch trat die Differenz zwischen den roten Talaren der lateinischen und den schwarzen der orthodoxen Bischöfe und den Anzügen der protestantischen Professoren nicht so schroff hervor.

Erst durch die historische Forschung Jahrzehnte nach dem Konzil ist mir deutlich geworden, in welchem Maße die Beobachter insbesondere über das Einheitssekretariat Anregungen für die Beratungen und die Texte zu geben vermochten. Sie waren keineswegs nur stumme und schweigende Zuschauer und Berichterstatter, sondern hatten faktisch den Status von Beratern und waren oft sogar besser gestellt als die offiziellen Konzilstheologen. Im Gegensatz zu mancher

Interpretation des Konzils, der zufolge alle Neuansätze des II. Vatikanischen Konzils als Aktualisierung von Anliegen gedeutet werden, die in der Tradition der katholischen Kirche schon immer lebendig waren und nun lediglich eine deutlichere Betonung fanden, muss festgehalten werden, dass wichtige Anregungen auch aus der Ökumene kamen. Diese Impulse von außen haben das Konzil bereichert. Dies gilt vor allem für die Pastoralkonstitution *Gaudium et Spes*, zu der entscheidende Impulse vom Ökumenischen Rat der Kirchen und dessen Dialogerfahrungen ausgingen.

Die Öffnung der Kirche setzte sich im Konzil durch, sie beendete die Tendenz, sich von den Fragen der Zeit und der Gesellschaft zu isolieren und diese von vornherein als illegitim abzuweisen. Das war zu Beginn des Konzils keineswegs gesichert, es hätte auch einen ganz anderen Verlauf nehmen können. Viele Mitglieder der vorbereitenden Kommissionen, die in der Atmosphäre des Antimodernismus aufgewachsen waren, waren überzeugt, dass die Kirche, ihre Lehre und Theologie im offiziell verbindlichen, neuscholastischen Lehrsystem den Endpunkt ihrer Entfaltung erreicht habe. Nun könne es keine Weiterentwicklung mehr geben, die der Kirche vorgegebene Wahrheit sei überzeitlich und ihre Lehre unveränderlich. In diesen vorbereitenden Kommissionen wurden die aus aller Welt eingegangenen Vorschläge in ein streng konservatives System einbezogen, man wollte die überkommene Lehre gleichsam für alle Zeiten festschreiben. Die 72 Schemata, die die Kommissionen erarbeitet hatten, waren von diesem Geist geprägt. Man war überzeugt, dass das Konzil nach wenigen Wochen beendet sei, die Bischöfe könnten gar nicht anders, als die ihnen vorgelegten Texte dankbar und mit Zustimmung annehmen. Das entspreche der Verfassung der katholischen Kirche, der Stellung des Papstes und der in seinem Auftrag wirkenden Kurie. Durch sie spreche die universale Kirche, ihre Lehre solle durch das ökumenische Konzil festgeschrieben und als glaubensverbindlich dekretiert werden.

Nun, es kam anders. Papst Johannes XXIII. gab dem Konzil den Auftrag zu einem Aggiornamento, einer „Verheutigung" der Kirche und ihrer Botschaft. In seiner Ansprache zur Konzilseröffnung wandte er sich gegen Leute, „die zwar voll Eifer, aber nicht gerade mit einem sehr großen Sinn für Differenzierung und Takt begabt sind. In der jüngsten Vergangenheit bis zur Gegenwart nehmen sie nur Missstände und Fehlentwicklungen zur Kenntnis. Sie sagen, dass unsere Zeit sich im Vergleich zur Vergangenheit nur zum Schlechteren hin entwickle. Sie tun so, als ob sie nichts aus der Geschichte gelernt hätten, die doch eine Lehrmeisterin des Lebens ist … Wir müssen diesen Unglückspropheten widersprechen, die immer nur Unheil voraussagen, als ob der Untergang der Welt unmittelbar bevorstehen würde. In der gegenwärtigen Situation werden wir von der göttlichen Vorsehung zu einer allmählichen Neuordnung der menschlichen Beziehungen geführt"[9].

Den Durchbruch brachte die Kontroverse um einen Text, dem man den Titel gegeben hatte: „Die zwei Quellen der Offenbarung". Die Offenbarung, so hieß es darin, ist aufgeteilt in Schrift und Tradition, also teils in der Schrift, teils in der Tradition enthalten. Das war eine schroffe Gegenposition zur evangelischen Lehre von der Autorität der Schrift allein. Daneben behauptete der Text die Irrtumslosigkeit der Bibel in allen geistlichen und weltlichen Dingen und verwarf die historisch-kritische Exegese. Der Text war dezidiert antiökumenisch, zudem wies er pauschal die Erkenntnisse der biblischen Wissenschaft als mit dem katholischen Glauben unvereinbar zurück. Joseph Ratzinger, damals Konzilstheologe, urteilte in seinem Kommentar zur Offenbarungskonstitution, wäre dieser Text angenommen worden, hätte er eine Belastung für Theologie und Ökumene gebracht, die „vermutlich noch gravierender gewesen (wäre) als die Schwierigkeiten, die sich aus der Einseitigkeit der antimodernistischen Verurteilungen ergaben"[10].

Dieser Entwurf stieß auf massive Kritik der Konzilsväter und hätte sicherlich nicht die Zweidrittelmehrheit gefunden, die ihn der Geschäftsordnung zufolge zur Basis für die weitere Diskussion im Konzil gemacht hätte. Doch so schnell gaben sich die Verfasser nicht geschlagen. Sie selbst stellten den Antrag, ihren Text abzulehnen. Durch diesen Trick war eine Zweidrittelmehrheit für die Ablehnung nötig und diese wurde in der Abstimmung knapp verfehlt. Damit

---

[9] Ludwig Kaufmann – Nikolaus Klein, Johannes XXIII. Prophetie im Vermächtnis, Fribourg u. a. 1990, 125f.

[10] LThK E II, 500.

war die Ablehnung abgelehnt, der Text als Diskussionsgrundlage angenommen und es waren nur noch Detailveränderungen möglich.

In dieser aufgeregten Situation hat Papst Johannes XXIII. noch im November 1962 den Entwurf absetzen lassen und eine gemischte Kommission unter den Kardinälen Ottaviani und Bea, dem Präsidenten des Sekretariats für die Einheit der Kirchen, eingesetzt, die einen neuen Text ausarbeiten sollte.

Dieses Ereignis stellte den Durchbruch dar, von nun an galten die von der Kurie vorbereiteten Texte nicht mehr als unantastbar. Alle Verweise auf ihre Autorität, die ihnen das Wirken im Auftrag des Papstes verlieh, konnten die Kritik an den Schemata nicht mehr verhindern. Das Ergebnis war, dass am Ende der ersten Sitzungsperiode, also im Dezember 1962, alle 72 Schemata abgelehnt oder zurückgezogen worden waren, man hat sie durchwegs als nicht verbesserungsfähig erachtet. Damit war auch der Weg offen für eine Sicht der Ökumene, die nicht mehr von der Abwehr und der Isolierung, sondern von der Öffnung zur Welt, zu den Religionen und insbesondere zu den christlichen Kirchen bestimmt war.

Insbesondere in den Vorlesungen von Heinrich Fries und in einer Gastvorlesung, die Edmund Schlink an der Universität München gehalten hat, wurde mir deutlich, wie tiefgreifend die Neubesinnung war, die das Konzil in seiner Öffnung auf die Ökumene vollzog. Papst Pius XII. hatte noch 1943 in der Enzyklika *Mystici corporis* über die von Rom getrennten Christen geurteilt: „Deshalb ist, wer sich weigert, die Kirche zu hören, auf Geheiß des Herrn als Heide und öffentlicher Sünder anzusehen"[11]. Dagegen sagte das Ökumenismusdekret *Unitatis redintegratio* von den getrennten Brüdern (die Schwestern waren noch nicht eigens im Blick, aber „mitgemeint"), ihnen gebührt „der Ehrenname des Christen und mit Recht werden sie von den Söhnen der katholischen Kirche als Brüder im Herrn anerkannt" (UR 3). Dabei gilt diese Neubewertung nicht nur den einzelnen Christen, sondern auch den Gemeinschaften, in denen sie ihren Glauben leben. Sie sind nach Aussage des Konzils „nicht ohne Bedeutung und Gewicht im Geheimnis des Heiles, denn der Geist

---

[11] DH 3802.

Christi hat sich gewürdigt, sie als Mittel des Heiles zu gebrauchen" (UR 3). Dies gründet darin, „dass einige, ja sogar viele und bedeutende Elemente oder Güter, aus denen insgesamt die Kirche erbaut wird und ihr Leben gewinnt, auch außerhalb der sichtbaren Grenzen der katholischen Kirche existieren können: das geschriebene Wort Gottes, das Leben der Gnade, Glaube, Hoffnung und Liebe und andere innere Gaben des Heiligen Geistes und sichtbare Elemente" (UR 3). Programmatisch heißt es am Beginn des Ökumenismusdekrets: „Die Einheit aller Christen wiederherstellen zu helfen, ist eine der Hauptaufgaben des ... Konzils" (UR 1).

Das Konzil hat sich durchgerungen, zumindest einige der Gemeinschaften als „Kirchen" zu bezeichnen. Für die Orthodoxie war dies nicht neu, wohl aber für die reformatorischen „Gemeinschaften", die bislang nicht als Kirchen verstanden wurden. Auf ein Votum von Kardinal König hin bezeichnete man sie nun durchwegs als „Kirchen und kirchliche Gemeinschaften", wobei es das Konzil offen gelassen hat, welche Charakterisierung auf die einzelnen Gemeinschaften zutrifft. Die spätere Aussage, mit Kirchen seien alleine jene gemeint, die ein gültiges Amt in apostolischer Sukzession haben, ist durch die Aussagen des Konzils jedenfalls nicht gedeckt – sie stellt eine deutlich restriktive Interpretation dar.

Die Weichen für diese ökumenische Öffnung wurden in der Kirchenkonstitution *Lumen gentium* gestellt, in der es nach einer grundlegenden Besinnung heißt, die Kirche Jesu Christi „ist verwirklicht" („*subsistit*") in der römisch-katholischen Kirche (LG 8). Im Entwurf zu diesem Text hatte es in traditioneller Sicht noch geheißen: Die Kirche Jesu Christi ist die römisch-katholische Kirche, „*est*". Der Artikel 8 der Kirchenkonstitution stellt eine Besinnung darauf dar, dass die katholische Kirche zwar die Kirche Jesu Christi verwirklicht, trotz all ihrer Armseligkeit und Bescheidenheit. In diesem Kontext ist in der scheinbar kleinen Verschiebung von *est* zu *subsistit in* „eine Entwicklung von unabsehbarer Tragweite möglich geworden"[12]. Es ist nicht mehr ausgeschlossen, dass es auch Verwirklichung von Kirche außerhalb der bisher festgehaltenen Grenzen geben kann. Spätestens

---

[12] So im Kommentar im LThK E I, S. 174.

diese eher unscheinbare Formulierung zeigt, dass im II. Vatikanum der Begriff Ökumene eine erhebliche Bedeutungsverschiebung erfahren hat.

Während sich uns als Studenten die Bedeutung des Begriffs *subsistit* erst langsam und nach vielen Diskussionen erschlossen hat, fanden die Aussagen des Konzils zur Religionsfreiheit sofort eine breite öffentliche Aufmerksamkeit. Aus dem Anspruch der Kirche, die von Jesus Christus, dem einzigen Heilsmittler gestiftete Religion zu sein, hatte man traditionellerweise gefolgert, dass alle anderen nicht wahre Religionen sein und deswegen keinen Anspruch auf Gleichberechtigung haben können. Die theoretische Begründung dafür hatte man zusammengefasst in dem Wort, das man dem französischen Katholikenführer Louis Veuillot zuschrieb. Er soll im 19. Jahrhundert seinen liberalen Gegnern zugerufen haben: „In der Minorität fordern wir für uns die Freiheit nach euren Prinzipien; in der Majorität verweigern wir euch die Freiheit nach unseren Prinzipien"[13]. Es galt lange Zeit als offizielle kirchliche Lehre: Wo Katholiken in einer Gesellschaft in der Minderheit sind, muss ihnen der Staat die gleichen Rechte gewähren wie allen anderen Religionen auch. Das verlangt die Gerechtigkeit. Sind die Katholiken aber in der Mehrheit, dann gilt, dass der Irrtum kein Recht hat, sondern nur die Wahrheit und dass der Staat die irrigen Religionen zurückzudrängen habe. Dazu sei er durch göttliches Gebot gegenüber der Wahrheit verpflichtet. Die katholische Kirche hat sich schwergetan mit der neuzeitlichen Toleranzforderung. Dass diese oft in der Gestalt eines weltanschaulichen Relativismus aufgetreten ist, war mit eine Ursache dafür.

Diese Position wurde in der Erklärung des Konzils über die Religionsfreiheit mit den programmatischen Anfangsworten „*Dignitatis humanae*" („Die Würde der menschlichen Person") grundlegend verändert. Hier wird nicht mehr nach dem Recht der Wahrheit und dem Unrecht des Irrtums gefragt, Rechtsträger ist vielmehr die menschliche Person und sie allein. Nicht ein fiktives Recht der Wahrheit wird eingefordert, sondern genuine und unverlierbare Rechte von Personen. Das Konzil erklärt, „das Recht auf religiöse Freiheit

---

[13] Max Pribilla, Dogmatische Intoleranz und bürgerliche Toleranz, in: H. Lutz (Hg.), Zur Geschichte der Toleranz und Religionsfreiheit, Darmstadt 1977, 105.

sei in Wahrheit auf die Würde der menschlichen Person selbst gegründet, so wie sie durch das geoffenbarte Wort Gottes und durch die Vernunft selbst erkannt wird". Sicher ist der Mensch verpflichtet, die Wahrheit zu suchen. Dennoch hängt sein Recht auf religiöse Freiheit nicht vom Erfolg dieser Bemühung ab, also von der Erfassung der Wahrheit. Denn dieses Recht ist „nicht in einer subjektiven Verfassung der Person, sondern in ihrem Wesen selbst begründet". Daraus ergibt sich für das Konzil die Konsequenz: „So bleibt das Recht auf religiöse Freiheit auch denjenigen erhalten, die ihrer Pflicht, die Wahrheit zu suchen und daran festzuhalten, nicht nachkommen, und ihre Ausübung darf nicht gehemmt werden, wenn nur die gerechte öffentliche Ordnung gewahrt bleibt" (DiH 2).

Hier wurde die Forderung der Toleranz nicht in einem Relativismus begründet, der auch die Toleranz selbst relativieren würde und gegebenenfalls die Forderung nach Religionsfreiheit auch einmal außer Kraft setzen könnte. In *Dignitatis humanae* wird die Religionsfreiheit zu einem unabdingbaren Wert, von dem nicht dispensiert werden kann, weder in einem allgemeinen Relativismus noch gegenüber Positionen, die ein Bekenntnis einfordern. Das bedeutet: Wer seine christliche Überzeugung in den Dialog einbringt, wird dadurch nicht eng und monologisch, sondern offen für den Partner.

Es war ein Höhepunkt des II. Vatikanums, als am Tag vor seinem Abschluss unter dem Jubel der Konzilsväter der Bann zwischen Ost- und Westkirche aufgehoben wurde. Patriarch Athenagoras von Konstantinopel hatte sich mit Nachdruck um eine Verbesserung der gegenseitigen Beziehungen bemüht. Es kam zu eindrucksvollen Gesten der Annäherung, darunter das Treffen mit Papst Paul VI. in Jerusalem (1964). Am 7. Dezember 1965 erklärten zeitgleich das Konzil und das Patriarchat in Konstantinopel, „dass sie die beleidigenden Worte, grundlosen Vorwürfe und verwerflichen Handlungen" im Zusammenhang und im Gefolge des Bannes und die Erinnerungen, die „einer Annäherung in der Liebe bis heute hindernd im Wege stehen, bedauern, aus dem Gedächtnis und der Mitte der Kirche tilgen und dem Vergessen anheimfallen lassen"[14] wollten. Es

---

[14] Tomos Agapis, hg. von Pro Oriente, Innsbruck – Wien – München 1878, Nr. 127.

war eine dramatische Entwicklung innerhalb einer sehr kurzen Zeitspanne.

Ich habe die Aufhebung des Kirchenbannes zunächst als Beendigung des Schismas und als Wiederherstellung der Kirchengemeinschaft angesehen und habe die Argumentation von Professor Mörsdorf nicht verstanden, der uns beweisen wollte, dass diese Interpretation viel zu weit ginge. Tatsächlich wurde dann auch insbesondere von orthodoxer Seite betont, dass in der Erklärung vom 7. Dezember der Begriff „Aufhebung" nicht verwendet wurde. Die benutzte Formulierung „dem Vergessen anheimfallen lassen" stamme aus der orthodoxen Liturgie des Bußsakraments, sie sei kirchenrechtlich ohne Belang. Zudem habe der Bann des 11. Jahrhunderts nur wenigen Personen gegolten, das Verhältnis der Kirchen sei durch die Erklärung nicht verändert worden. Die Interpretation dessen, was mit der „Bannaufhebung" geschehen sei, blieb kontrovers. Noch 2004, also kurz vor meiner Emeritierung, haben wir im Zentrum für ökumenische Forschung ein Symposium darüber veranstaltet, in dem ich mich um eine ökumenisch weiterführende Interpretation bemühte[15].

Zunächst haben in der Folge der Erklärung zum Bannspruch beide Seiten auf hoher kirchenamtlicher Ebene den „Dialog der Liebe" aufgenommen, in dessen Verlauf gewichtige Dokumente verabschiedet werden konnten. 1975 wurde er übergeführt in den „Dialog der Wahrheit", in dem man sich nun auch den kontroversen Themen widmete. Durch die politischen Ereignisse des Jahres 1989 und den Zusammenbruch des Ostblocks wurde das Problem des Uniatismus erneut virulent, also der Versuch Roms, Gruppen der orthodoxen Kirche dem Papst zu unterstellen, ihnen gleichzeitig die Beibehaltung der orthodoxen Liturgie und Kirchenstruktur zu gewähren und auf diesem Weg die Kirchenspaltung zu überwinden. Die mit Rom unierten Ostkirchen haben die Gespräche nachhaltig belastet und sie zeitweilig zum Erliegen gebracht.

Meine Studiensemester in München waren eine spannende Zeit, sowohl im politischen als auch im kirchlich-religiösen Bereich. In

---

[15] Peter Neuner, Die Tilgung des Bannes (1965) und ihre theologische Relevanz, in: Theodor Nikolaou (Hg.), Das Schisma zwischen Ost- und Westkirche, Münster u. a. 2004, 179–195 (dort auch die angeführten Zitate).

diesen Jahren hat sich die katholische Kirche der Ökumenischen Bewegung geöffnet und sich ihr, wie seitdem immer wieder betont, unwiderruflich verpflichtet. Beim Abschluss des Konzils war die Frage weithin beantwortet, in welchem Sinne das II. Vatikanum ökumenisch war. Es war zunächst ökumenisch im Sinne des katholischen Kirchenrechts und vertrat den Anspruch, dass die römisch-katholische Kirche für sich ein ökumenisches Konzil abhalten konnte. Aber es öffnete sich gleichzeitig dem Bewusstsein und der Erfahrung, dass die Kirche Jesu Christi größer ist als eine Konfession, dass auch andere christliche Traditionen in der biblischen Botschaft gründen und dass sie Elemente bewahrt und entfaltet haben, die in der lateinischen Tradition wenig Aufmerksamkeit gefunden hatten. Die Kirche wurde sich bewusst, dass sie im ökumenischen Dialog bereichert werden und neue Anregungen empfangen kann. Die unterschiedlichen Deutungen des Begriffs Ökumene wurden im Konzil in einem oft schwierigen Prozess miteinander verbunden oder auch nur nebeneinandergestellt. Es wurde auch uns als Studenten klar, dass diese Spannung die Rezeption des Konzils, seiner Texte und seines Geistes schwierig machen würde.

4. Das Ökumenische Institut in München

In meinem Studium in München fühlte ich mich vor allem angesprochen durch die Vorlesungen von Otto Kuss im Neuen Testament und von Heinrich Fries im Fach Fundamentaltheologie. In der Fundamentaltheologie werden die Grundprobleme religiöser Überzeugung und theologischen Denkens thematisiert, sie muss Rechenschaft geben über den Glauben angesichts der Herausforderungen der Gegenwart, wie sie vor allem von der Philosophie, einschließlich des neuzeitlichen Atheismus, den Naturwissenschaften, der Pluralität der Religionen und der christlichen Konfessionen formuliert werden. Diese Aufgabenstellung war neu. Im 19. und bis weit ins 20. Jahrhundert hinein war es kirchenamtliche Lehre, dass die katholische Kirche eine *societas perfecta* darstellt, dass sie alles verwirklicht, was zur Kirche Jesu Christi gehört, und dass alle historisch bedingten Problemstellungen, die von außen kommen, für sie irrelevant sind. Sie ist der Fels in der Brandung der Zeit und sie garantiert Sicherheit in den turbulenten Veränderungen der Geschichte, der Wissenschaften, der Kultur und der Gesellschaft. Ihre Wahrheit ist überzeitlich und alle Stürme können sie nicht erschüttern. Päpstliche Verlautbarungen aus dem 19. Jahrhundert haben die geistigen Ansätze der Neuzeit, insbesondere die Ideale der Aufklärung verurteilt und die Vorstellung zurückgewiesen, dass die Kirche sich ihnen öffnen solle. Das war der Geist, in dem das I. Vatikanische Konzil 1869/70 Gehorsam und Autorität als die zentralen christlichen Tugenden propagierte und als Aufgipfelung dieser Tendenz den päpstlichen Universalprimat und die Unfehlbarkeit dogmatisierte. Anfragen von außen erschienen von vornherein als unzulässig und irrig, die überkommene Apologetik hatte die Aufgabe, sie apriori zurückzuweisen.

Versuche, die neuzeitliche Geistigkeit aufzugreifen und mit ihren Denkvoraussetzungen eine Antwort auf die Fragen der Moderne zu formulieren, stießen zunächst auf kirchenamtliches Misstrauen, konnten sich aber im Laufe des 20. Jahrhunderts in Kritik an der herrschenden Neuscholastik durchsetzen und fanden im Fach Fundamentaltheologie ihren theologischen Ort. Diese bildete gleichsam das Auswärtige Amt der Theologie, sie hatte Antworten auf die Herausforderungen an Theologie und Kirche und ihren Wahrheitsanspruch zu geben. Dies geschah in drei Schritten, der *demonstratio religiosa*, der *demonstratio christiana* und der *demonstratio catholica*. Sie sollten gegenüber den Anfragen der neuzeitlichen Religionskritik die Berechtigung religiöser Überzeugung, gegenüber den Religionen die Absolutheit des Christentums und gegenüber den Konfessionen den Anspruch der katholischen Kirche verteidigen. Dies geschah, so wie ich bei Heinrich Fries Fundamentaltheologie gehört habe, nicht mehr in einer polemischen Zurückweisung der Anfragen, sondern im Dialog mit den jeweiligen Herausforderungen. Apologetik sollte, wie der Begriff ursprünglich besagt, Antwort geben, sie stellte sich dem Dialog. Die Anfragen sollten fruchtbar gemacht werden, um die Botschaft so zu verkünden und ihren Wahrheitsanspruch so zu formulieren, dass sich die Fragesteller verstanden und in ihrem Anliegen ernst genommen sahen und die Antwort als bedenkenswert erachteten.

Angesichts der Diskussionen im Konzil und der von der Kirche propagierten Öffnung für die Welt und ihre Fragestellungen nahm in meinem Studium die Fundamentaltheologie einen besonderen Stellenwert ein. Sie thematisierte nicht unveränderliche Wahrheiten, sondern knüpfte an den Fragen der Zeit an und erörterte ihre Bedeutung für die christliche Botschaft. Bei Heinrich Fries spielte in diesem Rahmen die Begegnung mit den christlichen Kirchen eine besondere Rolle, der ökumenische Dialog hat seine Veröffentlichungen, aber auch seine Vorlesungen und die Seminarveranstaltungen wesentlich geprägt. Ökumenische Fragen haben auch in der Öffentlichkeit Aufmerksamkeit gefunden und die theologischen Fakultäten herausgefordert.

Rund fünfzehn Jahre nach meinem Studienbeginn in München berichtete Fries in seiner Abschiedsvorlesung über die Ereignisse, die zur Gründung des Ökumenischen Instituts geführt hatten[16]. Er hatte einen Ruf an die Universität in Münster erhalten, sollte dort eine Professur für Ökumene übernehmen und Direktor eines Ökumenischen Instituts werden. Die Fakultät in München wollte ihn zum Bleiben bewegen, nicht zuletzt wegen seines ökumenischen Engagements. Bei den Bleibeverhandlungen mit dem Ministerium in München war die Reaktion eindeutig: „Als ich dies dem damaligen Kultusministerium mitteilte – es herrschte die durch das Konzil hervorgerufene Hochstimmung –, sagte der zuständige Referent: Ein Institut für Ökumene können Sie, wenn Sie wollen, auch in München bekommen, Sie brauchen deshalb nicht nach Münster zu gehen, – denn – so wörtlich: ‚Ökumene muß überall sein'" [17].

Und ob Heinrich Fries wollte! 1964 begann der Lehrbetrieb mit einem Oberseminar über das Verständnis des Begriffs Ökumene in seiner geschichtlichen Entfaltung. Ich war der jüngste Teilnehmer am Seminar, der einzige, der noch kein abgeschlossenes Studium hatte. Aber ich habe mich an eine Seminararbeit zum Thema Konfessionskunde gewagt. Ich konnte nicht ahnen, dass dies den Einstieg in eine Problematik bedeutete, die mich nicht mehr loslassen sollte.

---

[16] Zum ganzen Abschnitt siehe Peter Neuner, Das Ökumenische Institut in München – Stationen eines Aufbruchs, in: Una Sancta 64 (2009) 106–114.

[17] Heinrich Fries, Mein theologischer Weg, in: ders., Dienst am Glauben, München 1981, 152–168, hier 155.

Das Seminar in diesem ersten Semester diente einer historischen Annäherung an das Verständnis von Ökumene[18]. An der Wurzel des Begriffs steht das griechische Wort *oikos*, das Haus. *Oikumene* bedeutet demzufolge die bewohnbare Erde, im weiteren Sinn den Erdkreis, auf dem Menschen wohnen, in einem engeren Sinn die Länder, in denen man mit den Bewohnern sprechen konnte. Ökumene bezeichnete damit den hellenistischen Kulturkreis und das römische Imperium im Gegensatz zu den Gebieten, die von Barbaren besiedelt waren, deren Sprache man nicht verstand. Auf dem Weg über dieses politische Verständnis kam der Begriff auch in den kirchlichen Bereich. Kaiser Konstantin berief 325 das Konzil von Nizäa ein, „um den Leib der ganzen Ökumene zu heilen". Rund ein halbes Jahrhundert später bezeichnete das Konzil von Konstantinopel (381) Nizäa als „ökumenische Synode". Als ökumenisch galt, was in der ganzen Reichskirche als verbindlich erachtet wurde. Der Begriff wurde gleichbedeutend mit amtlich, allgemein verpflichtend und damit rechtgläubig, er bezeichnete die universale Kirche und ihren Wahrheitsanspruch. Dieses Verständnis hat rund ein Jahrtausend hindurch dominiert, auch die Reformation hat es übernommen und bezeichnete in ihren Bekenntnisschriften die altkirchlichen Glaubensbekenntnisse als die „symbola catholica sive oecumenica"[19]. Die orthodoxe Welt verband mit dem Begriff „ökumenisch" vor allem das Patriarchat von Konstantinopel, aber auch den Sitz des Kaisers in der Stadt am Bosporus. Der Rektor der Universität von Konstantinopel führte bis ins hohe Mittelalter den Titel „Lehrer der Ökumene".

Doch im Umfeld der Reformation entwickelte sich ein davon abweichendes Verständnis. Seit dem 17. und dem frühen 18. Jahrhundert durchbrach die Missionsbewegung die landeskirchliche Begrenzung der protestantischen Kirchen, sie dachte universal, weltweit. In diesem Rahmen wurde um die Mitte des 19. Jahrhunderts der Begriff „ökumenisch" zur Bezeichnung der Universalität der christlichen Botschaft, er umschrieb in Anlehnung an den Sprachgebrauch im klassischen Griechisch die Verpflichtung der Kirchen zu einer

---

[18] Siehe hierzu Peter Neuner, Ökumenische Theologie, Darmstadt 1997, 1–9, dort auch die folgenden Zitate.
[19] BSLK, S. 19.

weltweiten Mission und Verkündigung. Bei der Gründung der Evangelischen Allianz (1846) wurde als Ziel „ein ökumenischer Zusammenschluss" der wahren Gläubigen über alle konfessionellen und nationalen Grenzen hinweg angestrebt. Im Jahr 1900 fand in New York eine „ökumenische Missionskonferenz" statt, die man so bezeichnete, „weil der Plan, den sie vorschlägt, das ganze Gebiet des bewohnten Erdballs umfasst". Ziel war es, den einzelnen Kirchen und Missionsgesellschaften ihre Gebiete zuzuweisen und Überschneidungen möglichst zu vermeiden. Ökumenisch tendierte wieder auf weltweit, universal. Nach dem Ende des Ersten Weltkriegs rief der lutherische Erzbischof Nathan Söderblom von Uppsala 1919 im Namen der schwedischen Bischöfe die Kirchenführer Europas zur Gründung eines „ökumenischen Kirchenrats" auf, der sich weltweit um die Wiederherstellung des Friedens und um die Förderung der sozialen Gerechtigkeit mühen, also die soziale und die politische Verantwortung der Kirchen wahrnehmen sollte. In diesem Kontext wurde „ökumenisch" zum Gegenbegriff zu theoretisch, glaubensmäßig und dogmatisch. Es entstand die „Bewegung für Praktisches Christentum", „Life and Work". Man sollte in sozialen Fragen zusammenarbeiten, den Christen eine gemeinsame Stimme verleihen und so den Frieden sichern.

In der Bemühung um die soziale Dimension des Christentums und in seiner missionarischen Verbreitung, erwies es sich als unerlässlich, auch die Glaubensfragen zu thematisieren. In dieser Überzeugung entstand die Bewegung für „Faith and Order", die sich die Aufgabe stellte, Fragen der Kontroverstheologie zu lösen. „Life and Work" und „Faith and Order" schlossen sich 1948 zum Ökumenischen Rat der Kirchen (ÖRK) zusammen. Der Begriff Ökumene besagte dabei sowohl die universale Dimension in der missionarischen Verpflichtung der Kirchen und ihrem sozialen Auftrag als auch die theologischen Bestrebungen zur Einigung der Christenheit. Dabei stand zunächst die Bemühung um die Einheit der Kirchen durch die Überwindung kontroverser Lehraussagen im Zentrum. Dieses Verständnis dominierte auch, als sich die römische Kirche im II. Vatikanum der Ökumenischen Bewegung öffnete. So bezeichnete das Ökumenismusdekret als Ökumene jene Bemühungen, die „zur Förderung der Einheit der Christen ins Leben gerufen und auf dieses

Ziel ausgerichtet sind" (UR 4). Gleichzeitig schwingt mit „offen für die Welt", also pastoral.

Es wurde uns im einführenden Seminar des neugegründeten Ökumenischen Instituts deutlich, dass der Begriff Ökumene durch eine nicht geringe Spannweite geprägt ist. Im Zentrum steht heute die Bemühung um die Einheit der Kirche. Vornehmlich im evangelischen Bereich hat sich aber auch die Bedeutung „weltweit", „universalkirchlich" erhalten, wobei insbesondere Herausforderungen wie Hunger, Unterdrückung und Befreiung angesprochen werden. Die Orthodoxie hat Vorbehalte gegen den Begriff, „ökumenisch" bezeichnet in ihrer Terminologie das Ökumenische Patriarchat und impliziert damit eine Glaubensverbindlichkeit, die dem ÖRK nicht zukommt. Hier spricht man vornehmlich vom Weltrat der Kirchen.

Nachdem ich im Herbst 1965 in den Pastoralkurs eingetreten und damit wieder in das noch bestehende Priesterseminar in Freising übergesiedelt war, habe ich zusammen mit Karl-Ernst Apfelbacher die freien Mittwochnachmittage genutzt, um in München an den Seminarsitzungen des Ökumenischen Instituts teilzunehmen. Die Themen zogen uns an, die Kommilitonen haben wir gerne wieder getroffen, der Kontakt zur Theologie sollte nicht abreißen. Doch die Freizeit des Priesterseminars endete mit dem Abendessen, mehrmals sind wir zu spät zurückgekommen und haben uns einen ernsten Tadel der Hausleitung zugezogen. Wir haben ihn eher kopfschüttelnd und ohne jeden Vorsatz zur Besserung zur Kenntnis genommen.

B) Erste Erfahrungen: Ökumene kontrovers

1. Als Kaplan in der praktischen Pfarrarbeit

Nach der Priesterweihe 1966 war ich zwei Jahre Kaplan in Traunstein. Es war eine wertvolle Zeit, und ich konnte praktische Erfahrungen sammeln, die ich nicht missen möchte. Ich bin Menschen begegnet, mit denen ich an der Universität sicher nicht in Kontakt gekommen wäre, und ich wurde mit Problemen konfrontiert, die sich einer Beurteilung durch mein erlerntes Wissen einfachhin entzogen haben. Für den schulischen Religionsunterricht war ich denkbar schlecht vorbereitet, kaum irgendwo wurden mir die Grenzen meiner Möglichkeiten so deutlich bewusst wie durch die Schulklassen, die sich für die Fragen, die ich spannend gefunden habe, offensichtlich überhaupt nicht interessierten. Es war eine gute Übung, Bescheidenheit zu lernen. Der Pfarrer, dem ich zugewiesen war, hatte für meine Kontakte zur evangelischen Pfarrerschaft ebenso wenig Verständnis wie für den Akademikerkreis, den ich in der Schul- und Beamtenstadt aufbauen konnte und dem auch evangelische Christen und sogar Pfarrer angehörten. Wir trafen uns monatlich, das einzige Referat, das ich dort gehalten habe, beschäftigte sich mit der Theologie Rudolf Bultmanns – im evangelischen Raum damals kaum weniger kontrovers diskutiert als in katholischen Kreisen.

In lebhafter Erinnerung geblieben ist mir ein Stuhlfest zur Vorbereitung der Eheschließung eines konfessionsgemischten Brautpaares. Ich musste nach damals geltendem Kirchenrecht der Braut, die aktiv in der evangelischen Kirche engagiert war, das Versprechen einer katholischen Kindererziehung abverlangen. Offensichtlich wurde die Frau damit zu etwas genötigt, was sie mit ihrer inneren Überzeugung und ihrem Gewissen nicht in Einklang zu bringen vermochte, und ich konnte mich des Eindrucks nicht erwehren, dass sie damit Recht hatte. Soweit ich mich erinnere, war dies das einzige Mal, dass ich evangelischen Christen dieses Versprechen abverlangen musste. Normalerweise hat der Pfarrer die Stuhlfeste selbst gehalten, er war mit dieser Situation wohl vertraut. Ob er sie für richtig gehalten hat?

Jedenfalls war es höchst befreiend, als Papst Paul VI. im März 1970 in dem Motu proprio *Matrimonia mixta* Regelungen für konfessionsverschiedene Ehen erließ, die zwar nicht alle ökumenischen Wünsche erfüllten, aber doch Möglichkeiten eröffneten, bei kluger Anwendung schwere Belastungen zu vermeiden. Ich habe jedenfalls in mein „Kleines Handbuch der Ökumene", das 1984 erschien, unter den theologischen Problemen keinen Abschnitt über die Theologie der Ehe und das Problem der konfessionsverschiedenen Ehe aufgenommen. Offensichtlich habe ich damals das Problem für gelöst erachtet. Aber es gab auch Stimmen bis hinein in den Bereich der theologischen Fakultäten, die die Neuregelung von *Matrimonia mixta* als dem göttlichen Recht widerstreitend ablehnten.

Das Thema hat mich dann doch wieder eingeholt. 1987 haben die Evangelische Akademie in Tutzing und die Katholische Akademie in Bayern eine gemeinsame Tagung über die konfessionsverschiedene Ehe gehalten. Ich war als Referent eingeladen und habe dann meinen Beitrag zu einer kleinen Monographie ausgearbeitet[1]. Auch in der „Ökumenischen Theologie" von 1997 habe ich mich zu dieser Frage geäußert. Gewiss erachtet nur eine Minderheit der Betroffenen die Konfessionsverschiedenheit als Problem, doch für diese bedeutet sie nach wie vor eine Herausforderung, besonders wenn Entscheidungen über die kirchliche Beheimatung der Familie und der Kinder getroffen werden müssen, vor allem bei deren Einschulung oder ihrer Hinführung zur Erstkommunion oder zur Konfirmation.

Einige Mühe bereitete es mir in meinen Jahren als Kaplan, als unterschiedliche und einander in Details widersprechende Volksbegehren für die Überführung der damals noch als Regelfall bestehenden konfessionellen Bekenntnisschule in die christliche Gemeinschaftsschule zur Entscheidung standen, die kirchenoffiziellen Vorstellungen zu vertreten. Ich fürchte, mein diesbezügliches Engagement hat nicht sehr überzeugend gewirkt.

---

[1] Peter Neuner, Geeint im Leben – getrennt im Bekenntnis? Die konfessionsverschiedene Ehe, Düsseldorf 1989.

2. Die Arbeit an der Promotion

Nach zwei Jahren in der praktischen Seelsorge wurde ich 1968 zum
Weiterstudium an der Universität München freigestellt und gleichzeitig zum Kuraten an der Asamkirche in München ernannt. Meine
Verpflichtungen konzentrierten sich auf die Sonntagsgottesdienste,
zudem engagierte ich mich im Vorbereitungsteam für die monatli-
chen ökumenischen Gottesdienste in der altkatholischen Kirche
nahe dem Sendlinger-Tor-Platz in München. Darüber hinaus konnte
ich mich meiner Promotionsarbeit widmen, in der es um die Bedeutung der religiösen Erfahrung bei dem Religionsphilosophen und
Laientheologen Friedrich von Hügel ging. Es war kein genuin ökumenisches Thema. Hügel war bekannt als enger Vertrauter der als
Modernisten verurteilten Alfred Loisy, George Tyrrell, Romolo Mur-
ri, aber auch der evangelischen Religionsphilosophen und Theologen
Ernst Troeltsch, Albert Schweitzer, Adolf von Harnack, Rudolf Eu-
cken. Die Problematik der religiösen Erfahrung führte zwangsläufig
in die Diskussion mit der evangelischen Theologie, insbesondere
mit der Tradition Schleiermachers. Karl-Ernst Apfelbacher arbeitete
zur gleichen Zeit an seiner Dissertation über Ernst Troeltsch. Er hatte
dessen Briefe an Friedrich von Hügel in der Universitätsbibliothek in
St. Andrews in Schottland entdeckt. Gemeinsam haben wir diese
Briefe ediert, es war meine erste Buchveröffentlichung: „Ernst
Troeltsch, Briefe an Friedrich von Hügel"[2]. Auf Vermittlung von
Heinrich Fries hat der Bonifatius-Verlag in Paderborn das Buch ver-
öffentlicht und seinen Gepflogenheiten entsprechend vom Ordina-
riat die kirchliche Druckerlaubnis eingeholt. Wir konnten es in der
Korrektur der Druckfahnen gerade noch löschen – das durften wir
Troeltsch doch nicht antun. Mit Apfelbacher hatte ich engen freund-
schaftlichen Austausch, unsere Doktorarbeiten haben wir in allen
Stufen der Entwicklung eingehend miteinander diskutiert.

In diesen Jahren habe ich regelmäßig an den Ober- und Dokto-
randenseminaren im Ökumenischen Institut teilgenommen und
eine Reihe von Seminararbeiten erstellt. Unter einem Mangel litt

---

[2] Hg. v. Karl-Ernst Apfelbacher – Peter Neuner, Paderborn 1974.

das Institut: Wir hatten keinen evangelischen Partner. Die Evangelische Fakultät an der Universität München war noch nicht gegründet, wir betrieben Ökumene allein aus katholischer Perspektive. Die nächstgelegene evangelische Fakultät war in Erlangen, mit ihr wurde bald Kontakt aufgenommen und es entstand unter der Leitung von Heinrich Fries und Wilfried Joest, dem evangelischen Systematiker in Erlangen, eine kontinuierliche Arbeitsgemeinschaft. Andere evangelische Theologen stießen dazu, der Systematiker Friedrich Mildenberger, der damalige Assistent Joachim Track. Jedes Semester veranstalteten wir eine zweitägige gemeinsame Konferenz, Referate haben wir aus eigenen Reihen bestritten und diskutiert, aber auch Referenten eingeladen. Vieles, was Rang und Namen hatte, nahm die Einladung an: Karl Rahner, Wolfhart Pannenberg, Eberhard Jüngel, Dorothee Sölle, Hans Küng, Johann Baptist Metz, um nur die bekanntesten Namen zu nennen.

Einen entscheidenden Einschnitt für die ökumenische Arbeit bedeutete die Gründung der Evangelisch-Theologischen Fakultät an der Universität München[3]. Zum Sommersemester 1968 wurde das Seminar für systematische Theologie errichtet, bereits im folgenden Wintersemester das Ökumenische Institut mit Professor Wolfhart Pannenberg als dessen Direktor. In beiden theologischen Fakultäten bestand damit ein Ökumenisches Institut, die Zusammenarbeit war selbstverständlich. Fries und Pannenberg kannten sich aus der gemeinsamen Arbeit im Jäger-Stählin-Kreis (ÖAK) und sie hatten Vertrauen zueinander. Mit Pannenberg kamen Schüler aus der evangelischen Theologie: Reinhard Leuze, Helmut Edelmann, Gunther Wenz, Friedrich Wilhelm Graf, Horst Renz.

Bei der ersten gemeinsamen Seminarveranstaltung im Wintersemester 1969/70 sollten zunächst einmal klare Fronten geschaffen und der Raum umrissen werden, innerhalb dessen eine Verständigung als eventuell möglich erschien. Dazu wollte man auch die Grenzen aufzeigen, wo man sich nicht einigen kann. Um diesen Rahmen klar zu umreißen, wählten Fries und Pannenberg als Thema „Das Amt in der

---

[3] Hierzu Peter Neuner, Zur Geschichte der Münchner Institute für Fundamentaltheologie und Ökumene, in: Gunther Wenz (Hg.), Kirche und Reich Gottes (Pannenberg-Studien Bd. 3), Göttingen 2017, 249–257.

Kirche". Es war eine aufregende Erfahrung, dass wir in den traditionell kontroversen Punkten, in der biblischen Grundlegung, in den Fragen von Sakramentalität, Sukzession, Dreigliederung, *character indelebilis*, gemeinsamem Priestertum aller Getauften weitgehende Übereinstimmungen entdecken konnten. Wir konnten feststellen, dass, vielleicht unter verschiedener Terminologie, beide Seiten Ähnliches vertreten und in der Praxis vollziehen. Kontroverse um Kontroverse zerrann uns gleichsam zwischen den Fingern oder schien zumindest ihren kirchentrennenden Charakter zu verlieren. Ein gemeinsam formulierter Text wurde in der Zeitschrift *Una Sancta* publiziert und dieser Aufsatz hat Aufmerksamkeit gefunden.[4]

3. Als wissenschaftlicher Assistent am Ökumenischen Institut

Johannes Brosseder, der als Assistent am Ökumenischen Institut in wenigen Jahren eine eindrucksvolle Fachbibliothek aufgebaut hatte, wurde als Professor nach Köln berufen. Heinrich Fries hat mir angeboten, die freie Stelle zu übernehmen. Ich wurde 1972 zum wissenschaftlichen Assistenten am Ökumenischen Institut ernannt und hatte damit zusätzliche Aufgaben wahrzunehmen. Ich habe meine ersten Proseminare zu Fragen der ökumenischen Theologie gehalten, Studenten beraten, Anfragen zu ökumenischen Themen beantwortet. Ich habe die von Fries herausgegebene Reihe „Beiträge zur ökumenischen Theologie" betreut und dabei in breitem Umfang Korrektur gelesen. Vor allem habe ich mit Heinrich Fries eng zusammengearbeitet, habe seine zahlreichen Publikationen gegengelesen und sie oft auch mit ihm durchgesprochen. Im Lauf der Jahre entstand ein freundschaftliches Verhältnis, Fries hat mich bei seinen vielfältigen und weithin beachteten ökumenischen Aktivitäten und Veröffentlichungen ins Vertrauen gezogen, er hat mich in meinem Denken entscheidend geprägt.

Von ihm habe ich gelernt, dass jeder Mensch das Recht hat, von seinen starken Seiten her in den Blick genommen zu werden, dass

---

[4] Veröffentlicht in: Una Sancta 25 (1970) 107–115.

man ihm nicht gerecht wird, wenn man nur nach seinen Schwächen sucht. Dass niemand alle Probleme endgültig gelöst hat, ist eine letztlich banale Erkenntnis. Auch jene, die der Kritik verfallen sind, von denen man sich kirchenamtlich distanziert hat, haben um rechte Einsicht gerungen und Aspekte festgehalten, die es wert sind, bewahrt zu werden. Fries hat gerade in seinem ökumenischen Engagement manche Enttäuschung erfahren, sich aber in seiner Zuversicht nicht irre machen lassen. Er folgte dem Motto *contra spem sperare*, gegen alle Hoffnung hoffen, gerade auch dann, wenn wenig Grund dafür zu bestehen schien. Mit zunehmendem Alter wurde er gegenüber den restaurativen Tendenzen in der katholischen Kirche immer kritischer, man zählte ihn zusammen mit Karl Rahner und Herbert Haag zu den zornigen alten Männern der Kirche. Weite Verbreitung fand sein Buch „Leiden an der Kirche"[5], zu dessen Veröffentlichung in den USA ich ein Vorwort schreiben durfte.

Als Fries lange nach seiner Emeritierung und nach einer schweren Krebsoperation wieder etwas zu Kräften kam, voller Optimismus erneut Einladungen zu Vorträgen annahm und sie dann nicht selten kurzfristig absagen musste, hat er mich regelmäßig als Vertreter vorgeschlagen und oft bin ich eingesprungen, nicht selten in einer Überlastung meines Kalenders. Nach seinem Tod habe ich als Dekan unserer Fakultät in seinem Heimatort Ödheim die Beerdigung gehalten und beim Totengottesdienst, den der damalige Ortsbischof Walter Kasper feierte, konzelebriert. In Heilbronn, nahe Ödheim, hat man das Haus, in dem alle kirchlichen Aktivitäten des Ortes zusammengefasst sind, nach ihm benannt. Im Rahmen der Feiern zur Einweihung des Heinrich-Fries-Hauses wurde ich eingeladen, eine Würdigung von Heinrich Fries zu halten, zu seinem 100. Geburtstag habe ich zusammen mit Johannes Brosseder, Otto Hermann Pesch und Jürgen Werbick einen Sammelband mit Aufsätzen von Heinrich Fries veröffentlicht: „Mut zur Ökumene. Erfahrungen – Hoffnungen – Visionen"[6]. Ein klein wenig konnte ich beitragen, dass sein Werk als Ökumeniker in Erinnerung geblieben ist, nicht allein in seiner Heimat, und dass seine Gedanken weiterwirken.

---

[5] Heinrich Fries, Leiden an der Kirche, Freiburg 1989.
[6] Ostfildern 2011.

Als Assistent am Ökumenischen Institut wurde ich in die Ökumenische Kommission der Erzdiözese München und Freising berufen. Dort hatte ich vor allem die Aufgabe, die Mitglieder, von denen
die meisten keine Fachtheologen waren, über ökumenische Ereignisse zu informieren und sie in die wichtigen Dokumente einzufüh-
ren. Daneben galt es, die ökumenischen Gottesdienste, die der
Münchner Kardinal zusammen mit dem evangelischen Landesbischof anlässlich der Weltgebetsoktav für die Einheit der Christen
hielt, vorzubereiten. Ich wurde Mitglied der Ökumenischen Kommission der bayerischen Diözesen, die alljährlich im Rahmen der Arbeitsgemeinschaft christlicher Kirchen (AcK) in Bayern auf breiter
Ebene Studientage zu ökumenischen Themen durchführte. Mehrfach
wurde ich zu Referaten in diesem Gremium eingeladen. In der AcK
waren auch die in Deutschland kleineren Kirchen vertreten: die Reformierten calvinischer Tradition, Orthodoxe, Altorientalische Kirchen, Freikirchen. Vorsitzender der katholischen Delegation war der
Regensburger Weihbischof Vinzenz Guggenberger, der mit dieser
Aufgabe sowohl von seiner geistigen Ausrichtung als auch von seiner
theologischen Kompetenz her eindeutig überfordert war. Nach einigen Enttäuschungen mit seinen öffentlichen Ausführungen wandten
wir uns an Kardinal Döpfner, den Vorsitzenden der Bayerischen Bischofskonferenz und machten ihn darauf aufmerksam, dass diese
Personalie von den anderen Kirchen als Desinteresse der katholischen Seite an der Ökumene empfunden wurde. Tatsächlich wurde
dieses Problem bereinigt, Weihbischof Karl Flügel wurde mit dieser
Aufgabe betraut.

Verantwortlicher Ökumenereferent der Erzdiözese München und
Freising war der schon betagte Prälat Michael Höck. Er ging nicht
mehr gerne auf Reisen und bat mich, ihn bei den Konferenzen der
Ökumenereferenten der bundesrepublikanischen Diözesen zu vertreten. So kam ich als junger Doktorand in diesen Kreis, in dem sich
fast durchwegs altgediente Herren versammelten, überwiegend
Domkapitulare und Weihbischöfe. Hier erlebte ich eine Form der
Diskussion, die mir ganz fremd war. Ich hatte den Eindruck, die
Ökumenereferenten verstanden sich zumeist vor allem als Kontroll-
instanz mit der Aufgabe, Entwicklungen zu wehren, die sie als nicht
in Übereinstimmung mit der Kirchenordnung ansahen. Ich hatte

Ökumene immer verstanden als die Bemühung, Grenzen durchlässig zu machen und Handlungsspielräume zu erweitern. Und von den Seminaren an der Universität war ich gewohnt, bestehende Gewohnheiten in Frage zu stellen, auch einmal Versuchsballons steigen zu lassen und zu schauen, inwieweit sich vielleicht auch steile Thesen in der Diskussion als tragfähig erwiesen. Bis ich die ganz andere Zielsetzung in der Konferenz der Ökumenereferenten verstand, hatte ich meinen Ruf in diesem illustren Kreis schon verspielt. Dennoch: Man hat mir vieles nachgesehen und mir als jungem Heißsporn manches verziehen.

Noch heute bin ich stolz darauf, dass ich mich weigerte, einen Text zu unterschreiben, der das ökumenische Klima sicherlich belastet hätte. Beim Besuch von Papst Johannes Paul II. in Deutschland hatten die Vertreter der EKD den Wunsch geäußert, Rom möge Fortschritte ermöglichen in den Problemfeldern Eucharistiegemeinschaft, ökumenische Gottesdienste an Sonntagen und in der Praxis konfessionsverschiedener Ehen. Diesen drei Wünschen wollte man, wie mir schien als Retourkutsche, drei Anfragen an die evangelischen Kirchen entgegensetzen. Ich weigerte mich zu unterschreiben und habe das Papier damit zu Fall gebracht. Denn wenn man nicht mit einer Stimme sprechen konnte, wäre das Unternehmen wirkungslos gewesen. Professor Iserloh, der den Text formuliert hatte, verließ zornig den Saal und ließ uns wissen: „Ich lege meine faulen Eier anderswo".

Zum Abschied von Kardinal Jäger als Vorsitzendem der Ökumenekommission der Deutschen Bischofskonferenz unternahmen die Ökumenereferenten eine Fahrt nach Taizé zu Gesprächen mit Roger Schutz und den Brüdern der dortigen Kommunität, aber auch zu einigen Besichtigungen und natürlich zu Arbeitssitzungen. Man stand mitten in der Würzburger Synode und ökumenische Themen waren besonders umstritten, insbesondere was man zum heißen Eisen Interkommunion sagen sollte und konnte.

Bei dieser Gelegenheit habe ich erlebt, was Lehramt bedeuten kann. In den Arbeitssitzungen gaben Professoren des Johann-Adam-Möhler-Instituts jeweils eine Einführung in die anstehende Thematik, in der anschließenden Diskussion konnte man Fragen stellen, die die Referenten oder bei gewichtigeren Problemen auch der Kardinal selbst beantwortete. Blieb noch etwas unklar, konnte man nochmals um weitere Belehrung bitten, aber dann war Schluss mit dem Nachfragen. Die Wahrheit war gleichsam in der Person des Kardinals personifiziert anwesend. Man musste nicht um rechte Erkenntnis ringen, sie war schon da, ihr zu widersprechen war höchst ungehörig. Auch hier habe ich mich danebenbenommen. Man hat es meiner Jugend zugeschrieben und war wohl überzeugt, dass ich die rechten Gepflogenheiten schon noch lernen würde. Nach der Rückkehr aus Taizé haben mir einige Teilnehmer der Konferenz versichert, sie hätten sich über meine Diskussionsbeiträge gefreut, argumentativ beigesprungen war mir aber keiner.

Verstärkt hat sich bei mir dieser Eindruck von der Praxis des Lehramts bei einer Sitzung der Ökumenischen Diözesankommission in München, zu der Kardinal Ratzinger als damaliger Diözesanbischof kam. Viele Fragen, Hoffnungen, Enttäuschungen haben uns umgetrieben, aber wir bekamen einen abgewogenen Vortrag des Kardinals zu hören und hatten keine Möglichkeit, unsererseits zu Wort zu kommen und unsere Anliegen zu vorzutragen. Es stellte sich mir die Frage: Was bedeutet das für den ökumenischen Dialog? Jahre später habe ich über die Regeln gearbeitet, die man im Mittelalter für die Disputationen entwickelt hat und die gewährleisten sollten, dass man einander ernst nimmt und aufeinander hört. Mehrmals hatte ich Gelegenheit, darüber im kirchlichen, aber auch im außerkirchlichen Rahmen zu referieren[7]. Nicht zuletzt in Kreisen, in denen man gewohnt war, den Begriff Mittelalter vor allem mit Aberglauben und Untertanengeist zu verbinden, haben diese Überlegungen Eindruck gemacht. Andererseits hat sich mir die Überzeugung aufgedrängt, dass der Begriff „Dialog" im katholischen Bereich weit hinter der Offenheit der Scholastik zurückgeblieben ist und dass er andere Implikationen hat, als sie sonst in unserer geistigen Welt gelten.

---

[7] Peter Neuner, Das Dialogmotiv in der Lehre der Kirche, in: Gebhard Fürst (Hg.), Dialog als Selbstvollzug der Kirche?, Freiburg 1997, 47–70.

4. Das Ämtermemorandum und die Theologie des kirchlichen Amtes

a) Das Ringen um einen gemeinsamen Text

Durch das gemeinsame Papier zur Amtsfrage, das wir im Ökumenischen Institut in München ausgearbeitet und publiziert hatten, fühlten sich die anderen Ökumenischen Institute in Deutschland herausgefordert. Es wurde angeregt, eine Arbeitsgemeinschaft der Ökumenischen Institute an Universitäten zu gründen, die sich konkreten ökumenischen Fragen widmen sollte. Sechs Institute gab es damals: Katholischerseits die Institute unter der Leitung von Hans Küng in Tübingen, von Peter Lengsfeld in Münster und Heinrich Fries in München, evangelischerseits die Institute von Edmund Schlink, später Reinhard Slenszka in Heidelberg, Hans Heinrich Wolf in Bochum und Wolfhart Pannenberg in München. Als Thema stellte man sich die Frage nach dem kirchlichen Amt. Die ökumenische Brisanz war offensichtlich, zudem war das Problem für die interne Praxis der Kirchen höchst relevant. In den evangelischen Kirchen machten damals die „Ordinationsverweigerer" von sich reden, die allein eine kirchenamtliche Anweisung für ein Pfarramt akzeptieren wollten und die Ordination als Übertragung eines besonderen Standes in der Kirche und damit als katholisierend ablehnten. Zudem wurde die Zulassung von Frauen zum kirchlichen Amt kontrovers diskutiert. In der katholischen Kirche brach die Zahl der Priesteramtskandidaten ein, man kritisierte den traditionellen Klerikalismus, und die Diskussion um den Zölibat führte zu erheblichen Spannungen. Die Verunsicherung in den Gemeinden war nicht zu übersehen.

Es war ein mühsames und intensives Ringen, bis 1973 das sogenannte Ämtermemorandum erscheinen konnte. Vor allem die Gruppe um Peter Lengsfeld war zu einem guten Teil soziologisch ausgerichtet und brachte damit einen ganz anderen Ansatz für die Ökumene mit, als wir ihn in München praktiziert hatten. Zur Überwindung der Kirchenspaltung setzte man in Münster weniger auf dogmatische Feinarbeit und dogmengeschichtliche Untersuchungen, als vielmehr auf die Entwicklung von Methoden, wie Großinstitutionen kooperieren oder fusionieren können. Einen Schwerpunkt bildeten die Krisenphänomene, die die Kirchen und ihr Amt bedrängten und die als Chancen gesehen wurden, neue Identitäten zu entfalten und sie dann auch theoretisch und theologisch zu formulieren. Hans Küng hatte, herausgefordert vom Vorbereitungsdokument für die Bischofssynode 1971 über „Das Priesterliche Dienstamt", eine knappe Schrift verfasst „Wozu Priester? Eine Hilfe", in der er „mit manchen unhaltbar gewordenen traditionellen Vorstellungen entschlossen aufräum(e)"[8]. Insbesondere überkommene Herrschaftsansprüche verfielen seiner Kritik, Amt wurde durchwegs als Dienst verstanden. Gerade aus den katholischen Instituten trafen sehr unterschiedliche Ansätze aufeinander. Die Arbeitsgemeinschaft musste in einer vielgestaltigen Ökumene nicht nur zwischen den beteiligten christlichen Traditionen, sondern auch zwischen erheblich differierenden Methoden ihren Weg finden.

Das nach intensivem Ringen entstandene Buch[9] hatte zwei Teile: In ausführlicheren Einzelstudien wurden die verschiedenen Probleme der Amtsfrage behandelt: Die Krisenphänomene, die das Amt in beiden Kirchen prägten, die Frage der apostolischen Sukzession, das Wesen und die Gestalt des kirchlichen Amtes, Ordination und Sakramentalität. Diese Studien standen unter der Verantwortung der einzelnen Institute. Gemeinsam verantwortet wurden dagegen die als Ertrag formulierten 23 Thesen, auf die man sich in intensiven Diskussionen einigen konnte. Sie gipfelten in These 22: „Auf Grund der Erkenntnisse der ökumenischen Theologie läßt sich ... eine Verweigerung der gegenseitigen Anerkennung der Ämter nicht mehr rechtfertigen". Die Folgerung in Nr. 23 lautete: „Da einer gegenseitigen Anerkennung der Ämter theologisch nichts Entscheidendes mehr im Wege steht, ist ein hauptsächliches Hindernis für die Abendmahlsgemeinschaft überwunden".

---

[8] Zürich – Einsiedeln – Köln 1971, 8.
[9] Reform und Anerkennung kirchlicher Ämter. Ein Memorandum der Arbeitsgemeinschaft ökumenischer Universitätsinstitute, München – Mainz 1973.

b) Kontroversen um die Rechtgläubigkeit

Vor allem diese beiden Schlussthesen haben erheblich Staub aufgewirbelt und zu heftigen Auseinandersetzungen geführt. Die Verlage Grünewald und Kaiser, die das Buch publizierten, wollten Reklame machen und druckten die Thesen ohne die sie begründenden Studien vorweg als Beilage zu mehreren Zeitschriften ab. Außerdem hat man diesen Vorabdrucken eine Zustimmungserklärung beigegeben. Diese war ursprünglich dazu gedacht, dass Theologen, die nun nicht gerade ein ökumenisches Institut leiteten, wie z. B. Karl Rahner, mit der Grundaussage des Buches aber nach unserer Überzeugung übereinstimmten, ihre Zustimmung hätten erklären können. Durch diese Aktion der Verlage bekam das alles einen anderen Charakter. Die Bischöfe sahen darin den Versuch eines Plebiszits, die Mobilmachung der Basis gegen die Hierarchie, den Aufstand der Gosse gegen die Wahrheit. So reagierte man kirchenamtlich überaus heftig.

Die Glaubenskommission der Deutschen Bischofskonferenz verurteilte die Veröffentlichung als mit dem Glauben der katholischen Kirche unvereinbar, noch bevor das Buch überhaupt erschienen war. Und dann setzte ein wahres Trommelfeuer ein. Die katholische Nachrichtenagentur tat sich besonders hervor, Woche für Woche in ihrem ökumenischen Dienst Gegendarstellungen zu formulieren und ablehnende Aufsätze in die kirchliche Presse zu bringen[10]. Zweifellos waren die Reformvorschläge des Memorandums sehr nachdrücklich formuliert, etwa wenn es hieß: „Kirchliche Ämter können je nach den besonderen Aufgaben, Umständen und Eignungen hauptberuflich oder nebenberuflich, auf Zeit oder lebenslang, von Männern oder Frauen, von Verheirateten oder Unverheirateten, von Akademikern oder Nichtakademikern ausgeübt werden." (These 13) Dies machte es den Kritikern leicht, von den theologischen Übereinstimmungen abzulenken. Zustimmende Artikel, vor allem ein ganzseitiger Beitrag von Karl Rahner in der Frankfurter Allgemeinen Zeitung, wurden dagegen von der Berichterstattung der KNA einfachhin totgeschwiegen. Rahner hatte sich in einer ausführlichen Bespre-

---

[10] Karlheinz Schuh (Hg.), Amt im Widerstreit, Berlin 1973.

chung zustimmend geäußert, dann aber auch festgehalten, dass noch nicht alle Probleme des kirchlichen Amtes gelöst seien. So habe das Memorandum die Frage nach dem Papst ausgeklammert. Als ich bei der KNA dagegen protestierte, dass man diese gewichtige Stimme verschwieg, erschien in der nächsten Nummer die Aussage, Rahner habe in einer ausführlichen Stellungnahme „vor allem kritisiert", dass „die Verfasser das Papsttum ausgeklammert" haben. Es war bedrückend, im kirchlichen Bereich zu erleben, wie mit einseitiger Auswahl und Entstellung Stimmung gemacht wurde.

Über Heinrich Fries ist das Ganze hereingebrochen wie ein Ungewitter. Die beiden anderen katholischen Repräsentanten, Hans Küng und Peter Lengsfeld, waren damals kirchenamtlich nicht mehr unangefochten. Hans Küng hatte zwar noch die missio canonica und lehrte in der theologischen Fakultät, aber wegen seines Buches über Unfehlbarkeit war bereits ein römischer Prozess eröffnet worden. Und Peter Lengsfeld hatte beim Bundestagswahlkampf 1969 seine Sympathie für die SPD erklärt, und das erschien damals vielleicht als noch weniger verzeihlich. Dass Heinrich Fries das Memorandum unterzeichnet hatte, machte es unmöglich, das ganze Unternehmen als Querulantenliteratur einzustufen und so unschädlich zu machen. Auf ihn lud sich folglich der gesamte Ärger ab und er hat darunter sehr gelitten. Besonders getroffen hat ihn, dass sechs Fakultätskollegen, das war immerhin ein Drittel der Professoren, ihn schriftlich aufforderten, seine Unterschrift zurückzuziehen bzw. zu erklären, dass er auf dem Boden der katholischen Lehre stehe. Wir versuchten, gegen die geballte Front kirchlicher Presse zu informieren, leider mit wenig Erfolg. Allerdings: Einige der Professoren, die Fries aufgefordert hatten, seine Treue zur katholischen Lehre zu erklären, entschuldigten sich für diesen Brief: Sie hatten das Memorandum nicht gelesen und lediglich den Pressemitteilungen vertraut.

Ich war erst 1972 nach meinem Dienstantritt als Assistent am Ökumenischen Institut zu dieser Arbeitsgemeinschaft gestoßen und war nur in der letzten Phase der Textformulierung dabei, entscheidende Impulse habe ich gewiss nicht gesetzt. Aber ich habe wie alle an der Arbeit Beteiligten das Memorandum unterschrieben und folglich hat der Ärger auch mich eingeholt. Einer der Weihbischöfe in München, mit dem ich bislang ein vertrauensvolles Verhältnis hatte, schrieb mir einen bitterbösen Brief, in dem er mir vorwarf, das ganze Unternehmen könne „eigentlich nur als geplanter Hintergrund verstanden werden, um davor die These von der priesterlosen Kirche zu verkünden". Heinrich Fries gab mir den Rat, für meine Zukunft in der Theologie wäre es wohl das Beste, die Zusammenarbeit mit ihm aufzukündigen. Das habe ich nicht getan, und ich musste es nicht bereuen.

Einen schwarzen Punkt in der Personalakte hat mir meine Unterschrift unter das Memorandum und die Tatsache, dass ich es in dem mir damals möglichen Rahmen verteidigt habe, aber wohl doch eingetragen. Ich führe es nicht zuletzt auch darauf zurück, dass ich auf bundesdeutscher oder universalkirchlicher Ebene kaum in wichtigere ökumenische Gremien oder in Dialogkommissionen berufen wurde. Verschiedentlich konnte ich mich des Eindrucks nicht erwehren, dass für derartige Berufungen ausschlaggebend war, dass man Ratschläge gab und Überzeugungen vertrat, die daraufhin tendierten, den Status quo zu legitimieren. Wer im Verdacht stand, diesen in Frage zu stellen und unerwünschten Positionen zu folgen, galt als Unruhestifter und war wenig gefragt.

In einem Rückblick, annähernd 50 Jahre nach den Kontroversen um das Ämtermemorandum, stelle ich fest, dass die Ökumeniker in ihren Formulierungen zumeist zurückhaltender argumentieren, eher werbend als konstatierend oder anklagend, mehr überzeugend als fordernd. Das hat man jedenfalls in den Auseinandersetzungen gelernt: Wenn es nicht gelingt, wenigstens die diskussionsbereiten Bischöfe und ihr Vertrauen zu gewinnen, sitzen die Theologen mit ihren theoretischen Argumenten am kürzeren Hebel. Sie haben kaum Chancen, die kirchliche Öffentlichkeit zu überzeugen. Es ist nicht nur eine theologische, sondern auch eine empirische Aussage: Ohne das Amt oder gegen seine Vertreter wird eine Einigung der Christenheit nicht möglich sein.

c) Sachliche Annäherungen

In der Sache aber haben sich die im Ämtermemorandum vorgetragenen Thesen bewährt. Auch die Darstellung der Krisenphänomene, die im Memorandum einen verhältnismäßig breiten Raum einnahm, entstammte nicht einer „Verelendungsstrategie", wie uns vorgeworfen wurde, sondern erweist sich inzwischen als ein durchaus realistischer Blick auf die damals bereits absehbaren Entwicklungen und damit auf die Zukunft des Amtes im Leben und Aufbau der Gemeinden. Tatsächlich sind die Fragen um das kirchliche Amt nicht mehr zur Ruhe gekommen. Was 1973 mancher als Provokation empfunden hat, ist inzwischen weithin Realität und die Forderungen nach einer Neubesinnung auf Amt und Gemeindeleitung sind allgegenwärtig.

Die spezifisch theologischen Thesen des Memorandums haben in zahlreichen weiteren Dialogdokumenten ihre Bestätigung gefunden. In aller Regel hat man es vermieden, das Ämtermemorandum zu zitieren, ist aber in den theologischen Fragen zu Ergebnissen gekommen, die mit ihm weithin übereinstimmen. Hier sei verwiesen auf „Das geistliche Amt in der Kirche"[11], das Lima-Papier[12], die Lehrverurteilungsstudie[13], aber auch auf einschlägige Texte insbesondere aus Frankreich und den USA. In mehreren Veröffentlichungen habe ich mich auf diese Texte bezogen und versucht, eine ökumenisch akzeptable Konzeption vom Amt zu entwerfen.

Jedenfalls widerlegen die genannten Dokumente die oft pauschale Vorstellung, die Reformation habe das geistliche Amt abgeschafft, es gebe dort nur das allgemeine Priestertum aller Getauften. Auch die evangelischen Kirchen kennen ein geistliches Amt, das beauftragt ist, die Gemeinde zu leiten, das Wort Gottes zu verkünden, die Sakramente zu feiern. Es wird durch Ordination unter Gebet und Handauflegung verliehen. Diese ist ein geistlicher Vorgang, nicht ein Verwaltungsakt, sie verleiht die Vollmacht, der Gemeinde auch gegenüberzutreten und im Namen Christi zu sprechen. Wenn die evangelische Theologie die Ordination nicht als Sakrament bezeichnet, liegt das an einem engeren Sakramentenbegriff, der nur Vollzüge umfasst, für die sich biblisch eine Einsetzung durch den historischen Jesus belegen lässt. Das ist bei der Handauflegung nicht der Fall. Bis ins hohe Mittelalter wurde die Zahl der Sakramente unterschiedlich

---

[11] In: DwÜ I, 329–357.
[12] Siehe unten S. 87f.
[13] Siehe unten S. 104–106.

angegeben. Die genannten Dokumente lehnen es nicht ab, dass in der katholischen Theologie die Ordination als Sakrament verstanden wird, auch wenn die Kirchen der Reformation dies nicht übernehmen. Als kirchentrennend wird diese Differenz angesichts der unterschiedlichen Regelung im Verlauf der Dogmengeschichte in der Regel nicht mehr erachtet.

In der Lehre vom sakramentalen Charakter, den nach katholischem Verständnis die Ordination verleiht, sahen die Reformatoren einen Anspruch des Klerus auf eine höhere und noch dazu unverlierbare Stufe der Christlichkeit. Hier hat die ökumenische Diskussion gezeigt, dass die Lehre vom sakramentalen Charakter für jene Sakramente entwickelt wurde, die keine Wiederholung kennen: die Taufe, die Firmung und eben auch die Ordination. Ebenso wenig wie bei Taufe und Firmung muss bei der Ordination daraus ein Überlegenheitsanspruch hergeleitet werden. Auch in den evangelischen Kirchen ist die Ordination grundsätzlich ein Lebensprojekt, sie nimmt den Ordinierten auf Dauer in Dienst, sie wird etwa beim Wechsel in ein anderes Pfarramt nicht wiederholt und unterscheidet sich damit von der Investitur in eine konkrete Dienststelle.

Im Zentrum der ökumenischen Diskussion um das Amt steht die Frage der Sukzession, die in der katholischen Kirche oft mit der Apostolizität der Kirche identifiziert wird. Demnach ist die Kirche apostolisch, weil die Apostel Schüler ins Amt eingesetzt, diese wiederum ihre Nachfolger bestellt haben, und so eine ununterbrochene Kette von Ordinationen entstand, durch die jeder Priester in Verbindung mit dem Ursprung steht. Diese Vorstellung wurde nicht selten fast mechanistisch im Sinne einer „Pipeline" vergröbert. Ist die Kette unterbrochen, kann nichts mehr weitergegeben werden. Dies hat man herkömmlicherweise den reformatorischen Gemeinschaften angelastet, die nach dieser Sicht mit der bischöflichen Sukzession auch ihre Apostolizität preisgegeben haben.

Doch auch die evangelischen Kirchen verstehen sich als apostolisch und erheben den Anspruch, ungebrochen die Botschaft der Apostel zu verkünden. Apostolizität ist für sie durch die Treue zur Heiligen Schrift, also durch das *Sola-scriptura*-Prinzip gewährleistet. So haben die Reformatoren der römischen Kirche vorgeworfen, durch die Einführung menschlicher Traditionen die apostolische

Botschaft verdrängt und die Apostolizität preisgegeben zu haben. Die Kontroversen zwischen den Kirchen spitzten sich im gegenseitigen Vorwurf fehlender Apostolizität zu.

Die dogmengeschichtliche Betrachtung ermöglichte eine ökumenische Annäherung. Seit frühkirchlicher Zeit wird die Amtsnachfolge nicht mechanistisch im Sinne einer pipeline und als Garantie, wohl aber als Zeichen für die Treue zur apostolischen Überlieferung verstanden. Die Amtsträger wurden eingesetzt, um die rechte Botschaft zu bewahren und sie weiterzugeben. Das Amt steht im Dienst der Treue zum Ursprung, die ungebrochene Sukzession wurde als Zeichen für sie erachtet. Eine mechanische Sicht der Sukzession ist damit jedenfalls in Frage gestellt. Allerdings ist diese Überzeugung noch keineswegs allgemein rezipiert. Auch in kirchenamtlichen Dokumenten begegnet die pauschale Vorstellung, dass die Kirchen der Reformation mit der (bischöflichen) Sukzession die Apostolizität preisgegeben haben und folglich nicht mehr „Kirchen im eigentlichen Sinne des Wortes" seien.

Die Amtsfrage wird nicht selten als die ökumenische Meisterfrage bezeichnet, die noch immer ihrer Lösung harrt. Eine entscheidende Annäherung sollte gelingen, wenn man mit der Aussage ernst macht, dass jedes Amt ein Dienst ist, wie das II. Vatikanum festgehalten hat, ein *ministerium* und nicht eine *potestas*. Ein Dienst bestimmt und definiert sich von dem her, dem er zu dienen hat, ein Dienst in der Kirche also vom Volk Gottes her. Dass diese Erkenntnis die kirchliche Praxis weithin noch nicht bestimmt, hat seine Ursache wohl nicht allein in theologischen Differenzen, sondern auch in praktischen Interessen und insbesondere in der Angst vor unvermeidlichen Konsequenzen. Eine Anerkennung der Ämter in den Kirchen der Reformation hätte Folgen für die Struktur der Kirche und ihrer Ämter, nicht zuletzt in den Fragen von Zölibat und Frauenordination, die man derzeit nicht zu ziehen bereit ist. Nach überwiegender Meinung der Theologen wäre von der christlichen Botschaft her sehr viel mehr möglich, als in der katholischen Kirche derzeit realisiert wird. Ich habe jedenfalls gelernt, Formulierungen wie: „die Kirche hat keinerlei Vollmacht, ...", mit großer Skepsis zu begegnen. Die Amtsfrage scheint mir keineswegs so ungelöst wie manchmal behauptet.

d) Ein Weg aus dem Priestermangel?

Die Erkenntnis, dass in der Amtsfrage längst nicht alle Möglichkeiten ausgeschöpft sind und die Kirche sehr viel mehr könnte, als sie derzeit realisiert, hat natürlich auch innerkirchliche Bedeutung. Fritz Lobinger, Bischof der Diözese Aliwal-North in Südafrika hat, herausgefordert durch den drückenden Priestermangel, das Modell sogenannter „Leutepriester" entwickelt. Er geht aus von Gemeinden, die jetzt und in vorhersehbarer Zukunft keinen Priester haben, in denen sich aber teams of elders als Gemeindeleiter/innen und Seelsorger/innen faktisch bewährt haben. Sie sind in ihren Gemeinden anerkannt und dienen ihrer Auferbauung. Weil für eine christliche Gemeinde die Feier des Herrenmahls unerlässlich ist, schlägt Bischof Lobinger vor, solche teams of elders zu Priestern zu weihen und ihnen die Vollmacht zu übertragen, in der Gemeinde, aus der sie kommen, und mit ihr die Eucharistie zu feiern. Ihr Auftrag soll auf diese Gemeinde bezogen sein, ihr Dienst, wie in aller Regel auch bisher, nebenamtlich und ehrenamtlich erfüllt werden.

Der Vorschlag von Bischof Lobinger geht nicht von einzelnen viri probati, von in Kirche und Familie bewährten Männern aus, die der Bischof zu Priestern weiht und sie in die Gemeinden sendet. Sein Ansatz sind die Gemeinden, in denen sich faktisch Ämter entwickelt haben, die der Bischof anerkennt und ordiniert, und zwar nicht als Einzelne, sondern als Teams. Auf diesem Weg, so die Überzeugung Lobingers, wird es möglich sein, einen Klerikalismus zu vermeiden, der bei einer Weihe von einzelnen viri probati drohen würde. Neben diesen „Leutepriestern" wird es auch in Zukunft den Priester in herkömmlicher Form und Lebensgestaltung geben, der eine Anzahl von Gemeinden zu einer Pfarrei zusammenfasst und dabei besonders für die theologische und geistliche Betreuung der Leutepriester verantwortlich ist.

Bischof Lobinger hat dieses Modell in Zusammenarbeit mit Paul Zulehner entwickelt und propagiert. Zulehner hat es im Blick auf die Amazoniensynode 2019 nochmals vorgestellt unter dem Titel: „Naht das Ende des Priestermangels? Ein Lösungsmodell"[14]. Wie nicht an-

---

[14] Ostfildern 2019.

ders zu erwarten gab es auch Kritik. Dieses Modell, so der Haupteinwand, wäre theologisch nicht akzeptabel, denn es führe zu einer Spaltung der Priesterschaft in zwei Klassen, den Priester im bisherigen Verständnis und den „Leutepriester". Auf diesem Stand der Diskussion wurde ich eingeladen, den Vorschlag dogmatisch zu bedenken, also zu untersuchen, ob er mit der Theologie des ordinierten Amtes kompatibel ist. Ich habe besonders betont, dass die Kirche seit alters mit zwei Klassen von Priestern lebt, seitdem man das Amt in das des Bischofs und das des Priesters aufgeteilt hat, und gleichzeitig betonte, dass es sich um ein Amt handelt, das durch das Sakrament der Ordination verliehen wird. So habe ich formuliert: „Aus dogmatischer Sicht erkenne ich keinen Grund, die in diesem Buch entwickelten Vorschläge, neben Amtsträgern im bisherigen Verständnis auch gemeindebezogene und aus den Gemeinden kommende … Leutepriester zu ordinieren, theologisch als nicht legitim zu erachten"[15]. Die ökumenische Besinnung auf das Amt hat Lösungsvorschläge auch für die innerkirchliche Notlage gebracht.

5. Eucharistie und Eucharistiegemeinschaft

Die Schlussthese des Ämtermemorandums stellte fest, dass durch die hier vorgelegten Thesen „ein hauptsächliches Hindernis für die Abendmahlsgemeinschaft überwunden" sei. Mit dieser Aussage kam das Memorandum den Hoffnungen und Erwartungen breiter Kreise der kirchlichen Öffentlichkeit entgegen, insbesondere den konfessionsverschiedenen oder – wie man sie später lieber bezeichnete – konfessionsverbindenden Ehen. Insofern war es nur folgerichtig, dass die Ökumenischen Institute in München die Problematik der Eucharistiegemeinschaft in einem Oberseminar thematisierten[16]. Das II. Vatikanum hatte Möglichkeiten mit den Kirchen der Orthodoxie jedenfalls für Sonderfälle eröffnet und befürwortet, sie jedoch mit den

---

[15] In: Paul M. Zulehner – Fritz Lobinger – Peter Neuner, Leutepriester in lebendigen Gemeinden. Ein Plädoyer für gemeindliche Presbyterien, Ostfildern 2003, 218.

[16] Abendmahl und Abendmahlsgemeinschaft, in: Una Sancta 26 (1971) 68 – 88.

evangelischen Kirchen auf wenige Ausnahmefälle beschränkt. Die Kirchen der Reformation haben in dem Jahr, in dem das Memorandum veröffentlicht wurde, die Leuenberger Konkordie verabschiedet, die die weithin längst praktizierte Abendmahlsgemeinschaft zwischen lutherischen, reformierten und unierten Kirchen auch theologisch und rechtlich legitimierte. Wie drängend das Thema war, war exemplarisch beim Ökumenischen Pfingsttreffen in Augsburg deutlich geworden.

a) Das Drängen der Basis

Das Ökumenische Pfingsttreffen vom 3. bis zum 5. Juni 1971 in Augsburg, das gemeinsam vom Zentralkomitee der deutschen Katholiken und vom Deutschen evangelischen Kirchentag veranstaltet wurde[17], war eine überschaubare Veranstaltung. Offiziell wurden 8.270 Teilnehmer gezählt, ein Viertel davon wurde der jüngeren Generation zugerechnet. Zu den beiden Gottesdiensten zum Beginn und zum Ende der Veranstaltung versammelten sich nach offiziellen Schätzungen rund 18.000 Teilnehmer. Das II. Vatikanische Konzil war in lebendiger Erinnerung, aber auch die Kontroversen um die Enzyklika *Humanae vitae*, die den Katholikentag 1968 in Essen in eine Zerreißprobe geführt hatten. Die innerkirchlichen Spannungen waren erheblich.

In der Arbeitsgruppe „Gottesdienst", in der sich dem Protokoll zufolge 1.400 bis 2.100 Teilnehmer versammelten, stand die Frage der Gemeinschaft im Herrenmahl im Zentrum. Mit Mehrheit wurde der Antrag angenommen: „Die römisch-katholischen und evangelischen Synoden und Kirchenleitungen werden gebeten, ihre Glieder zu einer offenen Kommunion zuzulassen". Bei dem etwas zurückhaltender formulierten Antrag: „Wir fordern Kirchenleitungen und Synoden auf, gemeinsame Abendmahlsgottesdienste bzw. Eucharistiefeiern für ökumenische Gruppen und konfessionsverschiedene Ehepaare zuzulassen und als einen Weg zur größeren Einheit zu empfehlen" vermerkt das Protokoll: „Mit großer Mehrheit angenom-

---

[17] Siehe hierzu Peter Neuner, Nach dem Ökumenischen Kirchentag in Berlin, in: ders. – Peter Lüning (Hg.), Theologie im Dialog, Münster 2004, 431–435.

men"[18]. Der Augsburger Bischof Josef Stimpfle versuchte vergeblich, diese Beschlüsse zu verhindern, sein Insistieren auf Autorität und Gehorsam und seine Klage, dass das Wort eines Bischofs heute in der Kirche nichts mehr gelte, wirkten eher kontraproduktiv. In mehreren Gottesdiensten außerhalb des offiziellen Programms wurde die geforderte Zustimmung der Kirchenleitungen dann auch gleich präsumiert und zu offener Kommunion eingeladen.

Diese Gottesdienste sollten die Rezeption von Augsburg bestimmen. Bischof Stimpfle schrieb zwar in seinem Bericht für die Deutsche Bischofskonferenz, man habe beim Pfingsttreffen „etwas vom ‚Wehen des Heiligen Geistes'" verspüren können, überwogen aber haben seine kritischen Bemerkungen über angeblich antitheologische, antikirchliche und antikatholische Tendenzen. Kritische Töne prägten dann auch die Stellungnahme der Deutschen Bischofskonferenz vom September 1971, die zwar allgemein von wertvollen Anregungen und verheißungsvollen Elementen sprach, in der aber doch die Vorbehalte deutlich überwogen. Die Bischöfe distanzierten sich von den „ökumenischen Eucharistiefeiern", denn Interkommunion könne es nicht geben, „wo nicht der Wille zur wahren Communio vorhanden ist, wo nicht echte Gemeinschaft mit dem Herrn der Kirche geübt, sondern gegen die Kirche und ihre Ordnung Opposition getrieben wird". Es sollte mehr als 30 Jahre dauern, bis man sich wiederum an das Wagnis eines ökumenischen Kirchentags machte.

Bis in die Gegenwart lässt sich feststellen, dass die Gemeinschaft im Herrenmahl die zentrale ökumenische Problematik darstellt, sie ist im Grund die einzige Fragestellung, an der die Gemeinden interessiert sind. Annähernd fünfzig Jahre hindurch habe ich in zahlreichen ökumenischen Veranstaltungen in Akademien, Gemeinden, Dekanatskonferenzen immer wieder die Erfahrung gemacht, worüber ich auch referiert habe, die Diskussion drehte sich schnell um die Eucharistiegemeinschaft. Alle anderen ökumenischen Probleme, sei es die Amtsfrage, ekklesiologische Themen, Primat und Unfehlbarkeit des Papstes, das Verständnis der Rechtfertigung, werden weit-

---

[18] Ökumenisches Pfingsttreffen Augsburg 1971, Dokumente, Stuttgart – Berlin – Paderborn 1971, 243.

hin nur insofern für relevant erachtet, als sie etwas zur Gemeinschaft im Herrenmahl austragen.

Die Trennung im Herrenmahl stellte solange kein gewichtiges Problem dar, als man katholischerseits nur selten zur Kommunion gegangen ist und, wie ich mich aus meiner Ministrantenzeit erinnere, bei den Hauptgottesdiensten am Sonntag die Kommunion gar nicht ausgeteilt wurde. Das begegnete der Praxis im evangelischen Gottesdienst, der in aller Regel als Wortgottesdienst gestaltet wurde, wobei das Abendmahl in den meisten Gemeinden kaum öfter als viermal im Jahr gefeiert wurde. Ich habe es bei einem Besuch eines Sonntagsgottesdienstes in der evangelischen Bischofskirche in München noch erlebt, dass nach dem Abschluss des Predigtgottesdienstes, bevor der Pfarrer die Teilnehmer an der Kirchentüre verabschiedete, noch eingeladen wurde: „Nach dem Gottesdienst wird in der Sakristei noch das Abendmahl ausgeteilt".

Inzwischen ist der Kommunionempfang die weithin normale Form der Feier geworden und auch in den evangelischen Gemeinden setzt sich mehr und mehr die Praxis durch, den Sonntagsgottesdienst als Abendmahl zu feiern. In der Konsequenz wird die Trennung im Herrenmahl als Verstoß gegen die Gemeinschaft der Christen empfunden. Insbesondere für die konfessionsverschiedenen Ehen, in denen beide Seiten ihren Glauben ernst nehmen, ist es nur schwer erträglich, ihn im Gottesdienst nicht gemeinsam praktizieren zu können.

b) Theologische Herausforderungen und ihre Überwindung

Die ökumenische Bemühung war in der Frage der Eucharistie in besonderer Weise fruchtbar, die traditionellen Kontroversen, die eine Gemeinschaft im Herrenmahl ausgeschlossen hatten, erwiesen sich dabei in breitem Umfeld als nicht mehr kirchentrennend[19]. Es waren neben der Problematik des kirchlichen Amtes Differenzen in der Frage nach dem Laienkelch, in der Lehre von der realen Gegenwart

---

[19] Siehe hierzu Peter Neuner, Chancen und Perspektiven der Abendmahlsgemeinschaft zwischen den Konfessionen, in: Thomas Söding (Hg.), Eucharistie, Regensburg 2002, 204–228.

von Christi Leib und Blut in Brot und Wein und insbesondere vom Opfercharakter der Messe. Alle diese Kontroversen, so das Ergebnis der ökumenischen Theologie, haben ihren kirchentrennenden Charakter verloren. Dies wurde in zahlreichen ökumenischen Dokumenten bestätigt bis hin zum Text des Ökumenischen Arbeitskreises „Gemeinsam am Tisch des Herrn" aus dem Jahr 2020[20].

In der Reformationszeit nahm die Kontroverse um den Laienkelch einen wichtigen Ort ein. In der Praxis, das Herrenmahl allein in der Gestalt des Brotes zu reichen, sahen die Reformatoren einen Bruch mit der Stiftung Jesu und seinem Auftrag: „esset alle" und „trinket alle". Zudem sah man darin eine Abwertung der Laien, denen im Gegensatz zu den Priestern der Kelch vorenthalten wurde. Dass die Praxis der katholischen Kirche nicht kirchentrennend sein kann, geht schon aus der Tatsache hervor, dass Rom im 16. Jahrhundert mehreren Kirchenprovinzen den Laienkelch genehmigte, selbst wenn dieses Privileg dann kaum praktiziert wurde. Auch das II. Vatikanum hat die Austeilung unter beiden Gestalten für die Fälle empfohlen, in denen sie aus praktischen Gründen realisierbar ist. Weithin durchgesetzt hat sich diese Praxis bei den Abendmahlsgottesdiensten am Gründonnerstag und etwa bei Eucharistiefeiern bei Eheschließungen. Hygienischen Problemen begegnet man in der Regel durch ein Eintauchen der Hostie in den Kelch.

Die verbreitete Vorstellung, die Reformatoren würden die reale Gegenwart Christi in Brot und Wein leugnen, erwies sich in der ökumenischen Diskussion als Irrtum. Martin Luther hat sehr wohl daran festgehalten, dass „in, mit und unter" Brot und Wein der auferstandene Herr wahrhaft gegenwärtig ist und in der Feier des Herrenmahls von den Gläubigen empfangen wird. Wegen dieser Überzeugung gab er sogar die Gemeinschaft mit der Schweizer Reformation preis. Die Vorstellung vom Abendmahl als reiner Gedächtnishandlung der Gemeinde und eines bloß symbolischen Verweises auf den gekreuzigten Herrn, wie Luther die Abendmahlslehre Zwinglis interpretierte, erschien ihm als unvereinbar mit der Stiftung Jesu.

---

[20] Dorothea Sattler – Volker Leppin (Hg.), Gemeinsam am Tisch des Herrn. Ein Votum des Ökumenischen Arbeitskreises evangelischer und katholischer Theologen, Freiburg 2020.

Von den Altgläubigen unterschied sich Luther durch die Ablehnung der Lehre von der Transsubstantiation, die er aus philosophischen, nicht aus theologischen Gründen zurückwies. Doch auch für die katholische Tradition ist diese Vorstellung nicht Inhalt des Dogmas, vielmehr sah man darin die beste Weise, die Realpräsenz denkmöglich zu machen, ohne ihren Geheimnischarakter in Frage zu stellen. In vielen ökumenischen Texten und Dialogdokumenten wurde festgehalten, dass Unterschiede in der Erklärung der Realpräsenz nicht kirchentrennend sein müssen. Das gilt auch für die Frage der Dauer der Präsenz über die Feier hinaus, wie die unterschiedliche Praxis in orthodoxer und katholischer Kirche zeigt.

Komplizierter erscheint die Situation in der Frage der Messe als Opfer. In der Messopferlehre sahen die Reformatoren die Einmaligkeit des Kreuzesopfers Christi in Frage gestellt. Wenn die Messe als rechtfertigendes Opfer der Kirche verstanden wird, dann, so die Reformatoren, reicht das Opfer Christi offensichtlich nicht aus. Dann muss und kann der Mensch selbst Sühne leisten für seine Sünden und braucht insoweit Christus nicht. In der Konsequenz sahen die Reformatoren an diesem Punkt die Botschaft von der Rechtfertigung allein aus Gnade in Frage gestellt. In der als Opfer der Kirche verstandenen Messe sah Luther „das größte und schrecklichste Greuel" der Papisten und urteilte: „Also sind und bleiben wir ewiglich geschieden und wider einander"[21]. Und der aus der reformierten Tradition stammende Heidelberger Katechismus gibt auf die Frage: „Was ist für ein Unterschied zwischen dem Abendmahl des Herrn und der päpstlichen Messe?" die lapidare Antwort: „Es ist also die Messe im Grunde nichts anderes, als eine Verleugnung des einzigen Opfers und Leidens Jesu Christi, und eine vermaledeite Abgötterei"[22].

Auf der anderen Seite wies das Konzil von Trient die Vorstellung zurück, die Feier des Herrenmahls sei ein bloß worthaftes Gedenken, eine *nuda commemoratio*[23], in der die Gemeinde, die sich an das Kreuz Christi erinnert, das handelnde Subjekt ist. Vielmehr ist Trient

---

[21] Schmalkaldische Artikel II Art. 2, BSLK, S. 416; 419.
[22] Heidelberger Katechismus, Frage 80.
[23] DH 1753.

zufolge die Messe die reale Vergegenwärtigung, die *repraesentatio* des Kreuzesopfers Christi, das dieser ein für alle Mal dargebracht hat, das aber bleibende Kraft hat für alle Zeiten. Die Verwerfungen der Reformatoren richteten sich gegen manche Praktiken der spätmittelalterlichen Kirche, trafen aber nicht ihre offizielle Lehre. Trient hat genau das zurückgewiesen, wogegen sich die reformatorische Kritik gerichtet hatte. Die Feier des Herrenmahls wird als Opfer verstanden, weil in ihr das Opfer Christi real gegenwärtig wird, also nicht nur eine intellektuelle Erinnerung daran geschieht. In der Verkündigung des Kreuzestodes wird gegenwärtig gesetzt, was ein für alle Mal geschehen ist, es wird im gottesdienstlichen Vollzug real präsent.

Diese Erkenntnisse der ökumenischen Theologie wurden in zahlreichen Dialogdokumenten festgehalten und formuliert. Besonders hinzuweisen ist hier auf den Text „Das Herrenmahl"[24], auf die Lehrverwerfungsstudie, auf das Lima-Papier, das im wesentlich breiteren Rahmen des Ökumenischen Rates der Kirchen verabschiedet wurde. Die Einzelheiten der theologischen Klärungen haben unsere Gemeinden nicht mitvollzogen. Sehr wohl aber wurde man sich der Tatsache bewusst, dass die überkommenen Differenzen ihre kirchentrennende Kraft verloren haben. Damit aber stellte sich die Frage, warum es noch immer keine Gemeinschaft im Herrenmahl gibt, warum vor allem die katholische und die orthodoxe Kirche in dieser Frage so zögerlich oder gar abweisend reagieren. Ist es antiökumenische Rechthaberei, die sie leitet? Allein der Verweis auf die angeblich ungelöste Amtsfrage vermochte nicht mehr zu überzeugen, nachdem man das Amt in den Kirchen der Reformation nicht mehr einfachhin als nichtig abtun konnte. Insbesondere war die Lehre des II. Vatikanums entscheidend, dass die Gemeinde den Gottesdienst feiert und der Priester zu ihr gehört, nicht aber der Priester in einer isolierten Sondervollmacht für die Gemeinde das Opfer darbringt.

---

[24] DwÜ I, 271–295.

c) Kirchenamtliche Reaktionen: Communio versus Interkommunion?

In vielen Veranstaltungen habe ich versucht die Gründe plausibel zu machen, warum die orthodoxe und die katholische Kirche in dieser Frage so zurückhaltend sind und dass dies keineswegs allein in einer antiökumenischen Rechthaberei gründet. Nach ihrer Überzeugung findet Kirche im Herrenmahl ihre höchste Verwirklichung, Kirche gründet in Wort und Sakrament und wo man das Sakrament empfängt, hat man seine kirchliche Heimat. Dieses Prinzip galt durch die Geschichte hindurch zumindest für die großen christlichen Konfessionen, Gemeinschaft im Herrenmahl setzt Kirchengemeinschaft voraus. Von diesem Grundsatz machen die Kirchen der Orthodoxie keine Ausnahme. Die lutherischen Kirchen in Deutschland haben, über die Leuenberger Konkordie hinausgehend, 1975 in einer pastoralen Handreichung[25] offiziell ihre Gastbereitschaft für Katholiken erklärt. Angesichts der weitreichenden Überwindung der traditionellen Kontroversen sahen sie sich als nicht mehr berechtigt, evangelischen Christen „in besonderen Fällen die Teilnahme an der römisch-katholischen Eucharistiefeier grundsätzlich zu verwehren", oder katholische Christen allein deshalb zurückzuweisen, „weil sie nicht Glieder der evangelisch-lutherischen Kirche sind" (Nr. 3.4). Weil nicht die Kirchen einladen, sondern Christus selbst, haben sie nach ihrer Überzeugung nicht das Recht, getaufte und glaubende Christen auszuschließen. Das war nicht die Erklärung einer offenen Kommunion, die Zulassung war für konkrete Sonderfälle gedacht, wurde aber in der Praxis zumeist weit ausgelegt. Die evangelischen Kirchen erschienen damit als ökumenisch aufgeschlossen, während die orthodoxen und die katholische Kirche diesen Gaststatus nicht akzeptierten und folglich von außen und auch in ihren eigenen Reihen oft als antiökumenisch kritisiert wurden.

Fast zeitgleich mit diesem Vorstoß der evangelischen Kirchen und von ihm herausgefordert hat auch die Gemeinsame Synode der katholischen Diözesen in der Bundesrepublik Deutschland um eine ökumenische Öffnung für besondere Fälle gerungen. Den Rahmen

---

[25] Dokumentiert in: Lutherische Monatshefte 14 (1975) 614–616.

bildete das Dokument „Unsere Hoffnung. Ein Bekenntnis zum Glauben in dieser Zeit". Der Text wurde von Johann Baptist Metz entworfen, er buchstabiert die christliche Botschaft unter dem Aspekt der Hoffnung als der Zukunftsperspektive des Glaubens. Er zeigte auf, wie die Glaubensbotschaft Hoffnung vermittelt für die Einheit der Menschheit, die Überwindung von Armut und Ausbeutung, für die Gemeinschaft mit den armen Kirchen, mit dem Volk Israel und eben auch „für eine lebendige Einheit der Christen". Dazu führte der Text aus: „Wir sind die Kirche des Landes der Reformation. Die Kirchengeschichte unseres Landes ist geprägt von der Geschichte der großen Glaubensspaltung in der abendländischen Christenheit. Darum wissen wir uns jener gesamtkirchlichen, wahrhaft ‚katholischen' Aufgabe, nämlich dem Ringen um eine neue lebendige Einheit des Christentums in der Wahrheit und in der Liebe, in vorzüglicher Weise verpflichtet. Die Impulse des jüngsten Konzils in diese Richtung verstehen wir deshalb auch als besondere Wege und Weisungen für unsere Kirche in der Bundesrepublik Deutschland. Wir wollen das offensichtlich neu erwachte Verlangen nach Einheit nicht austrocknen lassen. Wir wollen den Skandal der zerrissenen Christenheit, der sich angesichts einer immer rascher zusammenwachsenden Welt tagtäglich verschärft, nicht bagatellisieren oder vertuschen. Und wir wollen die konkreten Möglichkeiten und Ansatzpunkte für eine verantwortliche Verwirklichung der Einheit nicht übersehen oder unterschätzen. Diese Einheit entspringt der einheitsstiftenden Tat Gottes, aber doch durch unser Tun in seinem Geist, durch die lebendige Erneuerung unseres kirchlichen Lebens in der Nachfolge des Herrn"[26].

Dieser Text wurde in der Synode mit großer Mehrheit angenommen, er fand auch über den katholischen Bereich hinaus Zustimmung. Evangelische Christen haben ihn mit der Barmer Theologischen Erklärung verglichen. Er wurde „vom Weltkirchenrat zur Vorbereitung seiner Versammlung von Bangalore benutzt, vom deutschen evang. Kirchenrat (EKD) und seinem Bensheimer Institut als

---

[26] Gemeinsame Synode der Bistümer in der Bundesrepublik Deutschland, Freiburg 1967, 85–111, hier 108.

Basis für ein mögliches gemeinsames Bekenntnis erwogen bzw. vorgeschlagen"[27].

Konkretisiert wurde dieser Aufruf der Würzburger Synode in dem Beschluss „Zusammenarbeit der Kirchen im Dienst an der christlichen Einheit". Er ging davon aus, dass die Menschen „immer weniger Verständnis dafür auf(bringen), in getrennten Kirchen zu leben" (S. 776). Angesichts der Ergebnisse der ökumenischen Theologie hat man Regeln für die konkrete Zusammenarbeit der Kirchen im pastoralen Bereich formuliert und entsprechende Voten an die Bischofskonferenz und an den Heiligen Stuhl gerichtet. Die Frage der Eucharistiegemeinschaft wurde im Beschluss Gottesdienst behandelt. Heinrich Fries war eine der wichtigen Stimmen, die sich dafür einsetzten, das Drängen der Basis ernst zu nehmen und es als Zeichen der Zeit zu würdigen. Nach kontroversen Diskussionen hat die Synode dafür plädiert, „alle legitimen Möglichkeiten wahrzunehmen, um den getrennten Christen, wenn sie es wünschen, den Zutritt zur Eucharistie zu eröffnen". Insbesondere solle man „prüfen, ob es nicht auch ‚ausreichende Gründe' für die Zulassung evangelischer Christen geben kann, selbst wenn diese die Möglichkeit zum Empfang des Abendmahles hätten. Solche Gründe könnten sich zum Beispiel aus der Sorge um die Glaubensgemeinschaft der Familie in der konfessionsverschiedenen Ehe ergeben" (S. 215). Wegen der offenen Amtsfrage sprach sich die Synode damals nicht für Gegenseitigkeit aus, sie konnte also, wie man formulierte, „zum gegenwärtigen Zeitpunkt die Teilnahme eines katholischen Christen am evangelischen Abendmahl nicht gutheißen". Doch der Text fährt fort: „Es kann jedoch nicht ausgeschlossen werden, daß ein katholischer Christ – seinem persönlichen Gewissensspruch folgend – in seiner besonderen Lage Gründe zu erkennen glaubt, die ihm seine Teilnahme am evangelischen Abendmahl innerlich notwendig erscheinen lassen" (S. 216). Die Türe hatte sich, wie Heinrich Fries formulierte, einen Spaltbreit geöffnet. Zur Erfahrung der Synode gehört allerdings auch, dass Rom alle ihre Anträge abgelehnt hat und dass weder im nachkonziliaren Kirchenrecht noch im Ökumenischen Direktorium von 1993 die

---

[27] So in Orientierung 43 (1979) H. 20, 228.

von ihr formulierten Vorschläge aufgegriffen wurden. Frustrationen unter den Synodalen und Enttäuschung bei allen, die auf ökumenische Fortschritte gehofft hatten, waren unausbleiblich.

Die vatikanischen Verbote einer Eucharistiegemeinschaft wurden im Laufe der folgenden Jahre immer nachdrücklicher und die Zulassung zur Kommunion von der vollen Gemeinschaft mit dem Papst abhängig gemacht. Doch in der Praxis hat man ein abweichendes Verhalten weithin toleriert und als pastoral gerechtfertigt. Der Wesenswiderspruch, den es bedeutet, das Mahl der Einheit in sich gegenseitig ausschließenden Konfessionen zu feiern, war faktisch nicht zu beheben, es konnte keine „richtige" Lösung geben. Das galt für alle Vorschläge zur Interkommunion, aber auch für die offiziellen Regelungen, selbst wenn mancher sie vielleicht für normal erachtet haben mag. Die Kirchenspaltung ist, wie Karl Lehmann schon 1970 formulierte, „theologisch ein größeres Ärgernis, als Versuche einer vielleicht ungeduldigen Antizipation der Einheit der Kirche durch ‚Interkommunion'". Walter Kasper urteilte im gleichen Jahr: „Die eigentliche Irregularität sind nicht solche offenen Kommunionfeiern, sondern die Spaltung und die gegenseitige Exkommunikation der Kirchen. Die nicht positiv genug zu würdigende Funktion einzelner Gruppen, welche hier vorpreschen, ist es, daß sie den Kirchen den Skandal ihrer Trennung im Sakrament der Einheit immer wieder vor Augen führen und dafür sorgen, daß wir uns nicht bequem mit dem Status quo abfinden"[28]. In der Praxis sind die restriktiven Regelungen der katholischen Kirche weithin unbekannt, und das bis heute. Und kaum ein Priester wird den Kommunionempfang verweigern, sollte er jemanden als evangelischen Christen erkennen.

---

[28] Karl Lehmann, Die Wurzel der Trennung – die Chance ihrer Heilung, in: Publik Nr. 47, 20.11.1970, 23; Walter Kasper, Skandal einer Trennung, in: Publik Nr. 45, 6.11.1970, 23.

6. Der Plan für ein ökumenisches Zentralinstitut

Nachdem die gemeinsame Arbeit der Ökumenischen Institute in München weithin selbstverständlich geworden war, beantragten 1974 beide theologischen Fakultäten, im Zuge einer Strukturreform der Universität, in der die Lehrstühle in Instituten zusammengefasst wurden, ein gemeinsames Ökumenisches Institut einzurichten[29]. Ich war Vertreter der wissenschaftlichen Mitarbeiter im Fachbereichsrat der Fakultät, war mit den rechtlichen Vorgaben vertraut und konnte den Antrag vorbereiten, den Heinrich Fries in die Fakultät einbrachte: „Die Fakultät möge einer Zusammenlegung der ‚Ökumenischen Institute' beider theologischer Fakultäten zustimmen und sich für die Errichtung eines ‚Ökumenischen Instituts' als zentraler wissenschaftlicher Einrichtung" einsetzen. Dieser Antrag wurde einstimmig angenommen. Einen entsprechenden Beschluss fasste auf Antrag von Wolfhart Pannenberg auch die evangelisch-theologische Fakultät. Konkrete Pläne für die Zusammenarbeit in diesem Institut sowie für dessen Anbindung an die beiden theologischen Fakultäten waren bereits ausgearbeitet, der Senat der Universität stimmte ihnen zu.

Entgegen aller Erwartung wurde die kirchenamtliche Zustimmung, die für die Errichtung eines gemeinsamen theologischen Instituts nötig gewesen wäre, katholischerseits verweigert. Die Kontroversen um das Ämtermemorandum hatten das Vertrauen der Bischofskonferenz in ein solches Institut erheblich beeinträchtigt. Offensichtlich herrschte die Sorge, es könnte den Einstieg in eine überkonfessionelle und von den Kirchen weithin unabhängige Theologie bedeuten. Vor allem aber: Der ökumenische Elan, der das Konzil und die unmittelbar darauf folgenden Jahre bestimmt hatte, war inzwischen deutlich erlahmt. Die letztlich paradoxe Situation, dass an der Universität München nebeneinander ein katholisches und ein evangelisches Institut für Ökumene existierten, blieb damit unverändert bestehen.

---

[29] Siehe hierzu Peter Neuner, Zur Geschichte der Münchner Institute für Fundamentaltheologie und Ökumene, in: Gunther Wenz (Hg.), Kirche und Reich Gottes (Pannenberg-Studien Bd. 3), Göttingen 2017, 249–257.

Der Zusammenarbeit der Ökumenischen Institute tat dies keinen Abbruch. Die gemeinsamen Seminare wurden selbstverständlich fortgesetzt, mehrere gemeinsame Texte zu zentralen ökumenischen Fragen konnten erstellt und publiziert werden. Die Teilnehmerschaft an diesen Oberseminaren war international, mehrheitlich waren es Doktoranden, die sich zu intensiver Diskussion versammelten. Die Arbeit, die hier geleistet wurde, hat Frucht getragen, weit über den deutschen Sprachraum hinaus.

C) Schritte zur wissenschaftlichen Qualifikation

1. Die Promotion zu Fragen des katholischen Modernismus

In den Jahren als wissenschaftlicher Assistent am Ökumenischen Institut konnte ich meine Promotion zur Frage der religiösen Erfahrung im Kontext des Modernismus abschließen[1]. Es war kein direkt ökumenisches Thema. Allerdings wurde mir in der Ausarbeitung immer deutlicher bewusst, dass die Kirche in der Folge des I. Vatikanums und seiner Papstdogmen erhebliche Verkürzungen und Einseitigkeiten erfahren hat. Der Terminus „Modernismus" wurde zum Inbegriff für alle Irrlehren, der Begriff „modern" war im offiziellen kirchlichen Sprachgebrauch jedenfalls seit dem Pontifikat Papst Pius' X. fast synonym mit häretisch. Die amtlich durchgesetzte Neuscholastik propagierte ein idealisiertes Bild des Mittelalters, demzufolge insbesondere Thomas von Aquin alle Fragen beantwortet oder zumindest die Materialien bereitgestellt hat, mittels derer sich alle nur denkbaren Probleme lösen lassen. Die neuzeitliche Theologie, so diese Deutung, steht unter dem Bann von Martin Luther und seinem Individualismus und Subjektivismus. Der fatale Mönch aus Wittenberg hat nach dieser Deutung die Autorität von Papst und Kaiser verworfen. In seiner Verkündigung vom allgemeinen Priestertum und der Freiheit eines Christenmenschen ist jeder sein eigener Priester und Bischof und Papst geworden. Jeder kann demnach glauben, was er will, und tun was ihm gefällt. Luthers Botschaft von der Freiheit, so die Überzeugung des Antimodernismus, hat alle Autorität zerstört, die doch dazu eingesetzt war, die von Gott geoffenbarte Wahrheit zu verkünden und sie vor Irrtum zu schützen.

Was Luther für die Theologie verschuldet hat, wurde durch Descartes und sein *cogito ergo sum* in die Philosophie eingeführt. Diese ist dem

---

[1] Peter Neuner, Religiöse Erfahrung und geschichtliche Offenbarung, München – Paderborn – Wien 1977.

Antimodernismus zufolge insgesamt durch ihren Subjektivismus verdorben, das Ich wurde zum Kriterium für die Wahrheit. Darum muss die katholische Theologie die Ansätze Luthers und die Philosophie im Gefolge von Descartes ignorieren. Eine Auseinandersetzung mit ihnen erklärte man für a priori überflüssig, weil sie insgesamt einem ketzerischen Subjektivismus verfallen seien. Eine Rezeption neuzeitlichen Denkens würde die katholische Theologie der Häresie öffnen. Allein die Theologie der Vorzeit, wie sie Josef Kleutgen formulierte und das kirchliche Lehramt propagierte, kann Wahrheit garantieren[2].

Das war gewiss nicht die einzige Vorstellung, die in der katholischen Theologie im Verlauf des 19. Jahrhunderts vertreten wurde. Insbesondere in seiner ersten Hälfte war es eine überaus fruchtbare Periode, in der die Theologie in einem breiten Austausch mit der Philosophie der Zeit und auch mit evangelischen Theologen die überlieferte Botschaft neu aussagen wollte. Im Umfeld des I. Vatikanums hat die Kirche diese Begegnung jedoch abgebrochen, die durch sie bestimmten Ansätze indiziert und ihre Vertreter mundtot gemacht. In meiner Arbeit zum Modernismus ist mir jedenfalls überaus deutlich geworden, dass damit vieles, was über die Kirche und ihre Lehre gesagt werden müsste, untergegangen ist. Ich habe gelernt, dass es nicht angehen kann, eine Position allein deswegen abzuweisen, weil sie von evangelischen Theologen vertreten und in Kirchen der Reformation praktiziert wird. Die Aussage des II. Vatikanums, dass Ökumene die Kirchen und ihre Lehre bereichert, wurde mir in meinen Arbeiten zum Modernismus nachdrücklich bewusst.

2. Die Habilitation über Döllinger als Theologen der Ökumene

Meine Habilitationsarbeit schrieb ich über Ignaz von Döllinger als Theologen der Ökumene[3]. In seiner Biographie lässt sich die Geschichte der Ökumenischen Bewegung im 19. Jahrhundert nachzeichnen. Als junger Theologe war Döllinger Exponent des Görres-Kreises

---

[2] Siehe hierzu Peter Neuner, Zu einer Relecture von Primat und Unfehlbarkeit, in: MthZ 71 (2020) 24–40.
[3] Peter Neuner, Döllinger als Theologe der Ökumene, Paderborn u. a. 1979.

und damit ein Hauptvertreter des neu erstarkten katholischen Selbst-
bewusstseins. Er kämpfte für die Gleichberechtigung der Katholiken,
um die Freiheit der Kirche, und dies bedeutete in der ersten Hälfte
des 19. Jahrhunderts zunächst einmal eine Kritik an der protestantischen Dominanz in Deutschland. Er war gefürchtet als Polemiker,
der die Kluft zwischen den Konfessionen betonte und sie möglichst
weiter vertiefen wollte. Eine mittlere Epoche in Döllingers Leben war
gekennzeichnet durch zunehmende Kritik an der immer mächtiger
werdenden Neuscholastik, aber auch an katholischen Vorstellungen
und Praktiken, die er nicht in Übereinstimmung mit der Alten Kirche,
ihrer Lehre und ihrer Struktur sah. In der dritten Phase seines Lebens
richtete sich seine oft beißende Kritik gegen das I. Vatikanische Konzil,
dem er vorwarf, mit der Tradition der ersten christlichen Jahrhunderte
und damit der Apostolizität gebrochen zu haben.

Die ununterbrochene Kette der bischöflichen Sukzessionen erachtete Döllinger als Garantie dafür, dass die Botschaft der Kirche
auf die Apostel zurückgeht und nicht menschliches Machwerk und
subjektive Erfindung ist, eine Unterbrechung dagegen als Beweis für
einen Bruch mit der Botschaft der Apostel. Die Amtssukzession erschien ihm als der Kanal, durch den uns die Lehre Jesu unverfälscht
zufließt, jede Gemeinschaft dagegen, die nicht in der bischöflichen
Sukzession steht, ist wie ein aus der Erde hervorgewachsener Pilz.
Diese Überzeugung führte ihn zu vernichtenden Aussagen über den
Protestantismus.

Die Kritik, die der fast 70jährige Döllinger am Vatikanischen
Konzil übte, folgte denselben Kriterien. Nach seiner Überzeugung
hat die vatikanische Kirche durch die Papstdogmen ihre Apostolizität preisgegeben, und das sowohl hinsichtlich ihrer Lehre als auch in
der Amtssukzession. Das I. Vatikanum hat mit dem Fundament gebrochen, auf dem der Glaube der Kirche ruht. „Bisher sagte der Katholik: Ich glaube diese oder jene Lehre auf das Zeugnis der ganzen
Kirche aller Zeiten ... Künftig aber müßte der Katholik sagen: ich
glaube, weil der für unfehlbar erklärte Papst es zu lehren und zu
glauben befiehlt"[4]. Als Zusammenfassung der neuen Lehre verstand

---

[4] Ignaz v. Döllinger, Briefe und Erklärungen über die Vatikanischen Dekrete
1869–1887, München 1890, 30.

Döllinger die Worte Papst Pius' IX.: *La tradizione sono io*, die Tradition, das bin ich. Damit habe der Papst seinen Anspruch deutlich gemacht, an die Stelle der Tradition zu treten und diese außer Kraft zu setzen. Als Folge des Unfehlbarkeitsdogmas erwartete er eine Flut von neuen, bisher unbekannten Glaubenslehren.

Nicht allein mit der apostolischen Lehre, sondern auch mit dem bischöflichen Amt hat das Konzil nach Döllingers Deutung gebrochen. Im Dogma vom päpstlichen Universalprimat bleibt nach seiner Überzeugung „für die Bischöfe schlechterdings keine andere Stellung und Autorität, als die, welche päpstlichen Kommissären oder Bevollmächtigten zukommt". Damit ist „der altkirchliche Episkopat in seinem innersten Wesen aufgelöst", es gibt nun „wohl noch kirchliche Würdenträger, aber keineswegs mehr wahre Bischöfe"[5]. Damit hat Rom die Apostolizität ebenso preisgegeben wie im 16. Jahrhundert die Protestanten. Die vatikanische Kirche ist ihm folglich nicht mehr die Kirche des Credo.

Nachdem Döllinger seine Unterschrift unter die Dogmen des vatikanischen Konzils verweigerte, wurde er exkommuniziert. Er respektierte diese Strafsentenz, verstand sich als zu Unrecht exkommunizierter Katholik und wollte die altkatholische Bewegung auf das Notrecht gründen, nach dem man den Gläubigen die seelsorglichen Dienste leisten müsse, die ihnen von der römischen Kirche verweigert wurden. „Wir befinden uns in einem Notstande, und wir wollen und dürfen soweit gehen, als der Notstand es gestattet und erheischt, aber auch nicht einen Schritt weiter"[6]. Gegenüber allen Initiativen, die zur Etablierung der altkatholischen Kirche führten, blieb er skeptisch, ein Schisma wollte er unbedingt vermeiden.

Döllinger war zweifellos einer der herausragenden Vertreter der altkatholischen Bewegung, die sich durch den Widerstand gegen unberechtigte päpstliche Ansprüche gebildet hat, vom Konziliarismus über Gallikanismus, Jansenismus bis zum Aufblühen der historischen Wissenschaft im 19. Jahrhundert. Doch diese Bewegung ist, wie ich dargestellt habe, nicht einfachhin identisch mit der altkatho-

---

[5] A. a. O. 82f.
[6] So Döllinger im Katholiken-Kongreß 1871, zitiert in Peter Neuner, a. a. O. 128.

lischen Kirche. Ihr scheint mir Döllinger nur bedingt angehört zu haben. Doch unmittelbar nach 1870 war der Übergang vom Altkatholizismus als geistiger Bewegung zur altkatholischen Kirche fließend.

Als zu Unrecht exkommunizierter Katholik sah sich Döllinger in Gemeinschaft mit all den Christen und ihren Kirchen, die wegen ihres Protestes gegen unberechtigte päpstliche Ansprüche von der katholischen Kirche getrennt waren: mit den Kirchen der Orthodoxie sowie der Anglikanischen Gemeinschaft. Die Altkatholische Bewegung verstand er „als Werkzeug und Vermittlungsglied einer künftigen großen Wiedervereinigung der getrennten Christen und Kirchen"[7] und die Altkatholiken haben diese Vision bereitwillig aufgegriffen. Der Zweite Altkatholikenkongress 1872 berief eine Kommission zur Förderung der christlichen Einheit und Döllinger wurde ihr Vorsitzender.

In dieser Eigenschaft hielt Döllinger im Frühjahr 1872 in München sieben Vorträge „Über die Wiedervereinigung der christlichen Kirchen"[8], die ein lebhaftes Echo in der Öffentlichkeit fanden. Als Hauptmotiv für die Bemühung um Einheit nannte er das Gebot des Herrn, der „ihre Einheit gewollt, geboten habe" (S. 12). Besondere Hoffnung setzte er auf die Theologie in Deutschland. „Da, wo die Entzweiung entstanden ist, die Trennung geboren wurde, da muß auch die Versöhnung erfolgen, muß die Spaltung zu einer höheren und besseren Einheit führen; das wäre dann die tragische Katharsis in dem großen Drama unserer Geschichte" (S. 31). Eine gegenseitige Anerkennung erschien ihm mit jenen Kirchen als möglich, die in Übereinstimmung stehen mit der apostolischen Überlieferung und am bischöflichen Amt in ungebrochener Sukzession festgehalten haben.

Die Orthodoxie sah Döllinger in Übereinstimmung mit der Lehre und der Struktur der Alten Kirche. Jedoch müsste sie sich von abergläubischen Praktiken lösen, die Ausbildung ihrer Priester erneuern und sich aus der Umklammerung durch den Staat befreien. Die Kirchen der anglikanischen Gemeinschaft müssten ihre katholische Tra-

---

[7] Briefe und Erklärungen, 105.
[8] Über die Wiedervereinigung der christlichen Kirchen. Sieben Vorträge, gehalten zu München im Jahr 1872, Nördlingen 1888 (im Folgenden mit Seitenangaben zitiert).

dition in den Vordergrund stellen. Die Oxford-Bewegung in ihrer Interpretation der 39 Artikel, der zentralen Bekenntnisschrift des Anglikanismus, im altkirchlichen Sinne könnte Bindeglied zu einer Wiedervereinigung werden. In der römisch-katholischen Kirche sind nach Döllingers Darlegung alle Elemente der Kirche verwirklicht, lediglich manche Dekrete des Tridentinums bedürften einer irenischen Interpretation. Als er diese Vorträge hielt war Döllinger noch überzeugt, dass die Dogmen des I. Vatikanums nicht rezipiert würden. Der Protestantismus müsste sich seiner Meinung nach tiefgreifend reformieren, weil er nicht in der Kontinuität der apostolischen Botschaft steht. Das gilt noch nicht für Luther, Melanchthon und das Augsburger Bekenntnis, wie er jetzt im Gegensatz zu früheren Äußerungen betonte, wohl aber für Calvin und dann insgesamt für die zweite und die folgenden Generationen der Reformatoren. Noch beim Religionsfrieden (1555) und selbst noch beim Westfälischen Frieden (1648) bestand Hoffnung auf die Einigung durch ein allgemeines Konzil.

Mit diesen Ideen wurde Döllinger zum Initiator und zur treibenden Kraft der Bonner Unionskonferenzen von 1874 und 1875, den bedeutendsten ökumenischen Gesprächen im 19. Jahrhundert. Als Basis für die Verhandlungen bezeichnete er in der Einladung „die Bekenntnisformeln der ersten kirchlichen Jahrhunderte". Ziel der Konferenzen solle nicht sein „eine absorptive Union oder völlige Verschmelzung der verschiedenen Kirchenkörper, sondern die Herstellung einer kirchlichen Gemeinschaft auf Grund der ‚unitas in necessariis'"[9], die er in der Apostolizität sah. Weil er diese den evangelischen Kirchen absprach, spielten evangelische Theologen bei den Konferenzen kaum eine Rolle, neben den Altkatholiken beteiligten sich vor allem Anglikaner und Orthodoxe. Inhaltlich ging es insbesondere um das Filioque und um die Gültigkeit der anglikanischen Weihen.

Kirchenamtlicher Erfolg war den Konferenzen nicht beschieden. Döllinger war tief enttäuscht. „Wir Theologen haben das Unsrige getan. Es kommt darauf an, wie die kirchlichen Autoritäten sich dazu

---

[9] So in Döllingers öffentlichem Einladungsschreiben, in: Franz Heinrich Reusch (Hg.), Bericht über die am 14., 15. und 16. September zu Bonn gehaltenen Unions-Conferenzen, Bonn 1874, 1.

stellen werden. Aber die einen tun nichts aus gewohnter Indolenz, die anderen aus politischen Rücksichten"[10]. Jedoch ist die Altkatholische Kirche der ökumenischen Verpflichtung treu geblieben. In einer späten Rezeption der Bonner Konferenzen wurde mit der anglikanischen Gemeinschaft, später auch mit der lutherischen Kirche von Schweden, zunächst Interkommunion und dann auch volle Kirchengemeinschaft (*full communion*) vereinbart, mit der EKD eine gegenseitige Einladung zur Teilnahme am Abendmahl.

Bedeutsam ist darüber hinaus Döllingers Programm für die Einigung der christlichen Kirchen, das er in den Augustinus zugeschriebenen Worten zusammenfasste: *„In necessariis unitas, in dubiis libertas, in omnibus autem caritas"*: in den Punkten, die das Wesen der christlichen Botschaft ausmachen, an denen die Alte Kirche die Apostolizität festgemacht hat, ist Übereinstimmung gefordert. Darüber hinaus vertrat er die *libertas in dubiis*: Spätere kontroverse Lehrentwicklungen können gegenseitig toleriert werden, soweit sie nicht die gemeinsame Basis in Frage stellen und als für alle verbindlich und als heilsnotwendig erklärt werden. Dieses Modell der kirchlichen Einigung hat vorweggenommen, was Fries und Rahner in ihren Thesen „Einigung der Kirche – reale Möglichkeit"[11] ausgeführt haben.

Über jeden Dissens hinweg aber gilt die Forderung: *„In omnibus autem caritas"*. Wenn es an gegenseitigem Vertrauen mangelt und das Bestreben dominiert, tatsächliche oder vermeintliche Fehler aufzudecken, ist jede theologische Bemühung um Einigung zum Scheitern verurteilt. Konkret ausgeführt hat Döllinger dieses Prinzip im Juli 1881 in seiner Festrede in der Akademie der Wissenschaften zum Thema „Die Juden in Europa"[12]. „Das Schicksal des jüdischen Volkes ist vielleicht das erschütterndste Drama der Weltgeschichte". Die christliche Kirche ist der Lehre der Apostel untreu geworden, der zufolge Israel von Gott nicht verstoßen wurde. Bald sah man das Niederbrennen von Synagogen als gottgefälliges Werk an, bis zur Zeit der Reformation brachte jedes Jahrhundert eine Steigerung des

---

[10] Johann Friedrich, Ignaz von Döllinger, Bd. 3, München 1901, 649f.
[11] Siehe unten S. 97–99.
[12] Die Juden in Europa, in: Akademische Vorträge Bd. I, 2. Aufl. München 1890, 209–241.

Elends. Es wurden „Haß und Abscheu gesät und Massenmord geern-tet" (S. 221). Döllinger zeichnete ein erschütterndes Bild von den Verfolgungen und Verdächtigungen, der Unterdrückung und den Leiden, die dieses Volk – angeblich im Namen der christlichen Überzeugung – über sich ergehen lassen musste. Er hat Grundsätze in Erinnerung gerufen, hinter die die christliche Botschaft nicht mehr zurückfallen darf.

In der Frage, inwieweit sich Döllinger als Mitglied der altkatho-lischen Kirche verstand, haben altkatholische Theologinnen und Theologen meiner Deutung widersprochen. Der schärfste Wider-spruch zu meiner Arbeit aber kam von dem damaligen Professor für Kirchengeschichte an der Universität in Augsburg, Walter Brand-müller. Ich habe seine vernichtende Kritik als den Versuch verstan-den, meiner akademischen Laufbahn einen Riegel vorzuschieben. Nicht allein ich hatte den Eindruck, dass er auch mit der theologi-schen Fakultät in München abrechnen wollte, die, wie sein Vorwurf lautete, jemanden habilitiert, der „den Unterschied zwischen der re-formatorischen Ordination und der sakramentalen Priesterweihe nicht kennt"[13]. Es war eine für mich durchaus angespannte Situation. Es war ein Zeichen für den Weg der Kirche, dass Brandmüller 2010 von Papst Benedikt XVI. in das Kardinalskollegium aufgenommen wurde.

3. Das Habilitationskolloquium – Ein Papst für alle?

Das Habilitationskolloquium mit den Professoren der Theologischen Fakultät hielt ich zum Thema „Ein ökumenisches Papsttum"[14]. Schon die Arbeitsgemeinschaft der Ökumenischen Institute hatte nach dem Ämtermemorandum die Papstfrage als ein zweites Projekt in Angriff genommen, ohne dass dieser Text größere Aufmerksam-keit gefunden hätte. Unvermeidlich kam in allen ökumenischen Dia-logen der katholischen Kirche das Papsttum explizit oder implizit

---

[13] Theologische Revue 76 (1980) Nr. 5.
[14] Siehe hierzu Peter Neuner, Das Papsttum – ein ökumenisches Problem, in: Una Sancta 34 (1979) 8–18.

mit auf die Tagesordnung, etwa im „Malta-Bericht" der gemeinsamen Studienkommission des Lutherischen Weltbundes und des
römischen Einheitssekretariats (1972), im lutherisch/römisch-katho-
lischen Dialogpapier der USA (1974), in den Gesprächen des römischen Einheitssekretariats mit der Anglikanischen Gemeinschaft. Im
weiteren Verlauf formulierte die Lehrverwerfungsstudie (1986), dass
„auf ein Papsttum, dessen Amt dem Evangelium untergeordnet
ist, ... das Urteil der Reformation über den Papst keine Anwendung
finden" kann. Also: „Der Papst ist nicht der Antichrist"[15]. In dem
Dokument „Communio Sanctorum" (2000) der bilateralen Arbeitsgruppe der Deutschen Bischofskonferenz und der VELKD hieß es
dann sogar: „Ein universalkirchlicher Dienst an der Einheit und der
Wahrheit der Kirche entspricht dem Wesen und Auftrag der Kirche,
die sich auf lokaler, regionaler und universaler Ebene verwirklicht. Er
ist daher grundsätzlich als sachentsprechend anzusehen. Dieser
Dienst repräsentiert die gesamte Christenheit und hat eine pastorale
Aufgabe an allen Teilkirchen"[16]. Unter Berufung auf diesen Text hat
Landesbischof Johannes Friedrich in München geäußert, dass sich
auch Lutheraner „unter bestimmten Bedingungen den Papst als
Sprecher der Christenheit" vorstellen könnten. Daraufhin gingen
die Wellen hoch. In der Presse erschien die Schlagzeile: Lutheraner
wollen den Papst anerkennen. Das hatte der Landesbischof nicht gesagt, aber die schroffe Kritik, die er aus seiner eigenen Kirche zu hören bekam, zeigt, wie belastet diese Frage noch immer ist. Vor allem
bei den Besuchen von Johannes Paul II. (1980, 1987, 1996) und Benedikt XVI. (2006, 2011) in Deutschland fand das Thema neues
Interesse.

Doch das greift schon weit voraus. Im Kolloquium und in mehreren Aufsätzen suchte ich deutlich zu machen, dass es einen bedeut-
samen Fortschritt darstellte, dass man in ökumenischen Gesprächen
das Papsttum überhaupt thematisierte, insbesondere in Dialogen mit
den Kirchen der Reformation. Die Kirchen des Ostens hatten sich

---

[15] Karl Lehmann – Wolfhart Pannenberg (Hg.), Lehrverurteilungen – kirchentrennend? Bd. I, Freiburg – Göttingen 1986, 169 und 167.
[16] Communio Sanctorum. Die Kirche als Gemeinschaft der Heiligen, Paderborn – Frankfurt 2000, 97, Nr. 195.

damals auf diese Fragestellung noch kaum eingelassen. Einen Ehrenvorrang als *primus inter pares* hätte man dem römischen Bischof wohl zugestanden, keinesfalls aber einen Jurisdiktionsprimat. Eine vorsichtige Öffnung findet sich hier erst in den Dialogpapieren von Ravenna (2007) und Chieti (2016)[17]. Für die Orthodoxie war das Papsttum eine Sache vor allem der westlichen Christenheit, für sie war die Auseinandersetzung mit Primatsansprüchen nicht von so konstitutiver Bedeutung wie für die Kirchen der Reformation. Sie waren nie unter der Herrschaft des römischen Bischofs gestanden.

Dagegen steht für die Reformation die Kontroverse um das Papstamt am Ursprung ihrer Geschichte. Das gilt insbesondere für Luther, dessen Werk man in der evangelischen Kirche nicht selten als Kampf gegen Rom deutete. Luther selbst war noch beim Thesenanschlag 1517 ein entschiedener Verfechter des päpstlichen Primats. In den Resolutionen zu den Ablassthesen brachte er seine Ergebenheit gegenüber Papst Leo X. zum Ausdruck: „Darum, allerheiligster Vater, lege ich mich Deiner Heiligkeit zu Füßen und übergebe mich Dir mit allem, was ich bin und was ich habe. Lass mich leben oder sterben, billige mein Werk oder verwirf es nach Deinem Gefallen. Deine Stimme will ich als Christi Stimme erkennen, der in Dir herrscht und redet"[18]. Bei der Leipziger Disputation vertrat Luther die Auffassung, dass die Meinung eines einzelnen Christen mehr gelten müsse als die eines Papstes oder eines Konzils, wenn er die besseren Gründe, also wenn er die Schrift für sich habe. Als sich seine Hoffnung, der Papst würde seine Lehre anerkennen und die Kirche nach der evangelischen Botschaft reformieren, als trügerisch erwies, wurde er in Zweifel gestürzt, ob nicht im Papsttum die biblischen Prophezeiungen über den Antichrist in Erfüllung gegangen seien. Durch den Kirchenbann 1521 sah er seine schlimmsten Befürchtungen bewahrheitet. Jetzt sprach er bedingungslos vom Papst als Antichrist, der das Evangelium niederhält und den Menschen den Eintritt in den Himmel verwehrt. Doch noch aus den Jahren, in denen seine Polemik immer schärfer wurde, finden sich auch ganz anderslautende Äußerungen. So schrieb er noch 1531, wenn der Papst die Botschaft von der

---

[17] DwÜ IV, 833–848.
[18] WA 1, S. 529.

Rechtfertigung zulassen würde, dann wolle er ihm nicht nur die Füße küssen, sondern ihn auch auf Händen tragen.

Eine Zusammenfassung der Aussagen der lutherischen Reformation zum Papsttum stellen die Schmalkaldischen Artikel (1537) dar, die zu den Bekenntnisschriften der lutherischen Kirchen gehören. Hier heißt es, man könne den Papst anerkennen, wenn er nur nicht den Anspruch erhebe, er sei „iure divino oder aus Gottes Wort das Haupt der ganzen Christenheit (denn das gehöret einem allein zu, der heißt Jesus Christus)"[19], wenn er sich also damit begnüge, aus menschlicher Satzung sein Amt auszuüben. Aber genau das könne der Papst nicht zugestehen, „weil er will die Christen nicht lassen selig sein ohne seine Gewalt" (S. 430). Darum sei er „der rechte Endchrist oder Widerchrist". Philipp Melanchthon unterschrieb die Schmalkaldischen Artikel unter dem Vorbehalt, der ebenfalls in die Bekenntnisschriften aufgenommen wurde: „Vom Papst aber halt ich, so er das Evangelium wollte zulassen, dass ihm um des Friedens und der gemeinsamen Einigkeit willen … seine Superiorität über die Bischöfe, die er iure humano hat, auch von uns zuzulassen und zu geben sei"[20].

Unter dem Eindruck der zunehmend deutlicheren Konzentration der römischen Kirche auf den Papst in den folgenden Jahrzehnten und Jahrhunderten wurden dessen Ansprüche von den Kirchen der Reformation immer nachdrücklicher zurückgewiesen. Nun dominierte die Auffassung, der Kampf gegen den Papst sei „Luthers eigentliche Lebensaufgabe, die Reformation in erster Linie eine Los-von-Rom-Bewegung gewesen"[21]. Damit musste das I. Vatikanum 1869/70 mit seinen Papstdogmen als das Ende aller Hoffnungen auf Kircheneinheit erscheinen. Karl Barth sprach vom „vatikanischen Frevel"[22], von der Kirche der Hybris und des Ungehorsams gegen das Wort Gottes, die Tür zwischen den Konfessionen schien endgültig ins Schloss gefallen. Das Nein zum Papst wurde zu einem Grundpfeiler evangelischen Denkens. Katholischerseits hat man im Gegen-

---

[19] BSLK, S. 426.
[20] BSKL, S. 463.
[21] So in WA 54, S. 354.
[22] Karl Barth, Kirchliche Dogmatik I,2, Zollikon – Zürich 1938, 634.

zug den Kirchen der Reformation vorgeworfen, der „antirömische Affekt" sei die einzige Klammer, die sie zusammenzuhält.

Eine Neubesinnung bahnte sich in den Kirchen der Reformation indirekt im Rahmen der Missionsidee an, als man aus der landeskirchlichen Begrenzung heraustrat und die universalkirchliche Einheit wiederentdeckte. Nachdem die „jungen Kirchen" ihre Unabhängigkeit von der europäisch-nordamerikanischen Kultur und Theologie und ihre organisatorische Selbständigkeit erlangt haben, stellte sich die Frage nach einer die Völker, Kulturen und Kontinente umgreifenden Gestalt der Einheit der Christenheit, und dies sowohl der Kirchen gleichen Bekenntnisses als auch konfessionsübergreifend. Der Evangelische Erwachsenenkatechismus räumte bereits 1975 ein, dass „die nicht-römischen Kirchen bisher kein überzeugendes Modell vorgelebt (haben), wie die Einheit der Kirche sichtbare Gestalt gewinnen könnte … Die Stellung der anderen Kirchengemeinschaften zum Papsttum wird weitgehend davon abhängen, ob es Rom gelingt, das Papsttum als einen Dienst an der Einheit und als Zeichen der Einheit überzeugend darzustellen"[23].

Auch in der katholischen Theologie hat eine Neubesinnung in der Lehre vom Papst stattgefunden. Einerseits war das II. Vatikanische Konzil geradezu ängstlich darauf bedacht, die Dogmen des I. Vatikanums in keiner Weise in Frage zu stellen, andererseits wurde die biblische und dogmengeschichtliche Argumentation des I. Vatikanums fast durchwegs durch eine Reflexion auf den Dienst des Papstes an der Einheit der universalen Kirche ersetzt. Dass man eine Reform für unabdingbar erachtete, zeigt die Aufforderung von Papst Johannes Paul II., der in seiner Ökumene-Enzyklika (1995) die Theologinnen und Theologen der christlichen Kirchen bat, mit ihm zusammen ernsthaft der Frage nachzugehen, wie man „eine Form der Primatsausübung finden (könne), die zwar keineswegs auf das Wesentliche ihrer Sendung verzichtet, sich aber einer neuen Situation öffnet"[24].

Sehr konkret ist dieser Vorschlag nicht geworden. Dennoch ist festzuhalten, dass die evangelische Theologie in der Gestaltung ihrer Ämter weitgehend frei ist und damit auch ein Amt universaler Einheit als möglich erscheint. Kirche sind im biblischen Verständnis nicht allein

---

[23] Evangelischer Erwachsenenkatechismus, Gütersloh ⁵1989, 907.
[24] Papst Johannes Paul II., *Ut unum sint* Nr. 95.

die Ortskirchen, sondern auch die universale Kirche. Wenn darin Konsens besteht, dass Kirche immer auch durch einen Amtsträger/eine Amtsträgerin repräsentiert wird, durch den Pfarrer in der Pfarrei, den Bischof in der Diözese oder Landeskirche, warum sollte das nicht auch für die universale Kirche gelten? In der gegenwärtigen Situation einer zusammenwachsenden Welt erscheint ein Amt universaler Einheit um der christlichen Botschaft willen nicht nur als möglich, sondern auch als wünschenswert. Es könnte diese im Rahmen einer globalen Gesellschaft wirkungsvoll zum Ausdruck bringen und die Christenheit repräsentieren. In Konfliktfällen könnten die Kirchen dadurch leichter ihre Unabhängigkeit von fremden Einflüssen wahren.

Alle ökumenischen Dokumente zur Frage nach dem Papstamt machen deutlich, dass eine Anerkennung seine Erneuerung und auch einen Verzicht auf Macht voraussetzt, die ihm geschichtlich zugewachsen ist[25]. Weder die orthodoxen Kirchen noch die Kirchen der Reformation können das Papsttum so übernehmen, wie es sich heute darstellt. Es müsste sichergestellt sein, dass es in synodale Strukturen eingebunden ist und Einheit nicht durch Methoden einer absolutistischen Monarchie zu erzwingen sucht. Dass derartige Herrschaftsansprüche mit der christlichen Botschaft unvereinbar sind, ist auch in der katholischen Kirche unbezweifelt. Was spricht eigentlich dagegen, sie um der Ökumene willen rechtsverbindlich auszuschließen und den Kirchen, die bereit sind, die Gemeinschaft mit dem Papst aufzunehmen, Selbständigkeit in ihrer Verwaltung und ihren Personalentscheidungen zuzusichern?

Die biblische und historische Begründung des Papsttums ist in dieser Diskussion weithin im Vorfeld geblieben. Zwar gibt es heute einen weitgehenden Konsens darüber, dass Petrus innerhalb des Zwölfer-Kreises um Jesus eine gewisse Sonderstellung einnahm, dass er an Wendepunkten im Leben Jesu und in der Entstehung der ersten Gemeinden eine wichtige Rolle spielte. Aber es kann nicht übersehen werden, dass unmittelbar neben den großen Verheißungsworten Jesu immer auch massive Zurückweisungen stehen. So folgt etwa auf das Wort im Matthäus-Evangelium: „Du bist Petrus der Fels" der Tadel

---

[25] Siehe hierzu Peter Neuner, Der lange Schatten des I. Vatikanums, Freiburg 2019.

Jesu: „Weg mit dir, Satan … du hast nicht das im Sinn, was Gott will" (Mt 16,23). Petrus ist Fels und Skandalon zugleich. Eine Isolierung auf das Felsenwort wird dem biblischen Befund nicht gerecht. Umstritten ist zudem die Frage einer Nachfolge in der Funktion des Petrus. Die Berufung auf das Felsenwort Mt 16,18 lässt sich erst bei den römischen Bischöfen im 5. Jahrhundert nachweisen, vom Osten wurde sie nie als Beweis für einen Primat anerkannt.

Gegenüber einem Papsttum als Dienst an der Einheit und der Gemeinschaft aller Kirchen erheben sich heute von Seiten vor allem der evangelischen Theologie weniger Bedenken als gegenüber dessen biblischer Begründung. Damit stellt sich die Frage, ob der Primat des Papstes von Jesus gestiftet und damit für die Kirche verbindlich ist, oder ob er sich, wie in den Schmalkaldischen Artikeln und bei Melanchthon festgehalten, geschichtlich entwickelt hat, also vielleicht wünschenswert, aber nicht unverzichtbar ist. Als Melanchthon den päpstlichen Primat *de iure divino* ablehnte, machte er auch deutlich, dass er diesen Begriff im Sinne von Papst Bonifaz VIII. und dessen Bulle *Unam Sanctam* (1302) verstand. Er bestritt, dass der Papst „aus göttlichem Rechte habe beide Schwerter, das ist, dass er vermöge Könige einzusetzen und abzusetzen"[26]. Die Zurückweisung des *ius divinum* erweist sich damit als Kritik an einem Verständnis des Primats im Sinne der mittelalterlichen Päpste und ihres Anspruchs, Könige und Kaiser absetzen und deren Untertanen vom Treueid entbinden zu können. Demgegenüber hat das *iure humano* der Reformatoren, das sie dem Papst zusprachen, keinen pejorativen Sinn. Wenn das Papsttum tatsächlich der Einheit der Kirche und der Verkündigung des Evangeliums dient, ist es nicht nur möglich und wünschenswert, sondern um der christlichen Botschaft willen notwendig. Diese Aussage kommt der Vorstellung des *ius divinum*, wie es in der katholischen Theologie heute verstanden wird, zumindest sehr nahe.

Das schwierigste Problem stellt nach verbreiteter Überzeugung das Dogma von der päpstlichen Unfehlbarkeit dar. Zu dieser Thematik habe ich mich insbesondere 2020 anlässlich des 150. Jahrestags des I. Vatikanums geäußert.

---

[26] BSLK, S. 471.

D) Als Professor in Verantwortung für die Ökumene

1. Ein spannungsreicher Weg zur Professur

Als Heinrich Fries 1979 emeritiert wurde, setzte die Fakultät Johann Baptist Metz auf die erste Stelle der Liste für die Nachfolge. Gegen alle Erwartung hat Kardinal Ratzinger, seit 1977 Bischof von München und Freising, diese Berufung verhindert, eine Entscheidung, die noch heute umso überraschender ist, als sich Kardinal Reinhard Marx, jetzt Bischof von München, insbesondere auf Metz beruft und ihn ausführlich zitiert[1]. Als Nachfolger von Fries wurde Heinrich Döring, der Fundamentaltheologe aus Passau, berufen. Ihn habe ich im Wintersemester 1979/80 in Passau vertreten und musste mich nun, frisch habilitiert, um eine Professur bewerben. Die Fakultät in Passau, die mich durch den Lehrauftrag kennen gelernt hatte, setzte mich in ihrem Berufungsvorschlag auf die erste Stelle, und dann geschah zunächst einmal nichts. Ich war nicht allein in der Befürchtung, dass es Widerstände gegen meine Berufung gab. Schwarze Punkte waren sicherlich in meiner Personalakte, zudem hatte Heinrich Fries den Entzug der kirchlichen Lehrbefugnis für Hans Küng kritisiert. Es ging das Wort um, in Bayern wird niemand aus seiner Schule Professor.

Doch inzwischen hatte ich von Erzbischof Degenhard einen Ruf auf die Professur für Fundamentaltheologie an der theologischen Fakultät in Paderborn erhalten, gleichzeitig stellte man mir eine Stelle am dortigen Johann-Adam-Möhler-Institut, der offiziellen ökumenischen Einrichtung der Deutschen Bischofskonferenz in Aussicht. Natürlich habe ich nie im Detail erfahren, was im Hintergrund im Kultusministerium in München gelaufen ist. Aber Bischof Hofmann von Passau, der mich im Rahmen meines Lehrauftrags kennen und offensichtlich auch schätzen gelernt hatte, wurde dort vorstellig und

---

[1] Siehe z. B. Reinhard Marx, Freiheit, München 2020, 82–85.

das dürfte wohl den Ausschlag gegeben haben. Zudem hatte ich den Ruf nach Paderborn, meine Ernennung zum Professor war also nicht mehr zu verhindern. Nachdem ich mich von den Kollegen und den Studierenden in Passau schon verabschiedet hatte, erfuhr ich aus dem Ordinariat in Passau, dass die Anfrage des Ministeriums bezüglich der kirchlichen Unbedenklichkeitsbescheinigung, das sogenannte Nihil Obstat, eingegangen sei. Bischof Hofmann erteilte es postwendend. Die Vorschrift, dass Bischöfe das Nihil obstat erst bescheinigen dürfen, nachdem sie nach einer peniblen Prüfung durch die vatikanische Bildungs- und die Glaubenskongregation dazu ermächtigt wurden, bestand damals noch nicht. Diese Regelung wurde erst 1983 eingeführt, sie hat seither zu massiven Verwerfungen geführt. Nicht nur, dass es zu erheblichen Verzögerungen bei der Besetzung von theologischen Lehrstühlen kommt, nicht selten wurde die Zustimmung von Rom auch gegen das Votum des zuständigen Bischofs aus Gründen verweigert, die man nur als absurd bezeichnen kann. Hier wurden nicht nur Lebenspläne zerstört, sondern auch das wissenschaftliche Ansehen der Theologie in der Universität massiv beschädigt. Als ich nach Passau berufen wurde, hat es diese Vorschrift noch nicht gegeben. Ich gehe wohl nicht fehl in der Annahme, dass ich als Schüler von Heinrich Fries und angesichts meiner Arbeiten zum Modernismus, zu Döllinger und zu ökumenischen Themen und als Unterzeichner des Ämtermemorandums diese Bescheinigung sonst niemals bekommen hätte. Ich hatte Glück.

Damit stand ich vor der Wahl, dem Ruf nach Paderborn oder dem nach Passau zu folgen. Ich habe mich für Passau entschieden. Dort war ich durch den Lehrauftrag schon etwas heimisch geworden, nicht zuletzt war auch die Tatsache von Gewicht, dass es sich hier um eine Stelle an einer staatlichen Universität handelte. Die theologische Fakultät in Paderborn ist eine kirchliche Einrichtung, Kanzler ist der Erzbischof. Unmittelbar nach dem Entzug der Lehrbefugnis von Hans Küng war damals nicht absehbar, welche Maßnahmen folgen würden, um eine lehramtskonforme Theologie durchzusetzen und vielleicht unliebsame Theologen auszugrenzen. Ich habe meine Entscheidung für Passau nicht bereut.

2. Als Fundamentaltheologe in Passau

Zum 1. Mai 1980 wurde ich zum Professor für Fundamentaltheologie an der theologischen Fakultät der Universität Passau ernannt. Es war eine kleine Fakultät, die Zahl der Studierenden war überschaubar, aber die Startbedingungen für die Arbeit als Dozent waren gut. Ich wurde freundlich aufgenommen, in der Uni ebenso wie im Rahmen der Kirche.

a) Die ökumenische Situation in den Nachwirkungen eines katholischen Milieus

Die kirchliche Situation in Passau war noch durch die Nachwirkungen eines katholischen Milieus bestimmt. Das prägte natürlich auch das ökumenische Klima. Im Gegensatz zu manchen in anderen Regionen bestehenden Vorurteilen herrschte in Passau nicht sosehr ein katholisches Dominanzgefühl, als vielmehr eine eher tolerante Großzügigkeit. Die eigene Position erschien als ungefährdet und so konnte man es sich leisten, dem zahlenmäßig weitaus kleineren evangelischen Partner großzügig zu begegnen. Ich hatte in Passau den Eindruck von Freiheit, die für mich zur Ursache wurde für eine selbstverständliche Solidarität. Beides hatte ich in München nicht in diesem Maße erlebt. Bei vielen ökumenischen Veranstaltungen in ganz Deutschland und in Österreich, zu denen ich in meinen Jahren in Passau eingeladen wurde, konnte ich mich dieser Offenheit erfreuen. Zumeist ging man davon aus, dass alles, was aus Passau kommt, traditionell katholisch sein muss. Als ich später als Professor der Universität München auftrat, konnte ich auf diesen Vertrauensvorschuss nicht mehr in gleicher Weise zählen. Passau war für mich ein Ort der Freiheit, auch in ökumenischen Fragen.

Diese Grundsolidarität verdankte die Kirche in Passau nicht allein den konfessionssoziologischen Gegebenheiten, sondern insbesondere auch Bischof Antonius Hofmann und Weihbischof Franz Eder, der ihm 1984 als Diözesanbischof nachfolgte. Wie sehr dieses Klima nicht zuletzt das Verdienst dieser Bischöfe war, wurde deutlich, als Bischof Eder in den Ruhestand ging und sich, wie mir Passauer Freunde berichteten, die innerkirchliche Situation erheblich veränderte und Vertrauen zerstört wurde. Aber das habe ich nicht mehr persönlich erlebt. Paul Zulehner hat diesen Umbruch eingehend beschrieben[2].

Die evangelischen Christen in Passau und in der Region waren in der Minderheit und hatten nicht selten den Eindruck, übersehen oder zumindest nicht entsprechend ernst genommen zu werden. Manche Schärfe in ihren Äußerungen habe ich darauf zurückgeführt. Ich war häufiger Gast bei den Pfarrkonferenzen im evangelischen Dekanat und wurde dann auch verantwortlich gemacht für Enttäuschungen, die sich in den evangelischen Gemeinden ansammelten, besonders in der Verweigerung der Gemeinschaft im Herrenmahl, im Verbot, zu den normalen Gottesdienstzeiten an Sonntagen ökumenische Gottesdienste anzuberaumen, und in Problemen, die auch nach der Neuregelung von konfessionsverschiedenen Ehen weiterhin bestanden. Natürlich wussten die evangelischen Pfarrer, Vikare und Prädikanten, dass ich für all das nicht verantwortlich war und dass ich dadurch wohl mehr belastet wurde als sie, aber wem gegenüber hätten sie ihrem Ärger sonst Luft machen sollen? Am meisten in Erinnerung geblieben ist mir eine Konferenz mit den evangelischen Pfarrern des Dekanats unmittelbar nach dem Bußschweigen, das Rom dem Befreiungstheologen Leonardo Boff auferlegt hatte. Als ich in den Saal kam, hatten sich die Anwesenden den Mund mit Leukoplast verklebt, gaben auf meine Erklärungsversuche nur unartikulierte Laute von sich. Wahrscheinlich haben zumindest manche der „Protestanten" geahnt, dass mir dieses Bußschweigen nicht weniger Sorge bereitete als ihnen. Tatsächlich gingen wir dann auch ganz versöhnt auseinander. Übrigens, der amtierende Dekan Strohm, der mich eingeladen hatte, hat sich an der Aktion nicht beteiligt. Was damals noch niemand wissen konnte, sein Sohn studierte in diesen Jahren evangelische Theologie in Erlangen, Heidelberg, Berkeley (USA), bevor er Pfarrer in Coburg, Professor in Bamberg, Landesbischof in München und Ratsvorsitzender der Evangelischen Kirche in Deutschland werden sollte. Soweit ich mich erinnere, sind wir uns in Passau nicht begegnet, wohl aber Jahre später in München.

---

[2] Paul M. Zulehner, Mitgift, Ostfildern 2014, 129–132.

b) Als stellvertretender Ökumenereferent

Ökumenereferent der Diözese Passau war Dompfarrer Franz Xaver Kufner. Er bemühte sich um ein menschlich gutes Verhältnis zu den evangelischen Pfarrern und zu den Gemeinden, aber mit den Feinheiten der ökumenischen Theologie war er wenig vertraut. Er war froh, dass ich bereit war, hier einzuspringen und die ökumenische Diözesankommission zu moderieren. Gleichzeitig wurde ich als Vertreter der Diözese Passau in die Ökumenische Kommission der katholischen Bistümer Bayerns berufen. Sicher war Passau kein ökumenischer Hotspot. Aber nicht weit entfernt und im Gebiet der Diözese liegt das Kloster Niederaltaich mit einer langen ökumenischen Tradition. Abt Heufelder hatte sich schon vor dem II. Vatikanum vor allem für eine spirituelle Ökumene eingesetzt. Das Kloster war Träger eines ökumenischen Instituts mit vielfältigen Veranstaltungen. Eine Besonderheit jedenfalls in Deutschland sind die Gottesdienste, die die Benediktinermönche in der byzantinischen Tradition und nach deren liturgischer Ordnung feiern. Dies hat große Anziehungskraft und Niederaltaich ist zu einem Ökumenischen Zentrum geworden, das sich vor allem der Orthodoxie geöffnet hat. Dort wurde über lange Jahrzehnte hinweg die Zeitschrift *Una Sancta* herausgegeben, Pater Gerhard Voss war ihr Schriftleiter.

Das von Niederaltaich ausstrahlende Engagement hat auch in der ökumenischen Diözesankommission in Passau Frucht getragen, sowohl personell als auch inhaltlich. Wir waren vor allem bestrebt, den evangelischen Partnern den Eindruck zu nehmen, sie würden nicht ernst genommen. Dem dienten die von der Kommission formulierten und 1981 als Beilage zum Passauer Amtsblatt veröffentlichten ökumenischen Mindestforderungen, die die Verantwortung für die Einheit der Christenheit auch in den Gemeinden fruchtbar machen sollten. Sie mahnen besonders gegenseitige Information, Hilfestellung und regelmäßige Kontakte an. Eine gemeinsame Veranstaltung am Buß- und Bettag 1981, die vor allem Dekan Strohm am Herzen lag, widmete sich der 450. Wiederkehr des Untergangs der Passauer Täufergemeinde. Dazu wurden auch Vertreter der Mennonitengemeinde Regensburg und der freikirchlichen Gemeinde Landshut eingeladen und leisteten ihren Beitrag. Ich habe es erlebt: Auch das Bekenntnis zu gemeinsamer Schuld kann Gemeinschaft stiften.

c) Das Lima-Papier

1982 wurde in der peruanischen Hauptstadt Lima die Konvergenzerklärung über Taufe, Eucharistie und Amt verabschiedet. Sie entstand im Rahmen der Kommission für Glauben und Kirchenverfassung des ÖRK, der seit 1968 auch die katholische Kirche angehört, auch wenn sie nicht Mitglied des ÖRK wurde. Es handelt sich um ein multilaterales Dokument mit einer rund 50jährigen Vorgeschichte. Bereits bei der ersten Weltkonferenz für Glauben und Kirchenverfassung 1927 in Lausanne standen die Themen Taufe, Herrenmahl und Amt auf der Tagesordnung. Es war von Anfang an klar, dass eine Einigung der Kirchen nicht möglich ist, wenn in diesen grundlegenden Fragen kirchlicher Ordnung keine Übereinstimmung besteht. Die Aussagen über Herrenmahl und Amt bewegten sich im Rahmen dessen, was wir auch in Deutschland erarbeitet hatten, innerhalb des ÖRK, dem zahlreiche Freikirchen angehören, bildete die Taufe eine gewichtige weitere Fragestellung.

Der in Lima entstandene Text wurde einstimmig verabschiedet, man sprach vom „Wunder von Lima". Im Vorwort des Dokuments wird die Freude über diesen Erfolg deutlich: „Daß Theologen aus so unterschiedlichen Traditionen in der Lage sind, so einmütig über Taufe, Eucharistie und Amt zu sprechen, ist in der modernen Ökumenischen Bewegung ohne Beispiel … Wir glauben, daß der Heilige Geist uns zu diesem Augenblick geführt hat, einem ‚kairos' der Ökumenischen Bewegung, in dem es bedauerlicherweise noch getrennten Kirchen möglich geworden ist, wesentliche theologische Übereinstimmungen zu erzielen."[3] Walter Kasper, einer der katholischen Theologen in Lima, urteilte: „Es handelt sich um eine Einheit im Fundamentalen und Wurzelhaften, auf der sich weiter aufbauen läßt"[4]. Neben dem Konvergenztext hat man auch die „Lima-Liturgie" entworfen und damit die theologisch formulierte Gemeinschaft

---

[3] DwÜ I, 545–585, hier 548. Das Lima-Papier wird zumeist zitiert als BEM nach den englischen Begriffen Baptism, Eucharist, Ministry.

[4] Walter Kasper, Rückkehr zu den klassischen Fragen ökumenischer Theologie, in: Una Sancta 37 (1982) 10.

in die gottesdienstliche Praxis übersetzt. Diese liturgische Form wurde in der Folge bei ökumenischen Anlässen häufig verwendet.

Das Lima-Papier wurde den Mitgliedskirchen übergeben nicht mehr mit der Bitte um Stellungnahmen und Anregungen zur Weiterarbeit, sondern um Rezeption. Sie wurden gebeten, mitzuteilen, „welche Folgerungen Ihre Kirche aus diesem Text für ihre Beziehungen zu und Dialogen mit anderen Kirchen ziehen kann, besonders zu denjenigen, die den Text ebenfalls als einen Ausdruck des apostolischen Glaubens anerkennen; welche richtungweisenden Hilfen Ihre Kirche aus diesem Text für ihr gottesdienstliches, erzieherisches, ethisches und geistliches Leben und Zeugnis ableiten kann"[5]. Lima sollte nicht nur ein weiterer Schritt im Prozess theologischer Annäherung bleiben, man war überzeugt, dass dieser Weg einen gewissen Abschluss gefunden habe. Nun sei es an der Zeit, daraus kirchenamtliche Konsequenzen zu ziehen.

Tatsächlich war das Lima-Dokument der erfolgreichste ökumenische Text, der je geschrieben wurde, mehr als 500.000 Exemplare wurden gedruckt. Die Stellungnahmen der Kirchen waren zumeist freundlich, doch an den entscheidenden Punkten wurde das Dokument am Maßstab der jeweils eigenen Lehre und Praxis gemessen. Häufig begegnet die Formulierung, an dieser oder jener Stelle müsse man noch präziser formulieren, wobei die angemahnten Präzisierungen der jeweils eigenen Lehrauffassung folgen sollten. Kaum irgendwo überprüfte man die eigene Praxis und Lehre an den Aussagen des Lima-Papiers, Konsequenzen zu Reformen wurden aus ihm nicht abgeleitet.

Lima stellte zweifellos einen Höhepunkt der ökumenischen Arbeit dar, es war ein Durchbruch im Prozess der theologischen Annäherung und der Überwindung kirchentrennender Kontroversen. Andererseits aber bedeutete das Dokument wohl auch einen gewissen Abschluss der Konsens- und Konvergenzökumene, deren ekklesiale Konsequenzenlosigkeit nicht mehr zu übersehen war. Die schleppende oder auch ganz unterbleibende kirchenamtliche Rezeption machte deutlich, dass auf dem Weg über Konsensbildung allein die Einigung der Kirchen nicht erreicht werden kann.

---

[5] DwÜ I, 549.

d) Das Lutherjahr 1983

Am 10. November 1983 war Luthers 500. Geburtstag, ich wurde zu vielen Vorträgen über den Reformator eingeladen. Ich habe mich vor allem bemüht, die Wandlungen des Lutherbildes darzustellen, also zu zeigen, wie der Reformator inzwischen auch in der katholischen Theologie nicht mehr primär als Kirchenspalter verurteilt, sondern in seinem religiösen Anliegen gesehen wird. Auch in traditionell katholischen Gemeinden war das Interesse an Luther lebhaft und ich glaube, es ist mir gelungen, manche noch bestehenden Vorurteile abzubauen. Diese Sicht habe ich auch in einer Vorlesung an der Universität Passau vorgetragen und sie dann in der Festschrift zum 75. Geburtstag von Bischof Hofmann veröffentlicht: „Die ökumenische Bedeutung Martin Luthers"[6].

Zusammen mit Friedrich Schröger, dem Passauer Kollegen für die Exegese des Neuen Testaments, habe ich anlässlich von Luthers Geburtstag ein Seminar gehalten zum Thema „Die These von der Klarheit der Schrift – 500 Jahre nach Luther", aus dem ein Aufsatz mit dem Titel: „Luthers These von der Klarheit der Schrift"[7] hervorging. Wir setzten uns kritisch mit Luthers angeblicher Abkehr von der Tradition auseinander, sowie mit der Vorstellung, sein Prinzip *sola scriptura* habe dazu geführt, dass er alle Entscheidungen der frühen Kirche allein in der Heiligen Schrift begründet sah und diese folglich einer gewaltsamen Interpretation unterwerfen musste. Gleichzeitig suchte ich darzustellen, dass *sola scriptura* sehr wohl auch als katholisches Prinzip verstanden werden kann, insofern das Lehramt allein die Schrift als geoffenbart anerkennt und alle kirchliche Tradition auf ihr aufbaut, sie auslegt, sie aber keineswegs überbietet. In der Kritik an der Vorstellung, weil die Schrift unklar und dunkel sei, bedürfe es eines kirchlichen Lehramtes, das den Glauben klar und dogmatisch eindeutig festschreibe, haben wir die These von der Selbstdurchsetzung der Schrift vertreten. Sie besagt, dass sich in der Kirche die biblische Botschaft durch alle historischen Einseitigkeiten und Verkür-

---

[6] Rainer Beer u. a. (Hg.), Diener in Eurer Mitte (FS Bischof Hofmann), Passau 1984, 228–242.

[7] In: Theologie und Glaube 74 (1984) 39–58.

zungen immer wieder durchgesetzt habe und weiterhin durchsetzen werde. Sicher ist die Schrift nicht so einfach und ihre Botschaft nicht so eindeutig, wie Luther in seiner Kontroverse mit Erasmus über den freien Willen behauptet hatte. Aber sie hat die Kraft, sich in der Kirche immer wieder zu Gehör zu bringen. Diesem Prozess, so unsere These, dient die Theologie ebenso wie das kirchliche Lehramt.

e) Ostern auf dem Heiligen Berg Athos

Zusammen mit Friedrich Schröger habe ich an Ostern 1982 die orthodoxe Mönchsrepublik auf dem Berg Athos besucht. Als Priester hatten wir vom Ökumenischen Patriarchat in Konstantinopel die Besuchserlaubnis eingeholt, die uns den Klöstern als Gäste empfohlen hat. Man möge uns, so hieß es in dem Dokument, aufnehmen wie Christus selbst. Wir hatten uns gut vorbereitet, die liturgischen Bücher für die Kar- und Ostertage besorgt. Die ökumenischen Erfahrungen, die wir auf dem Heiligen Berg machten, waren sehr unterschiedlich. Im als besonders konservativ bekannten Kloster Koutloumousiou, wo wir am Mittwoch der Karwoche eintrafen, wurden wir bewirtet, obwohl die Mönche an diesen Tagen keine feste Speise zu sich nehmen. Zur Liturgie in der Kirche haben sie uns aber nicht zugelassen, man wollte, wie man uns wissen ließ, keine Ketzer im Gottesdienst haben. Erheblich beunruhigt wanderten wir weiter zur großen Lavra, dem größten Kloster der Mönchsrepublik. Auch dort erhielten wir zunächst die Auskunft, dass wir keinen Zutritt zur Liturgie hätten. Als wir dennoch die Kirche betraten und man uns daran hindern wollte, gab der Abt ein Zeichen, dies zu unterlassen. So konnten wir den Gründonnerstagsgottesdienst mitfeiern, selbstverständlich ohne Empfang der Eucharistie. Am Karfreitag waren wir in der kleinen Gemeinschaft einer Skiti willkommen. Wohin aber sollten wir für die große Liturgie der Osternacht gehen? Im Kloster Dionysiou erhielten wir die Auskunft, dass wir, nachdem wir eigens zum Athos gereist waren und so unser Interesse an der christlichen Botschaft bewiesen hatten, als Katechumenen anerkannt würden. Als solche dürften wir im Exonartex, im äußeren Vorraum der Kirche ohne vollen Blick auf die Ikonostase und das liturgische Geschehen, teilnehmen. Wir haben abgelehnt, gingen nach Simonos Petras, dem wohl offensten Kloster auf dem Heiligen Berg, und konnten dort die Osternacht mit all den vielen Gläubigen und Pilgern, die sich dort versammelten, mitfeiern. Die Liturgie ging die ganze Nacht hindurch, es war ein gewaltiger Eindruck. Besonders in Erinnerung geblieben ist mir die Szene, wo die Leuchter der Kirche, bestückt mit zahlreichen brennenden Kerzen, in Schwingungen gesetzt wurden um das Wehen des Heiligen Geistes zu symbolisieren, in dessen Kraft der Gekreuzigte auferstanden ist. Das *„Christos anesti"* (Christus ist auferstanden), erfüllte den Raum und das weitläufige Kloster.

Die Herausforderung durch diese unterschiedlichen Reaktionen hat mich nicht mehr losgelassen. Ich hatte noch viele Möglichkeiten, mich mit orthodoxen Theologen über ökumenische Fragen auszutauschen, in Deutschland ebenso wie in Athen und in Thessaloniki, in der orthodoxen Akademie in Kreta, der Geistlichen Akademie in St. Petersburg, in Moskau und in Sergijew Possad, in orthodoxen Klöstern und Hochschulen in Rumänien, Bulgarien, Serbien, Montenegro, im Kosovo. Auch mit Altorientalen in Kairo, Äthiopien und Eritrea hatte ich intensive Begegnungen. In besonderer Weise in Erinnerung geblieben ist mir eine Tagung in der Evangelischen Akademie in Tutzing zum 1600jährigen Jubiläum des Bekenntnisses von Nicäa und Konstantinopel (381), die vor allem von orthodoxer Seite höchst repräsentativ besetzt war. Die Kontroverse um das Filioque dominierte Referate und Diskussion. Ich war eingeladen, über die Erfahrung des Geistes in den katholischen Formen der Frömmigkeit zu referieren, und nutzte diese Gelegenheit zu einem Plädoyer für katholische Volksfrömmigkeit[8]. Was ich nicht erwartet hatte, diese Gedanken haben gezündet, noch Jahre später wurde ich auf dieses Referat angesprochen. Das liegt lange zurück. In den letzten Jahren wurde ich zu Vorlesungen und Seminarveranstaltungen an die orthodoxe Tichon Universität in Moskau und an die Orthodoxe Akademie in Minsk eingeladen. Überall habe ich bewegende Zeichen der Gastfreundschaft erfahren. Der „Dialog der Liebe" zeitigt eindrucksvolle Ergebnisse, der „Dialog der Wahrheit" stößt dagegen immer wieder an Grenzen, die westlichen Theologen oft nur schwer verständlich sind.

---

[8] Die Erfahrung des Geistes in den katholischen Formen der Frömmigkeit, in: Tutzinger Studien 1981 H. 2, 86–90.

Zwanzig Jahre nach den Osterfeierlichkeiten auf dem Athos hatte ich die Gelegenheit, zusammen mit Münchner Kollegen aus der Orthodoxen Ausbildungseinheit wieder einen Besuch auf dem Athos zu machen. Als erstes ist mir eine enorme Bau- und Restaurationstätigkeit aufgefallen. Wahrscheinlich waren die Gebäude und die Kirchen auf dem heiligen Berg noch nie in einem so guten Zustand wie jetzt. Die Mönche sind mit ihren Handys mit aller Welt verbunden. Der Athos lebt und es sind viele junge Mönche, die dieses Leben gewählt haben. In der Frage der Ökumene sind mir vor allem kritische Stimmen in Erinnerung geblieben. Dass der Papst ebenso Häretiker ist wie alle, die Gemeinschaft mit ihm haben, scheint eine weit verbreitete Überzeugung zu sein. Verschiedentlich wurden wir als Nicht-Orthodoxe nicht zu den Gottesdiensten zugelassen und auch der Besuch der Kirchen wurde untersagt. Dabei ist natürlich zu berücksichtigen, dass der Athos inzwischen von sehr vielen Pilgern besucht wird, jetzt auch aus Ländern des früheren Ostblocks. In gewisser Weise kann man die Zurückweisung, die mir im Gedächtnis geblieben ist, auch als Schutz vor dieser Touristenflut verstehen. Nachdem die Mönche in der Orthodoxie großen Einfluss auf das religiöse Leben haben, ist es offensichtlich, dass noch viel Vertrauen gewonnen werden muss, bis sich eine Gemeinschaft der Christenheit realisieren lässt.

Die Schwierigkeiten, die sich in den Gesprächen mit der Orthodoxie immer wieder auftun, gründen nicht zuletzt auch in inneren Spannungen zwischen den autokephalen orthodoxen Kirchen, insbesondere zwischen den Patriarchaten von Konstantinopel und Moskau, die auch das Verhältnis zu den anderen christlichen Kirchen prägen. Eine massive Herausforderung stellen die Konflikte in Kiew um die Autokephalie der Ukrainischen Kirche und damit ihre Unabhängigkeit von Moskau dar, die die Einheit der Orthodoxie ernstlich in Frage stellen. Im Jahr 2000 hat eine Moskauer Bischofssynode „Grundlegende Prinzipien der Beziehung der Russisch Orthodoxen Kirche zu den Nicht-Orthodoxen"[9] umschrieben und dabei festgehalten: „Die Orthodoxe Kirche ist die wahre Kirche Christi, geschaffen von unserem Herrn und Heiland selbst", in ihr sind „die

---

[9] Dokumentiert in: Ökumenische Rundschau 50 (2001) 210–215, Nr. 1.1.

heilige Überlieferung und die Fülle der heilbringenden Gnade Gottes unverletzt bewahrt worden" (1.17). Die Trennung von der orthodoxen Kirche führt in den anderen christlichen Gemeinschaften „zwar unausweichlich zu einer Schädigung des Gnadenlebens, doch nicht immer zu seinem vollständigen Erlöschen" (1.15). Allgemein hat man diese Aussagen als Öffnung zu einer ökumenischen Verständigung erachtet.

Besondere Erwartungen richteten sich auf das Heilige und Große Konzil der Orthodoxen Kirche, das nach einer jahrzehntelangen Vorbereitung durch panorthodoxe und präkonziliare Konferenzen 2016 in Kreta stattfand. Die vorbereiteten Texte, die schon seit langem bekannt waren, stießen nun aber, als es konkret wurde, verschiedentlich auf Ablehnung. Zusammen mit Kontroversen zwischen mehreren autokephalen Kirchen führten sie dazu, dass vier Kirchen, unter ihnen das Patriarchat von Moskau, ihre Teilnahme absagten. Das war natürlich eine erhebliche Belastung. Dennoch konnte die Synode ihr Programm durchführen[10] und unter anderen auch ein Dokument verabschieden über „Die Beziehungen der Orthodoxen Kirche mit der übrigen christlichen Welt". Der Text betont, das Engagement der Orthodoxie im ÖRK steht „im Einklang mit dem apostolischen Glauben und der apostolischen Tradition unter neuen geschichtlichen Umständen" (Nr. 4), er verurteilt die Ablehnung des ökumenischen Engagements „unter dem Vorwand des Erhalts oder der angeblichen Verteidigung der wahren Orthodoxie" (Nr. 22). In offener und interpretationsbedürftiger Formulierung wird „die historische Benennung anderer nicht-orthodoxer christlicher Kirchen und Konfessionen" als Kirchen akzeptiert. Man fühlt sich an das „*subsistit*" in der Kirchenkonstitution des II. Vatikanums (LG 8) erinnert[11].

Erhebliche Bedeutung kommt nun der Rezeption der Veranstaltung zu, ob sie, unbeschadet der Tatsache, dass vier Kirchen fehlten,

---

[10] Barbara Hallensleben (Hg.), Einheit in Synodalität. Die offiziellen Dokumente der Orthodoxen Synode auf Kreta 18. bis 26. Juni 2016, Münster 2012.

[11] Siehe hierzu Athanasios Vletsis, Rezeption als „Deus ex machina" oder Wie wird ein Konzil im Leben der Kirche integriert? Der Rezeptionsprozess des Panorthodoxen Konzils im deutschsprachigen Raum, in: Una Sancta 73 (2018) 152–168, hier 157.

als orthodoxes Konzil anerkannt und seine Beschlüsse als verbindlich erachtet werden, oder ob man es lediglich als die Synode einiger orthodoxer Kirchen betrachtet, die nur für die teilnehmenden Kirchen sprechen konnte. Für westliche Beobachter, die die Prozesse um das orthodoxe Konzil mit Spannung verfolgten, sind nicht allein dessen Beschlüsse von Interesse, sondern auch das Ringen der autokephalen Kirchen um die Einheit der Orthodoxie.

f) Das Kleine Handbuch der Ökumene

In der Universität Passau habe ich eine Vorlesung „Einführung in die ökumenische Theologie" angeboten. Nachdem es in der theologischen Studienordnung heißt, die ökumenische Problematik sei eine „durchgängige Perspektive aller Theologie", fühlt sich in der Praxis oft niemand wirklich dafür zuständig. Ich wollte zunächst für die Studierenden die Probleme thematisieren, die im Lehrangebot in der Regel nur verstreut auftauchen oder auch ganz übergangen werden. Zudem war die Veranstaltung offen für alle, die Information und Weiterbildung suchten. Der Verlag Patmos hat angeregt, diese Vorlesung zur Veröffentlichung aufzubereiten. So entstand das „Kleine Handbuch der Ökumene"[12], das 1984 in Düsseldorf erschien, fünf Jahre später wurde es im Bennoverlag in der DDR veröffentlicht. Die politische Situation machte eine Bearbeitung für Ostdeutschland unerlässlich, denn es gab Tabubegriffe und Tabuthemen, die im dortigen Kontext nicht verwendet werden durften. Der damalige Generalvikar der Diözese Erfurt, Georg Sterzinsky, der kurz darauf Bischof von Berlin und Kardinal wurde, hat diese Bearbeitung vorgenommen. Ich bin ihm dankbar für die große Behutsamkeit, mit der er dies machte. Er hat inhaltlich nichts verändert und lediglich einige wenige Ergänzungen zu ökumenischen Ereignissen aus den Jahren nach der Erstveröffentlichung eingefügt. Die Leipziger Ausgabe erschien 1989, ironischerweise fast zeitgleich mit dem Zusammenbruch der DDR.

Bereits 1987 veröffentlichte der Patmosverlag eine 2. Auflage, in der ich in einem Anhang die neueren Entwicklungen darstellen

---

[12] Düsseldorf 1984.

konnte, insbesondere die Thesen von Fries und Rahner über die Einigung der Kirchen als reale Möglichkeit und die inzwischen abgeschlossene Lehrverwerfungsstudie (1986). Diese zweite Auflage wurde auch ins Italienische übersetzt, ebenso wie die Überarbeitung von 2002, die weithin in der Verantwortung von Frau Dr. Kleinschwärzer-Meister lag. In ihr wurde auch die Gemeinsame Erklärung zur Rechtfertigungslehre (1999) behandelt. Es waren bedeutende Dokumente, die in den Jahren zwischen den verschiedenen Auflagen erschienen. Ökumene, so wurde aus diesen Überarbeitungen deutlich, ist in Bewegung, Updates erwiesen sich schon in kurzen Fristen als nötig.

g) Die Herausforderung von Jerusalem

1982 wurde ich zu einem Gastvortrag an der Dormitio Abtei in Jerusalem eingeladen, einige Jahre später habe ich dort als Blockveranstaltung eine Vorlesung zur ökumenischen Theologie gehalten, konzentriert auf die Fragestellung der Zwei-Reiche-Lehre. Das Benediktinerkloster auf dem Zionsberg kann auf eine lange und wechselvolle Geschichte zurückblicken, die bis ins 5. Jahrhundert zurückreicht. Laurentius Klein, dem damaligen Abt des Klosters ist es gelungen, 1973 das Theologische Studienjahr einzurichten, in dem jeweils 20 deutsche Studierende zwei Semester ihres Theologiestudiums verbringen können. Das Studienjahr ist voll anerkannt, sowohl was die Lehrveranstaltungen als auch was die Prüfungen betrifft. Seit 1976 ist es hinsichtlich der Studierenden und der Dozenten ökumenisch offen, die Vorlesungen werden weithin von deutschen Professorinnen und Professoren gehalten. Ein Schwerpunkt liegt auf den biblischen Themen, der Austausch mit jüdischen und ostkirchlichen Theologen hat einen wichtigen Stellenwert[13].

Die Trägerschaft der Abtei und die Anbindung an das Kloster führen dazu, dass auch die Gottesdienste der Mönchsgemeinschaft und die benediktinische Spiritualität das Studienjahr prägen und die katholischen wie die evangelischen Studierenden sich auf sie ein-

---

[13] Siehe hierzu Egbert Ballhorn u. a. (Hg.), Lernort Jerusalem, Münster 2006.

lassen. Inzwischen haben mehr als 1.000 Theologinnen und Theologen das Studienjahr absolviert und dabei ihre ökumenischen Erfahrungen gemacht, sowohl innerhalb der Gemeinschaft der Studierenden als auch in der Abtei und im komplexen Kontext der Stadt Jerusalem. Nicht wenige von ihnen haben wichtige Aufgaben in ihren Kirchen und in der wissenschaftlichen Theologie übernommen, oder auch in den verschiedensten Feldern des öffentlichen Lebens Karriere gemacht.

In Jerusalem und im dazugehörigen Priorat in Tabgha am See Genesareth konnte ich im Austausch mit den Dozenten, den Studierenden, den Mönchen und zahlreichen Gästen aus aller Welt ökumenische Erfahrungen sammeln, habe aber auch hautnah die Herausforderung erlebt, die die Spaltung der Christenheit für die Glaubwürdigkeit ihrer Botschaft bedeutet. Diese Problematik wird vielleicht nirgendwo schmerzlicher greifbar als in der Grabeskirche in Jerusalem, an der sechs Kirchen Besitzansprüche haben und die Mönche sich gegeneinander behaupten und peinlich darauf achten, dass keiner seine genau umschriebenen zeitlichen und räumlichen Grenzen überschreitet. Den Schlüssel zur Kirche verwaltet eine muslimische Familie und bei immer wieder auch einmal handgreiflichen Streitigkeiten zwischen den Mönchen müssen muslimische Polizisten für Ordnung sorgen. Notwendige Restaurierungsarbeiten an dem ehrwürdigen Bau scheiterten immer wieder an Kompetenzstreitigkeiten zwischen den Kirchen bis hin zu dem grotesken Streit um die Leiter über dem Eingangsportal, der angeblich die Kirchenleitungen in der heiligen Stadt seit 150 Jahren beschäftigt. Die beiden Fenster, die mit Hilfe der Leiter gereinigt und repariert werden, gehören den Armeniern, der Sims, auf dem sie steht, den Griechen. Als die Armenier die Leiter aufstellten, um die Fenster zu putzen, protestierten die Griechen und man konnte sich nicht einig werden, wer das Recht hat, sie zu entfernen. Eine lächerliche Kuriosität, wenn sie nicht zeichenhaft wäre für die ökumenische Situation der Christenheit. Es war ein ermutigendes Zeichen, dass man sich 2016/2017 über dringend nötige Instandsetzungsarbeiten verständigen und diese im März 2017 im Beisein von höchsten kirchlichen und politischen Würdenträgern in einer ökumenischen Feier abschließen konnte.

h) Impulse durch den „Fries-Rahner-Plan"

Einen wichtigen Impuls für die Einigung der Christenheit setzten 1983 Heinrich Fries und Karl Rahner in ihrem viel diskutierten Band 100 der Reihe *Quaestiones disputatae* mit dem Titel: „Einigung der Kirchen – Reale Möglichkeit"[14]. Sie haben die ökumenische Argumentation insofern verändert, als sie nicht versuchten, in kontroversen Themen gemeinsame Aussagen zu formulieren, sondern die Frage stellten, welches Maß an Vielfalt innerhalb einer geeinten Kirche möglich und legitim ist. Das Ergebnis haben sie in acht Thesen zusammengefasst, die den detaillierten Ausführungen vorangestellt sind.

In einer ersten These führten die Autoren aus, dass sie für die Einigung der Christenheit einen gemeinsamen Glauben an die Botschaft der Heiligen Schrift sowie an die altkirchlichen Glaubensbekenntnisse voraussetzen. Die an ihrem Plan verschiedentlich geübte Kritik, sie würden eine Einheit ohne Wahrheit propagieren, trifft jedenfalls nicht zu. Doch innerhalb dieses gemeinsamen Glaubens gibt es Spielraum für Vielfalt und Differenzen. So heißt es in der entscheidenden These zwei: „In keiner Teilkirche darf dezidiert und bekenntnismäßig ein Satz verworfen werden, der in einer anderen Teilkirche ein verpflichtendes Dogma ist" (S. 35).

Es ist unbestritten: „Wenn ein Mensch sich eines zustimmenden Urteils über einen (sicher oder möglicherweise) wahren Satz enthält, irrt er nicht" (S. 42). Wer kein Urteil fällt über Wahrheit oder Unwahrheit, kann nicht irren. Die Komplexität vieler Fragestellungen macht es im Leben wie in der Wissenschaft häufig unmöglich, begründet und aus eigener Einsicht einer Behauptung zuzustimmen oder sie abzulehnen. Sich dann eines Urteils zu enthalten, ist mit der Verpflichtung zur Wahrheit durchaus vereinbar. Im kirchlichen Bereich macht sich der Häresie nur schuldig, wer hartnäckig („*pertinaciter*") einen verbindlichen Glaubenssatz ablehnt. Was sich unterhalb der Ebene einer dezidierten Ablehnung bewegt, darf folglich nicht der Häresie bezichtigt werden. Dabei ist es für den rechten

---

[14] Heinrich Fries – Karl Rahner, Einheit der Kirchen – Reale Möglichkeit, Freiburg 1983; Sonderausgabe (1985) mit einen Anhang: Zustimmung und Kritik (S. 157–189).

Glauben keineswegs gefordert, alle Glaubensaussagen in gleicher Weise zu bejahen. Daraus folgt für die Autoren: Die Einheit im Glauben ist zerbrochen, wenn eine Kirche um ihres Glaubens willen erklären muss, ein Satz, den eine andere Kirche als letztverbindlich lehrt, sei abzulehnen, weil er der christlichen Botschaft direkt widerstreite. Aber es muss weder verlangt werden, dass alle Partner den Glauben in allen Ausformungen gemeinsam formulieren, noch dass jede Teilkirche alle Glaubenssätze der anderen Teilkirche für sich übernimmt.

Für eine Gemeinschaft der Kirchen kann es also genügen, wenn sich alle eines negativen Urteils über Glaubenssätze anderer Konfessionen enthalten können, gegebenenfalls in der Hoffnung, dass einmal auch eine Übereinstimmung erreichbar sein wird. Dies haben Rahner und Fries als „Urteilsenthaltung" bezeichnet. Dieser Begriff ist nicht im Sinn des philosophischen Skeptizismus zu verstehen, wo er die Unmöglichkeit von Wahrheitserkenntnis besagte. Wenn es in dem Buch heißt: „Es ist erforderlich, daß anerkannt wird, daß die konfessionsspezifische Praxis einer Konfession nicht evangeliumswidrig ist und deshalb auch nicht verurteilt und abgelehnt werden darf" (S. 130), ist damit sehr wohl ein Urteil gefordert, und dieses ist für eine Einigung vorausgesetzt. Glaubensgemeinschaft, so die Konsequenz dieser Überlegung, ist bereits dann möglich, wenn die Kirchen gemeinsam die Schrift und die altkirchlichen Glaubensbekenntnisse annehmen und sich bezüglich späterer Entwicklungen, soweit sie diese nicht gegenseitig akzeptieren und übernehmen können, eines negativen Urteils enthalten, sie also für die jeweils andere Tradition zu tolerieren vermögen.

In den Thesen drei bis sieben werden die konkreten Folgerungen gezogen. Die Autoren stellen dar, dass heute in den ökumenisch engagierten Kirchen faktisch nirgendwo die Evangeliumswidrigkeit einer verbindlichen Lehre einer Partnerkirche behauptet wird. Dies führen sie aus in den Fragen der herkömmlichen Kontroverstheologie, wie dem Verhältnis von Universalkirche und Teilkirchen, den Problemen des ordinierten Amtes, des Papst- und des Bischofsamtes. In der Konsequenz erachten sie einen brüderlichen Austausch zwischen den Traditionen als möglich, der auch Kanzel- und Altargemeinschaft umfasst (These 8).

Die Grundthese des Buches, dass eine Einigung keineswegs einen lückenlosen Konsens voraussetzt, dass Gemeinschaft der Kirchen auch dann möglich ist, wenn Differenzen bleiben, wurde in der ökumenischen Diskussion weithin aufgegriffen. Ich habe mich mit einem Beitrag über die *fides implicita* in die Diskussion eingeschaltet.[15] Diese These beinhaltet zunächst nicht, wie von den Reformatoren kritisiert, eine Entmündigung des Einzelnen, der die Glaubensentscheidung an die Kirche, eventuell gar an die Hierarchie delegieren müsste, sondern sie legitimierte eine Differenz zwischen dem Glauben des Einzelnen und der offiziellen Lehre der Kirche. Man hat es in der mittelalterlichen Kirche nicht als Häresie erachtet, wenn nicht nur einfache Gläubige, sondern auch Theologen bestimmte Glaubensaussagen nicht explizit zugestimmt haben, sondern sie lediglich implizit akzeptierten, indem sie dem Glauben der Kirche treu bleiben wollten. In einer Zeit, in der Differenzen zwischen dem Glauben der Kirche und der Skepsis der Gläubigen immer deutlicher werden und die Kirchen sich notgedrungen mit einer partiellen Identifikation ihrer Glieder abfinden, erhält diese Vorstellung neue Relevanz. Für die Ökumene besagt sie, dass es genügen kann, wenn die Kirchen im Zentrum ihrer Botschaft einen Konsens finden, der durch Differenzen in den unterschiedlichen Konkretisierungen nicht wieder in Frage gestellt wird.

Das Buch fand breite Resonanz, die Zustimmung überwog. Aber, wie zu erwarten, kamen auch kritische Stimmen[16]. Kardinal Ratzinger warf den Autoren vor, „die Wahrheitsfrage durch ein paar kirchenpolitische Operationen zu überspringen", und sah darin „ein ganz und gar unverantwortliches Verhalten" (S. 161). Die massivste Kritik kam von evangelischer Seite von Eilert Herms[17]. Er sah in

---

[15] Peter Neuner, Was muß der Christ glauben? Die Lehre von der Fides implicita zwischen amtlicher Dogmatik und partieller Identifikation, in: Stimmen der Zeit 212 (1994) 219–231.

[16] Nach dem Tod von Karl Rahner hat Heinrich Fries in der Sonderausgabe einen Anhang angefügt: Zustimmung und Kritik (S. 157–189).

[17] Eilert Herms, Einheit der Christen in der Gemeinschaft der Kirchen. Die ökumenische Bewegung der römischen Kirche im Lichte der reformatorischen Theologie. Antwort auf den Rahnerplan, Göttingen 1984.

dem Ansatz den Versuch, sich angesichts der Komplexität theologischer Erkenntnisse nicht um den Wahrheitsgehalt von Glaubensaussagen zu bemühen, sondern allein um die „Respektierung einer Instanz, die alles verträgt außer dem expliziten Widerspruch gegen sie". Und diese Instanz ist natürlich „die römische Kirche und ihr Amt" (S. 25). „Anerkennungsgegenstand ist statt des positiven Gehalts der von einem Sprecher gesprochenen Sätze vielmehr dessen Person" (S. 23). Was Herms heftig kritisierte, ist ein Verständnis des Lehramtes, das in der katholischen Kirche in der Folge des I. Vatikanums verschiedentlich vielleicht vertreten wurde, das aber Fries und Rahner keinesfalls angelastet werden darf. Sie haben sich vielmehr entschieden darum bemüht, derartige Ansprüche des Lehramtes zu überwinden. Ihnen ging es in ihrem Vorstoß gewiss nicht, wie Herms ihnen vorwarf, um „die Eingliederung reformatorischer Kirchen in die römische" (S. 37).

Ich habe mich mehrfach gegen die Vorwürfe von Herms gewandt, es waren die wohl schärfsten theologischen Kontroversen, die ich geführt habe. Und ich habe das Bild zurückgewiesen, das Herms von der katholischen Kirche gezeichnet hat, indem er die antimodernistischen Auswüchse eines reaktionären Papalismus und die damit verbundenen lehramtlichen Ansprüche zum Höhepunkt katholischer Kirchlichkeit hochstilisierte und damit nicht im Einklang stehende Strömungen in der katholischen Kirche, wie sie jedenfalls nach dem II. Vatikanum dominierten, als nicht ernst zu nehmende Verwässerungen für irrelevant erklärte. Unter dieser Voraussetzung hat er ein Bild des Katholizismus gezeichnet, angesichts dessen es leicht war zu urteilen, dass es für reformatorische Theologie und damit für eine redliche Ökumene „jedenfalls nicht in Betracht kommt" (S. 159).

Das Gegenmodell, das Herms entworfen hat, basierte auf einem Verständnis von Offenbarung, das nach seiner Überzeugung mit dem katholischen Modell des Lehramts nicht kompatibel ist. Darin erblickte er eine Grunddifferenz, die nicht nur durch die Thesen von Fries und Rahner, sondern auch durch die wichtigsten ökumenischen Dokumente nicht überbrückt werden konnte. Auch mit dieser These habe ich mich kritisch auseinandergesetzt. Nicht nur, dass ich die von Herms vorgenommene Umschreibung sowohl des katholischen wie des reformatorischen Offenbarungsverständnisses kritisiert habe, auch die These vom Grundentscheid und seiner Bedeutung für die Ökumene habe ich in Frage gestellt.

i) Die These vom konfessionellen Grundentscheid

Die Thesen von Fries und Rahner haben auch für eine interessierte Öffentlichkeit deutlich werden lassen, dass im ökumenischen Gespräch die Kontroversen jedenfalls zwischen den großen Kirchen soweit bereinigt werden konnten, dass es zunehmend schwierig wurde, die Kirchenspaltung durch sie zu legitimieren. Einheit erscheint als möglich, wenn man sie wirklich will. Damit waren konkrete Konsequenzen gefordert. In dieser Situation tauchte fast unversehens die These auf, alle in den ökumenischen Dokumenten formulierten Übereinstimmungen seien bedeutungslos, weil sie nicht von einem gemeinsamen, die Konfessionen umgreifenden Grundverständnis getragen seien. In ihrem Grundansatz seien die Kirchen nach wie vor nicht nur unterschiedlich, sondern gegensätzlich bestimmt. Die formulierten Konsense hingen in der Luft, weil sie nicht auf einem Grundkonsens aufruhten. Wenn eine Einigung im Grundansatz erzielt werden könnte, seien die Einzeldifferenzen ohnehin überwunden, andernfalls blieben Konsenstexte verbale Kompromisse und seien buchstäblich grund- und bodenlos. Es war die traditionelle Frage nach einer Wesensbestimmung der Konfessionen, die nun dazu diente, die Fortschritte der ökumenischen Theologie in Frage zu stellen und die Konsensökumene als Irrweg zu erweisen. Eilert Herms, der diese These am pointiertesten vortrug, betonte zwar, seinen Ausführungen liege „ein positives ökumenisches Engagement zugrunde" (S. 5), die Bemühungen der ökumenischen Theologie aber wurden damit vom Ansatz her in Frage gestellt.

Zunächst, so versuchte ich aufzuzeigen, diente die These von konfessionsspezifischen Grundentscheiden dem Verstehen der jeweils anderen Seite[18]. Mit diesem Ansatz hat man in den kontroversen Fragen nicht mehr nur Einzelphänomene verglichen, sie gegeneinandergestellt und dann die gegnerische Position als wirres Konglomerat

---

[18] Peter Neuner, Der konfessionelle Grundentscheid – Problem für die Ökumene, in: Stimmen der Zeit 202 (1984) 591–604.

von Einzelhäresien abgewiesen. Vielmehr half diese Methode, die fremde Konzeption als in sich folgerichtig zu erweisen. Auch der Häretiker erschien nicht mehr als dumm oder als böswillig, man konnte ihm zubilligen, dass er innerhalb seines Ansatzes sinnvoll und redlich argumentiert und handelt.

Der Preis für diese Betrachtung war in aller Regel allerdings, dass die Grundentscheide in gegenseitiger Exklusivität formuliert und alle Einzeldifferenzen auf einen Wesensgegensatz zurückgeführt wurden. Auch Übereinstimmungen zwischen den Kirchen standen unter ihrem Bann, sie ließen Gemeinsamkeiten nicht zu oder machten sie irrelevant. Die Bemühung um das Verstehen des anderen hat damit die Differenzen aus einem begrenzbaren Bereich herausgenommen und sie jeweils ins Grundsätzliche erhoben. Kontroversen waren damit nicht mehr für sich lösbar, sondern erschienen immer als Ausdruck eines Wesensgegensatzes, der Kompromisse oder eine gegenseitige Anerkennung ausschloss. Im Grundansatz gab es nur das Entweder – Oder.

Ein Überblick darüber, wie man vornehmlich im 19. Jahrhundert den Wesensgegensatz zwischen den Konfessionen bestimmte, zeigt nun allerdings eine verwirrende Vielfalt. Man fand ihn im Gegensatz von Individualismus und Gemeinschaft, von Wort und Sakrament, von Rationalität und Emotionalität, von Schauen und Hören, Sichtbarkeit und Unsichtbarkeit, von Vernunft und Sinnen, von Wissenschaft und Kunst, Idealismus und Realismus, Freiheit und Gehorsam, Glaube und Liebe. Er wurde vermutet in der Differenz von nordischem und südländischem Menschentyp, im Verhältnis der Person zur Kirche. Besondere Bedeutung bis in die Gegenwart haben die Unterscheidungen von Kirche des Wortes und Kirche des Sakraments, Kirche des Amts und des allgemeinen Priestertums, der Autorität und der Freiheit. Verschiedentlich wurden die Grunddifferenzen einander historisch zugeordnet, so dass Orthodoxie und Katholizismus als legitime, aber sachlich überholte Vorstufen des Protestantismus erschienen, gegebenenfalls auch als die petrinische Form des Christentums im Gegensatz zur paulinischen, die beide durch das johanneische Christentum überholt werden müssten.

Diese Diskussion hatte sich in immer diffizileren Unterscheidungen totgelaufen, man hatte beinahe mehr Grunddifferenzen als konkrete Einzelkontroversen. Vor allem durch den Eintritt der katholischen Kirche in die Ökumenische Bewegung verlagerte sich die Thematik von den Gegensätzen zu Gemeinschaft und Einheit. Aus den entdeckten Übereinstimmungen hat man auf ein gemeinsames Fundament geschlossen und festgestellt, dass die Spaltungen nicht bis an die Wurzel gegangen seien, man habe ein gemeinsames Verständnis der Mitte des christlichen Glaubens aufzeigen können. Dies gebe Anlass zu der Hoffnung, auch in den noch offenen Fragen Übereinstimmung zu erzielen. Die römisch-katholisch/anglikanische Gesprächskommission ARCIC sprach sogar von einer „substantiellen Übereinstimmung" (*substantial agreement*): „Die Mitglieder der Kommission stimmen in der Überzeugung überein, ‚daß, wenn in irgendwelchen Punkten noch Uneinigkeit besteht, diese aufgrund der hier erarbeiteten Prinzipien überwunden werden kann'"[19].

Die Idee von den einander ausschließenden Grundentscheiden wurde, so meine These, in dem Augenblick wieder aufgegriffen, als man die jeweils eigene Kirche in ihrer Identität in Frage gestellt glaubte. In der katholischen Kirche war das in der Auseinandersetzung um das Amt, in den reformatorischen Kirchen in der Diskussion um eine katholische Anerkennung des Augsburger Bekenntnisses und um die Thesen von Fries und Rahner. Sie sollte die Forderung nach nun fälligen ökumenischen Konsequenzen abwehren, indem man die Bemühung um Konsense und Konvergenzen als Irrweg erklärte.

Die dogmengeschichtliche Betrachtung zeigt, dass es nicht möglich ist, die Wesensbestimmungen so zu formulieren, dass die Konfessionen dadurch hinlänglich charakterisiert würden. Keine Kirche ist einfachhin die Realisierung eines Grundentscheids. Wie immer man ihn bestimmte, musste man sofort anfügen, dass die jeweilige Konfession dadurch nicht hinreichend erfasst wird. Zudem hat keine Konfession ein Monopol auf ihren Grundentscheid. Letztlich steht

---

[19] DwÜ I, 143. Im Text ‚Das Herrenmahl' heißt es: „Noch verbleibende Differenzen befinden sich innerhalb eines Bereiches der Gemeinsamkeit" (Nr. 47, in: DwÜ I, 286). Das Dokument über ‚Das geistliche Amt in der Kirche' formulierte: „Manches von dem, was man für ‚typisch lutherisch' und ‚typisch katholisch' hielt, wird als gemeinsames Erbe wieder entdeckt und verliert so mehr und mehr seinen trennenden Charakter" (DwÜ I, 329).

dieser Ansatz in der Gefahr, Karikaturen zu zeichnen. Für die wissenschaftliche Theoriebildung ist eine idealtypische Betrachtung fruchtbar, aber sie kann den konkreten Konfessionen nicht gerecht werden und vor allem nicht die weitreichenden Konsequenzen rechtfertigen, die man aus dieser Betrachtung gezogen hat. Wenn in der ökumenischen Diskussion die kontroversen Fragen bis zu einem Punkt geklärt sind, an dem sie nicht mehr die Kraft haben, die gegenseitige Verurteilung der Kirchen zu legitimieren, besteht auch kein Grunddissens mehr.

Die Diskussion um die Grunddifferenz wurde auf internationaler Ebene in Konsultationen weitergeführt, die das Institut für Ökumenische Forschung des Lutherischen Weltbundes 1987 in Puerto Rico und 1989 in Nizza ausrichtete. Dabei wurde deutlich, dass der Begriff nicht notwendigerweise die negativen Konnotationen enthält, die er in der deutschsprachigen Diskussion erhalten hat. Er kann sehr wohl auch verstanden werden als Beschreibung von unterschiedlichen Modellen von Kirche, die legitimerweise nebeneinander bestehen und sich gegebenenfalls auch bereichern oder ergänzen können. Zudem zeigte sich, dass die Vorstellung von der Grunddifferenz mit dem Konzept eines Grundkonsenses korrespondieren kann, der bleibende Differenzen als unterschiedliche Konkretisierungen einer gemeinsamen Überzeugung erkennt und damit eine Gemeinschaft von Kirchen legitimiert[20]. Insofern kann das Modell von Grundkonsens – Grunddifferenz mit der Vorstellung eines differenzierten Konsenses zusammengehen, das im Rahmen der Lehrverwerfungsstudie entwickelt wurde und sie geprägt hat.

j) Die Lehrverurteilungsstudie

Beim ersten Besuch von Papst Johannes Paul II. in Deutschland 1980 haben die Vertreter der EKD Wünsche bezüglich einer Gemeinschaft im Herrenmahl, zu ökumenischen Gottesdiensten an Sonntagen und zur Regelung konfessionsverschiedener Ehen vorgetragen. Daraufhin hat man eine Gemeinsame Ökumenische (Bischofs-)Kommission

---

[20] André Birmelé – Harding Meyer (Hg.), Grundkonsens – Grunddissens, Frankfurt – Paderborn 1992.

(GÖK) eingesetzt, die darin übereinkam, nicht weitere Konsens-
oder Konvergenztexte zu erstellen, sondern zu untersuchen, ob die
gegenseitigen Verwerfungen des 16. Jahrhunderts, also die Anathemata des Konzils von Trient und die Damnationes der reformatorischen Bekenntnisschriften, den heutigen Partner noch treffen und
die Kirchen voneinander trennen müssen. Sei dies nicht oder nicht
mehr der Fall, dann habe die ökumenische Regel zu gelten, die Kardinal Ratzinger, der katholische Vorsitzende der Kommission, so formulierte: „Nicht die Einheit bedarf der Rechtfertigung, sondern die
Trennung" und dies „in jedem einzelnen Fall"[21]. Wenn die Trennung
nicht mehr aus unabweisbaren Glaubensgründen festgehalten werden muss, ist sie illegitim und damit hinfällig. Man hat also die gegenseitigen Verurteilungen ernst genommen, dabei aber, wie es sich
schon in der Leuenberger Konkordie bewährt hatte, zwischen Affir-
mation und Verurteilung unterschieden. Wenn die Verwerfungen
nicht (mehr) treffen, kann ihr positiver Gehalt festgehalten werden,
ohne dass aus ihm eine Verurteilung der anderen Seite abgeleitet
werden müsste.

Mit der Durchführung dieser Studie wurde der „Ökumenische
Arbeitskreis evangelischer und katholischer Theologen" beauftragt.
Er untersuchte unter der wissenschaftlichen Leitung von Wolfhart
Pannenberg und Karl Lehmann, später von Theodor Schneider in
fünfjähriger akribischer Arbeit die einzelnen Lehrverwerfungen der
Reformationszeit. Thematisch ließen sie sich um die Lehre von der
Rechtfertigung, von den Sakramenten und vom kirchlichen Amt
gruppieren. Man untersuchte, welche Verwerfungen ausgesprochen
wurden und wogegen sie sich richteten. Häufig hatten einzelne Formulierungen der Reformatoren die Anathemata des Konzils von
Trient herausgefordert und problematische Praktiken der altgläubigen Seite Anlass gegeben für die Verurteilungen in den Bekenntnisschriften. Es galt zu überprüfen, ob sie in der Reformationszeit die
Lehrmeinung angemessen zum Ausdruck brachten, ob sie die heutige Verkündigung noch richtig zeichnen oder eventuell durch die
Lehrentwicklung gegenstandslos geworden sind.

---

[21] Joseph Ratzinger, Theologische Prinzipienlehre, München 1982, 211 und
213.

In der Frage, ob die Verwerfungen den Partner treffen, kam der ÖAK zu einem differenzierten Urteil. Eine Reihe von Verwerfungen beruhe auf Missverständnissen, etwa wenn unterschiedliche Sprachgestalten oder Denkstrukturen oder isolierte Sätze als Lehrdifferenzen erachtet wurden. Daneben gab es Verwerfungen von Extrempositionen, die im 16. Jahrhundert als Schulmeinungen vertreten oder kirchenamtlich toleriert wurden, die aber schon damals nicht die offizielle Lehre darstellten und heute keine Rolle mehr spielen. Manche Einseitigkeiten und problematische Praktiken wurden überwunden und Verwerfungen, die auf ihnen basierten, können heute die Kirchen nicht mehr trennen. Verschiedentlich aber hat man sich in den Verwerfungen sehr wohl verstanden und die gegnerische Lehrmeinung genau getroffen. Doch in diesen Fällen ist zu klären, welche Qualität diese Verwerfungen haben, ob sie die Kirchentrennung verlangen. Und die Trennung bedarf der Legitimation, nicht die Einheit.

Zusammenfassend kam die Kommission fast einmütig zu der Überzeugung, „daß die heutige Lehre nicht mehr von dem Irrtum bestimmt wird, den die frühere Verwerfung abwehren wollte"[22]. Folglich seien die Verwerfungen des 16. Jahrhunderts in ihrem negativen Aspekt gegenstandslos. Dieses zweifellos weitreichende Ergebnis wurde den Leitungen beider Kirchen übergeben mit der Bitte, „verbindlich auszusprechen, daß die Verwerfungen des 16. Jh. den jetzigen Partner nicht treffen ... Polemische und nicht zutreffende Ausdrücke gegen den anderen und seine Lehre müssen zurückgenommen und künftig vermieden werden. Die Kirchen, ihre Lehrer der Theologie und Pfarrer sollen die evangelischen Bekenntnisschriften und die lehramtlichen Aussagen der römisch-katholischen Kirche im Lichte der hier formulierten Erkenntnisse auslegen" (S. 195). Diese 1985 formulierte Bitte, die sich auf die Fragen von Amt, Eucharistie und Sakramente bezog, stellte für die Kirchenleitungen eine erhebliche Herausforderung dar. Es begann ein intensiver Beratungsprozess, der sich über Jahre hinzog.

---

[22] Karl Lehmann – Wolfhart Pannenberg (Hg.), Lehrverurteilungen – kirchentrennend? Bd. I, Freiburg – Göttingen 1986, 15.

3. Zurück in München

a) Der Ruf auf den Lehrstuhl für Dogmatik

1985 wurde ich an die Universität München auf den Lehrstuhl für Dogmatik berufen. Professor Leo Scheffczyk war emeritiert worden, er ist, wie mir Kollegen berichteten, im Streit aus der Fakultät geschieden. In der Folge dieses Konflikts konnte sich die Fakultät auf keinen Vorschlag für die Wiederbesetzung einigen. Bei der Dogmatiker-Konferenz im Januar 1985 in Trier stellte mich Professor Josef Finkenzeller zur Rede, warum ich mich nicht beworben habe. Schließlich hatte mich die Fakultät habilitiert, ich hätte ihr gegenüber eine Loyalitätspflicht zu erfüllen. Ich konnte ihm erklären, dass ich die Stelle für mich als zu hoch angesiedelt erachtete, und zudem war ich für Fundamentaltheologie habilitiert, nicht für Dogmatik. Natürlich, so habe ich Finkenzeller versichert, wäre ich bereit, der Fakultät aus der Verlegenheit zu helfen, soweit mir das möglich war.

Man hat die Stelle nochmals ausgeschrieben, ich habe mich beworben und damit gerechnet, einen Listenplatz zu erhalten. Für mich völlig unerwartet wurde ich auf die erste Stelle gesetzt und dann ganz schnell zum Sommersemester 1985 auf die Professur für Dogmatik berufen. So kam ich nach fünf Jahren in Passau wieder zurück an meine Heimatuniversität in München. Michael Schmaus, damals bereits fast 90 Jahre alt, hat mich sehr freundlich aufgenommen und auch zu Leo Scheffczyk hatte ich korrekte Beziehungen, unbeschadet der Tatsache, dass ich als Gegenpol zu seiner zunehmend konservativen Richtung berufen worden war. Einige Jahre später wurde Scheffczyk von Papst Johannes Paul II. in das Kardinalskollegium aufgenommen. Dies geschah genau zu seinem 80. Geburtstag, hatte also keine praktischen Konsequenzen, denn das Recht zur Teilnahme an einem Konklave erlischt mit dem 80. Geburtstag. Dennoch war diese Kardinalsernennung ein deutliches Zeichen für den Kurs der lehramtlich propagierten Dogmatik.

In der Fakultät in München hatte sich in den Jahren, die ich in Passau gelehrt hatte, einiges geändert. Heinrich Fries war lange emeritiert, noch zu meiner Zeit als Assistent am Ökumenischen Institut war Heinrich Döring als sein Nachfolger berufen worden. Döring war durch seine Dissertation „Kirchen – unterwegs zur Einheit. Das Ringen um die sichtbare Einheit der Kirchen in den Dokumenten der Weltkirchenkonferenzen"[23] und durch seine Mitarbeit am Johann-Adam-Möhler-Institut in Paderborn ökumenisch ausgewiesen. Die gemeinsamen Seminare mit Wolfhart Pannenberg waren ungebrochen fortgesetzt worden. Ökumene war nicht in der Umschreibung meines Lehrstuhls, sie war in Dörings Verantwortung und ich habe das selbstverständlich respektiert.

Dennoch habe ich meine Vorlesungen bewusst in ökumenischer Verantwortung gestaltet. Ich habe Anregungen auch bei den Reformatoren und bei Vertretern der evangelischen Theologie gefunden, denn ich war überzeugt, dass sie mit in die Tradition derer gehören, die sich bemüht haben, die christliche Botschaft jeweils angesichts der Herausforderungen ihrer Zeit zu formulieren. Ich bin davon ausgegangen, dass jeder das Recht hat, von seinen starken Seiten und nicht von seinen Schwachstellen her beurteilt zu werden. Dass niemand, auch keine der großen Gestalten der Theologie und der Kirche alle Fragen abschließend beantwortet hat, so dass man sich allein auf ihn als Autorität berufen müsste, hatte ich bei Heinrich Fries gelernt und vor allem in meinen Arbeiten zum katholischen Modernismus und zu Döllinger war mir diese Erkenntnis überaus deutlich vor Augen getreten.

Zudem: Alle Themen und Erkenntnisse, in denen die wichtigsten Repräsentanten der theologischen Tradition gültige Antworten gefunden hatten, sind in der Überlieferung lebendig geblieben, sie wurden als klassisch angesehen, man zitiert sie, sie sind im kirchlichen Bewusstsein und oft auch im Katechismus präsent. Aber haben all jene, die an den Rand gedrängt oder als Häretiker ausgegrenzt wurden, einfachhin nur Irrlehren vertreten? Beweist nicht die Theologiegeschichte, dass manche Position, die lehramtlich verurteilt wurde, später zur verbindlichen kirchlichen Lehre geworden ist? Hat das II. Vatikanum nicht manche Vorstellung vertreten, deretwegen Theologen 50 Jahre zuvor im Kontext des Antimodernismus der Indizierung verfallen sind, etwa in der Frage der Religions- und Gewissensfreiheit? Auch Irrlehren leben nun einmal von dem Wahrheitsgehalt,

---

[23] München u. a. 1969.

den sie enthalten. Manche kirchenamtliche Verurteilung, so meine Überzeugung, hat die offizielle Lehre in stärkerem Maße einseitig werden lassen, als die inkriminierte Gegenposition.

Von dieser Überzeugung bestimmt habe ich mich bemüht, in meinen Vorlesungen zur Dogmatik auch in Positionen, die kirchenamtlich abgelehnt oder verurteilt worden waren, den Wahrheitsgehalt zu entdecken, den sie enthalten, und so auch die Reformatoren als Zeugen für die christliche Botschaft gewürdigt. Schließlich soll der ökumenische Dialog bereichern und Erkenntnisse vermitteln, die in der eigenen Geschichte nicht die gebührende Aufmerksamkeit gefunden haben. In dieser Überzeugung versuchte ich der Ökumene treu zu bleiben, auch wenn ich nicht fachspezifisch für sie verantwortlich war. Schließlich ist sie gemäß der Studienordnung eine Dimension aller theologischen Disziplinen.

Kurz vor meiner Berufung nach München wurde ich 1984 zum Mitglied des wissenschaftlichen Beirates der Katholischen Akademie in Bayern ernannt, dem ich bis 2019 angehörte. Ökumenische Fragen haben die Akademie laufend beschäftigt, insbesondere in den zusammen mit der evangelischen Akademie in Tutzing durchgeführten Tagungen. Ich glaube, ich konnte dazu einige Anregungen beisteuern, nicht allein in Referaten, sondern auch in diesem Gremium. Die Katholische Akademie in Bayern wurde mir zu einem wichtigen Ort der Begegnung und vielfältiger Anregungen.

b) Die Orthodoxe Ausbildungseinrichtung

Ein Jahr vor meiner Berufung nach München war Theodor Nikolaou als Vertreter der Orthodoxen Theologie an die katholisch-theologische Fakultät gekommen. Auf hoher politischer Ebene hatte man dem Ökumenischen Patriarchat in Konstantinopel zugesagt, in München eine Professur für orthodoxe Theologie zur Ausbildung eines orthodoxen Klerus und von orthodoxen Religionslehrern und -lehrerinnen in Deutschland einzurichten. Die Fakultät machte sich dieses Anliegen zu eigen und beschloss, die damals nicht besetzte Professur für Missionswissenschaft für orthodoxe Theologie umzuwidmen.

Professor Nikolaou hatte seine theologische Ausbildung in der Hochschule des ökumenischen Patriarchats auf der Insel Chalki erhalten und sich in theologischen Instituten der Altkatholischen bzw. Christkatholischen Kirche in Bonn und Bern sowie in Thessaloniki wissenschaftlich weiter qualifiziert. Die Einrichtung eines Lehrstuhls bzw. Instituts für orthodoxe Theologie bedeutete natürlich einen erheblichen Prestigegewinn für die Orthodoxie in Bayern, gleichzeitig wurde dadurch auch die ökumenische Situation an der Universität München bereichert, denn nun waren hier die großen theologischen Traditionen der Christenheit vertreten und institutionell abgesichert.

Nikolaou hat sich um den Ausbau des orthodoxen Studiengangs sehr verdient gemacht. Zehn Jahre nach seiner Berufung war das Institut so weit ausgebaut, dass es als „Ausbildungseinrichtung für Orthodoxe Theologie" in Verbindung mit den beiden theologischen Fakultäten ein vollständiges Studium der orthodoxen Theologie, einschließlich der Promotion anbieten konnte. Es umfasste nun vier Professuren, die die Hauptgebiete der Theologie abdecken konnten. Eine Gemeinsame Kommission, der auch Professoren der theologischen und der philosophischen Fakultäten angehörten, hat die Aufgaben eines Fachbereichsrates wahrgenommen. Über Jahre hinweg konnte ich hier mitwirken. Die zunächst erwartete Zahl der Studierenden wurde allerdings nicht erreicht. Bestrebungen der Universitätsleitung, im Rahmen von auferlegten Sparmaßnahmen die Ausbildungseinrichtung wieder zu schließen, konnten abgewehrt werden. Es wäre ja auch unverständlich gewesen, in den Jahren, wo man um der gesellschaftlichen Integration willen eine universitäre Ausbildung muslimischer Geistlicher anstrebte, die bestehende orthodoxe Institution, die nicht zuletzt der Integration orthodoxer Christen vornehmlich aus Griechenland und Südosteuropa diente, einzustellen. München ist die einzige Universität im westeuropäischen Raum, wo die drei klassischen christlichen Traditionen durch Fakultäten bzw. eine fakultätsähnliche Einrichtung vertreten sind.

c) Die Laien in der Kirche

Die Probleme vornehmlich in der katholischen Kirche haben dazu geführt, dass mich die Amtsfrage nicht mehr losgelassen hat. Als das Ämtermemorandum erschien war die Diskussion um das ordinierte Amt, eingeschlossen die Zölibatsfrage, in vollem Gang. In der Folgezeit wurden die Priesterseminare immer leerer und es wurde offensichtlich, dass in absehbarer Zukunft die überkommene Pfarrstruktur zusammenbrechen würde. In zunehmendem Maße haben Laientheologen Aufgaben übernommen, die vor ihnen Kapläne wahrgenommen haben. Die Pastoralreferent(inn)en hatten ein volles theologisches Studium absolviert, wurden von der Kirche zu ihrem Dienst beauftragt und haben faktisch oft alle Aufgaben der Priester übernommen, mit Ausnahme der Feier des Herrenmahles und des Bußsakraments. Damit stellte sich notwendigerweise die Frage, wie ihr Dienst theologisch zu qualifizieren sei. Ist er vom Amt her zu deuten, haben die Laientheologen teil am kirchlichen Amt, oder ist ihre Aufgabe im Rahmen des Apostolats zu verstehen, das alle Christen durch Taufe und Firmung empfangen haben? Es wurde kontrovers darüber diskutiert, wie sich ihr „Dienst" zum „Amt" des Priesters verhält. Die Diözesen haben unterschiedliche Regelungen getroffen, welche Aufgaben Laientheologen übernehmen durften, die Würzburger Synode hat intensiv um eine gemeinsame Antwort gerungen, 1987 hat sich die römische Bischofssynode dieser Thematik gewidmet.

In manchen Diözesen haben Pastoralreferentinnen und Pastoralreferenten faktisch die Leitung von Gemeinden übernommen, sie wurden zu Bezugspersonen für viele Pfarreien, lediglich für die Feier des Herrenmahles mussten sie versuchen, einen Priester zu finden, oder sie gestalteten die Sonntagsgottesdienste als Wortgottesdienste, oft verbunden mit der Austeilung der Kommunion aus dem Tabernakel. Um diese Entwicklung für die Gemeinden akzeptabel zu machen, propagierte man faktisch einen Heilsweg weitgehend ohne Sakramente. Aus der Notsituation entwickelte sich damit im Grunde ein Amt ohne Weihe. Genau derartige Vorstellungen hat man, wo immer in evangelischen Kirchen vergleichbare Regelungen in den Blick genommen wurden, massiv als antiökumenischen Affront kritisiert.

Als Gegenbewegung zu dieser Tendenz zeigte sich schon bald nach dem II. Vatikanum ein neuer Klerikalismus. Unter den Priesteramtskandidaten nahm der Anteil derer zu, die dezidiert konservative Positionen vertraten, die Ansätze des Konzils kritisierten, die Reformen in der Liturgie ablehnten und sich dem Bild der Kirche als Volk

Gottes und der gleichen Würde aller Getauften verweigerten. Sie betonten die Sonderstellung des Priesters und die ihm vorbehaltenen Vollmachten. Man fühlte sich erinnert an Wetzer und Weltes Kirchenlexikon, das unter dem Stichwort „Laien" nur den Vermerk hatte: „Siehe Clerus". Zweifellos vertrat nur eine Minderheit unter den Studierenden diese Sicht, aber sie fanden kirchenamtliche Unterstützung. Hier war man bestrebt, dem Priester eine herausgehobene und dem Stand der Laien enthobene Stellung zuzuschreiben. In Dokumenten von Papst Paul VI. und Papst Johannes Paul II. wird zwar die Aussage des II. Vatikanums von der wahren Gleichheit aller Getauften zitiert (LG 32), Aufgaben im Bereich der Gemeindeleitung werden aber den Priestern vorbehalten. Im Umfeld der Bischofssynode über den Laien (1987) wurde die Zuständigkeit der Laien auf Hilfsdienste für den Klerus begrenzt, ungeachtet der Tatsache, dass nicht mehr zu erkennen war, wer die Dienste im Volk Gottes wahrnehmen sollte. Offensichtlich sah man darin die einzige Möglichkeit, diesen Lebensweg für junge Männer attraktiv zu machen. Den gewünschten Erfolg hatten diese römischen Bestimmungen nicht. Die Zahlen sprechen für sich: Im Jahr 1966, als ich ordiniert wurde, waren wir in der Erzdiözese München 27 Neupriester, 2020 waren es noch zwei.

Auf Anregung der Studierenden habe ich im Wintersemester 1986/87 ein Seminar zum Thema „Der Laie in der Kirche" gehalten, als dessen Ertrag entstand das Buch „Der Laie und das Gottesvolk"[24]. Thematisiert habe ich dabei nicht primär die Stellung der Laientheologen, sondern vor allem der „normalen" Gläubigen, der Kirchenglieder. In der biblischen Besinnung, der historischen Betrachtung und der systematischen Überlegung habe ich dafür plädiert, auf den Begriff des „Laien" im Sinn von Nicht-Kleriker zu verzichten. Es kann nicht sinnvoll sein, die weitaus überwiegende Zahl der Christen nach dem zu bestimmen, was sie nicht sind, sie als Nicht-Kleriker zu definieren. Dies schien mir von einem Klerikalismus geprägt, der den Priester als den eigentlichen und wahren Christen versteht und den Laien von dem her bestimmt, was ihn vom Kleriker unterscheidet.

---

[24] Peter Neuner, Der Laie und das Gottesvolk, Frankfurt 1988.

Amt, so die in diesem Buch vorgeschlagene Sicht, ist ein Relationsbegriff, er bestimmt sich durch den Dienst an der Gemeinde, an den Gläubigen. Niemand ist Amtsträger für sich, oder wird ordiniert zur Erhöhung seines Gnadenstandes und seiner Stellung in der Kirche. Das II. Vatikanum hat alle Ämter als *ministerium* bezeichnet, nicht als *potestas*. Folglich muss das Amt von der Kirche, vom Volk Gottes her verstanden werden, um dessentwillen es besteht. Ich erachte es als Klerikalismus, die Kirche vom Amtsträger her in den Blick zu nehmen und den Priester von den ihm allein zukommenden Vollmachten her zu sehen. Der Amtsträger gehört zur Gemeinde, ist für sie unabdingbar, aber es geht nicht um ihn. Die Theologie des Amtes, wie sie im Ämtermemorandum formuliert worden war, erschließt ein Verständnis des Volkes Gottes, das den Hilfsbegriff „Laie" nicht mehr braucht. Die ökumenische Relevanz dieser These ist offensichtlich.

Auch das Buch über den Laien erschien in einer Sonderausgabe in der DDR im Benno-Verlag. Noch im Frühjahr 1989 stellte sich ernsthaft die Frage, ob ein kurzer Passus über die Theologie der Befreiung getilgt werden müsse, Befreiung war nach DDR-Terminologie allein der Partei vorbehalten. Die Bearbeiter ließen den Abschnitt unverändert und sie behielten recht: Als das Buch 1990 in Leipzig erschien gab es die DDR nicht mehr.

d) Die „Ökumenische Theologie"

In zahlreichen Vorträgen habe ich über ökumenisch relevante Themen referiert, mich dabei bemüht, verbreiteten Enttäuschungen zu begegnen und den Elan auch an der Basis aufrechtzuerhalten. Entscheidendes Motiv für mein Engagement war der biblische Auftrag, die Einheit zu wahren und die Botschaft gemeinsam zu verkünden und zu verwirklichen, damit sie nicht von vorneherein als unglaubwürdig erscheine. Bei manchen Enttäuschungen hat mir der Blick auf die Geschichte der ökumenischen Idee Zuversicht vermittelt, die ich auch an Zuhörer meiner Vorträge weiterzugeben suchte. Wenn es möglich war, dass 15 Jahre nach der Enzyklika von Papst Pius XII. *Humani generis* (1950) mit ihren dramatischen Aussagen über die Autorität des päpstlichen Lehramtes im II. Vatikanum die Erklärung über die Religionsfreiheit und das Wort vom *sensus fidelium* verabschiedet werden konnten, dann wollte ich mir die Zuversicht nicht rauben lassen, dass nach Verlautbarungen wie *Humanae vitae* und *Dominus Iesus* Neuaufbrüche auch in Zukunft möglich sind. Die Zeitspanne zwischen dem Antimodernismus Papst Pius' X. und dem II. Vatikanum beträgt rund 50 Jahre, die geistige Wende, die in diesem halben Jahrhundert erfolgte, ist dramatisch. Sollte nicht 50 Jahre nach dem Konzil wiederum die Zeit für einen Neuaufbruch gekommen sein, der gerade die ökumenische Herausforderung als Zeichen der Zeit ernst nimmt?

Es waren nur etwas mehr als 30 Jahre nach dem Konzil, als ich meine „Ökumenische Theologie" veröffentlichte[25]. Die Anregung kam von der Wissenschaftlichen Buchgesellschaft. Mein „Kleines Handbuch" war etwas knapp geraten, andere Publikationen zur Ökumene waren oft mehrbändig und wenig handlich, die beiden Bände „Dokumente wachsender Übereinstimmung", die Mitte der 90er Jahre vorlagen, waren überaus voluminös und für eine schnelle Information kaum geeignet.

Die Thematik Ökumene war inzwischen recht unübersichtlich geworden. In ihrer Geschichte flossen unterschiedliche Tendenzen zusammen, wie sie sich in der Etymologie des Begriffs Ökumene zeigten. Es ist eine eindrucksvolle Geschichte, oft geprägt durch Initiativen von Persönlichkeiten, die nicht zum kirchlichen Establishment gehörten, die sich nicht auf Grund ihrer amtlichen Stellung, sondern durch ihr Engagement und ihre Beharrlichkeit durchsetzten und dann auch die etablierten Kirchen zu überzeugen vermochten. Die Geschichte ist geprägt von Durchbrüchen und Erfolgen, aber auch von Gegenbewegungen und Rückschlägen. Insgesamt kann man die Entwicklung hin zum ÖRK als eine Erfolgsgeschichte sehen.

Komplex ist die ökumenische Problematik vor allem durch ihre zahlreichen Akteure. Die meisten Kirchen, die im ÖRK zusammenarbeiten, haben multilaterale oder bilaterale Dialoge aufgenommen in der Absicht zu praktischer Zusammenarbeit, zu Kooperation zur Überwindung von Armut, Unterdrückung und Rassismus, aber auch zur Überwindung von Lehrdifferenzen und zu gemeinsamer

---

[25] Peter Neuner, Ökumenische Theologie. Die Suche nach der Einheit der christlichen Kirchen, Darmstadt 1997.

Verkündigung. Ziel dieser Dialoge ist zumeist die gegenseitige Anerkennung als Kirchen Jesu Christi, die Aufnahme einer Kirchengemeinschaft oder auch die Verschmelzung in einer unierten Kirche. Kulturelle und geographische Gegebenheiten spielen dabei eine nicht unerhebliche Rolle. Insbesondere in der Dritten Welt sind sich Kirchen unterschiedlicher Konfession in einem bestimmten Kulturkreis einander oft näher als ihren jeweiligen Mutterkirchen der gleichen Konfession. Das Bild ist überaus bunt. Und es wurde noch bunter durch den Eintritt der römischen Kirche in die Ökumenische Bewegung. Rom führt auf weltkirchlicher Ebene mehr bilaterale Dialoge als irgendeine andere Kirche. Zudem, Ökumene ist eine dynamische Angelegenheit. Ständig entstehen weltweit neue Kirchen oder Kommunitäten, die durch die Erfahrung personaler Gemeinschaft besondere Anziehungskraft entfalten. Die am stärksten wachsende Konfessionsfamilie sind die Pfingstkirchen, die inzwischen selbst eine eigene weltweite Ökumene bilden und insgesamt mehr Christen repräsentieren, als alle im ÖRK versammelten Kirchen. Es gibt ungezählte Dialoggruppen, die zumeist mehrere Konsens- oder Konvergenzdokumente verabschiedet haben, aber es gibt auch neue Kirchenspaltungen aus unterschiedlichen theologischen und nichttheologischen Gründen. Die genannten Bände Dokumente wachsender Übereinstimmung[26] enthalten nur Texte, die auf globaler Ebene verabschiedet wurden, Dokumente auf regionaler Basis sind unüberschaubar.

Dies hat dazu geführt, dass es für viele Betroffene und Interessierte, aber selbst für Fachtheologen oft nicht einfach ist, aus verstreuten Einzelaussagen und der verwirrenden Vielfalt von Dokumenten einen Überblick über die derzeitige ökumenische Situation, ihre Themen und ihre Entwicklungslinien zu gewinnen. Zudem ist Ökumene eine Sache nicht allein der Theologen, sondern auch der Gemeinden und der Kirchenleitungen. An beiden gehen die Ergebnisse der ökumenischen Theologie häufig unbeachtet vorüber, dort folgt der Prozess der Einigung der Christenheit – oder auch einer neuen Abgrenzung – vielfach anderen Gesetzen, als sie für die theologische Diskussion gelten. Zwischen diesen Dimensionen ökumenischen

---

[26] Inzwischen gibt es 4 Bände (Paderborn – Frankfurt 1983–2012).

Lebens und Denkens gibt es Ungleichzeitigkeiten und auch Gegenbewegungen. Fortschritte im Prozess der Annäherung und Verhärtungen konfessioneller Standpunkte stehen oft nebeneinander. Ökumene ist vielgestaltig und oft verwirrend.

Ich habe in meiner „Ökumenischen Theologie" versucht, eine Schneise durch dieses Dickicht zu schlagen, im Hinblick vor allem auf die Situation im deutschen Sprachraum und in Europa. Dazu habe ich die Geschichte des ÖRK bis zu seiner Gründung 1948 und dann vor allem anhand seiner Vollversammlungen dargestellt. Es folgt ein Aufriss des ökumenischen Beitrags der einzelnen Kirchen: der Orthodoxie, der evangelischen Kirchen, der Freikirchen, der römisch-katholischen Kirche. Unter den ökumenischen Durchbrüchen habe ich die Leuenberger Konkordie, das Lima-Papier, den Fries-Rahner-Plan, die Lehrverurteilungsstudie und den Konziliaren Prozess thematisiert. Als die theologischen Hauptprobleme sind behandelt die Frage von Schrift und Tradition, die Lehre von den Sakramenten, insbesondere vom Herrenmahl, und vom kirchlichen Amt, die Theologie der Ehe und die Rechtsordnung für konfessionsverschiedene Ehen, die Theologie der Rechtfertigung und die unterschiedlichen Zielvorstellungen, die die Kirchen in ihrem ökumenischen Engagement anstreben.

Das Buch wurde insgesamt freundlich aufgenommen, es wurde ins Italienische, Tschechische und Französische übersetzt. Als mich Achim Budde 2010 als „Altmeister der Ökumene" titulierte[27], bezog er sich auf dieses Buch und er fügte hinzu, dass die anwesenden ehemaligen Studierenden an der Dormitio Abtei in Jerusalem ihre Vorbereitung auf das Examen in Ökumene mit diesem Lehrbuch bestritten haben. Inzwischen, so muss ich allerdings feststellen, ist das Buch über 20 Jahre alt und liegt damit deutlich hinter dem derzeitigen Diskussionstand zurück. Angebote zu einer Überarbeitung in einer Neuauflage, die ich an den Verlag gerichtet habe, sind ohne Antwort geblieben, man verspricht sich wohl keine größeren Verkaufszahlen. Auch das gehört zur gegenwärtigen Situation der Ökumene.

---

[27] Siehe im Vorwort oben S. 14.

e) Der Deutsche Ökumenische Studienausschuss

1988 wurde ich von der Deutschen Bischofskonferenz als Vertreter der katholischen Kirche in den Deutschen Ökumenischen Studienausschuss (DÖSTA) berufen, eine 1950 gegründete Einrichtung der Arbeitsgemeinschaft christlicher Kirchen in Deutschland (AcK). Diese war nach dem Krieg von den evangelischen Landeskirchen und einigen Freikirchen in nationaler Parallele zum Ökumenischen Rat der Kirchen eingerichtet worden. Auch die Gründung des DÖSTA erfolgte in engem Kontakt mit dem ÖRK, er sollte der Förderung und Pflege der Ökumene in Lehre und Forschung dienen[28]. Zu seinen Aufgaben sollte es gehören, „Studienaufträge der AcK zu erfüllen sowie eigene Studien, Stellungnahmen und Vorschläge auf den Gebieten ökumenisch-theologischer Wissenschaft und Praxis zu erstellen"[29]. Zunächst kamen fast alle Mitglieder des DÖSTA aus der Evangelischen Kirche in Deutschland, einige wenige Vertreter entsandten die Freikirchen und die altkatholische Kirche. Nach dem II. Vatikanum wurden 1969 zwei Vertreter der katholischen Kirche benannt, unter ihnen der spätere Bischof Werner Scheele, ab 1974, als sich Rom definitiv der Ökumenischen Bewegung geöffnet hatte, waren es sechs Delegierte. Die Mitgliederverzeichnisse der frühen Jahre umfassen viele große Namen der Ökumenischen Bewegung, darunter die evangelischen Theologen Edmund Schlink, Walter Freytag, Heinz-Dietrich Wendland, Hermann Dietzfelbinger, Jürgen Moltmann. Durch die AcK und den DÖSTA haben insbesondere die in Mitteleuropa kleineren Kirchen deutlich an Gewicht gewonnen. Hier hatten sie ein Forum, in dem sie ihre Anliegen zu Gehör bringen konnten und nicht, wie oft beklagt, von einer evangelisch-katholischen Ökumene übersehen wurden.

Der DÖSTA stellt die theologische Abteilung der AcK dar, soll diese beratend begleiten, Studien- und Stellungnahmen ausarbeiten und den Kontakt mit dem ÖRK, besonders mit dessen Kommission für Glauben und Kirchenverfassung („Faith and Order") pflegen. In

---

[28] Erich Geldbach, Der Deutsche Ökumenische Studienausschuss. Chronik der ersten fünf Jahrzehnte, Frankfurt – Paderborn 2010.

[29] So in den Statuten, vgl. www.oecumene-ack.de.

den Statuten von 1992 heißt es über die Zusammensetzung: „Von den 24 Mitgliedern sollten je 8 aus dem Bereich der Gliedkirchen der EKD und der römisch-katholischen Kirche und weitere 8 aus den übrigen Mitgliedskirchen der AcK genommen werden". Ich habe dem DÖSTA von 1988 bis zu meiner Emeritierung an der Universität angehört. Im Jahr 2000 wurde ich zum Vorsitzenden gewählt, diese Aufgabe hatte ich bis zu meinem Ausscheiden 2006 inne.

Wir konnten in diesem Gremium frei arbeiten, haben unsere Themen selbst gewählt. Wir haben Texte verabschiedet zur ökumenischen Bildung, zur Frage der Gestalt der kirchlichen Einheit im Anschluss an die klassische Bibelstelle Johannes 17,21. Beachtung fand eine Studie zur Rechtfertigungslehre im Kontext der Kirchen der AcK, in der insbesondere die Stellung der Orthodoxie zur Rechtfertigungslehre thematisiert wurde. In diesem Rahmen habe ich aber auch erfahren, wie schwierig es ist, Ergebnisse ökumenischer Theologie in die Praxis der Kirchen einzubringen und sie dort fruchtbar werden zu lassen. Ich habe 2002 im Namen des DÖSTA einen Aufruf publiziert und um kirchliche Stellungnahmen zum kontroversen Votum der EKD über das „Geordnete Miteinander bekenntnisverschiedener Kirchen" gebeten. Die Zahl der Antworten, die eingegangen sind, war sehr begrenzt.

Besonders in Erinnerung geblieben ist mir die Reaktion auf die DÖSTA-Studie zur Ekklesiologie „Kirchen in Gemeinschaft – Gemeinschaft der Kirche"[30]. Wir hatten versucht, einen neuen methodischen Ansatz in die Diskussion einzubringen. Vor allem Konrad Raiser hatte dafür plädiert, die Erfahrung der Vielfalt der Kirchen und deren unterschiedliche Gestalt zum Ausgangspunkt zu nehmen, also nicht, wie in ökumenischen Dokumenten vorherrschend, Konvergenzen oder Konsense aufzuzeigen, sondern aus den konkret existierenden Kirchen und ihrer Praxis unterschiedliche Kirchenmodelle zu erheben. Auch dieser Ansatz zeigte, dass grundlegende Aspekte der Ekklesiologie in den unterschiedlichen Kirchenmodellen begegnen und auch in den Gemeinschaften auftauchen, die keine differenzierte Ekklesiologie entwickelt haben. Gemeinsamkeiten zeigten sich

---

[30] Beiheft zur Ökumenischen Rundschau Nr. 66, (hg. von Peter Neuner – Dietrich Ritschl), Frankfurt 1993.

etwa in der Frage des Ursprungs der Kirche und ihrer grundlegenden Dimensionen wie Volk Gottes, Wortverkündigung, Taufe und Herrenmahl, Berufung zu einem geistlichen Amt. Diese Gemeinsamkeiten haben wir in dieser Studie in ihrer Beziehung zu den jeweiligen konfessionsspezifischen Ausprägungen untersucht. Wir stellten die Frage, ob die offensichtlichen Differenzen als unterschiedliche Konkretionen einer gemeinsamen Grundüberzeugung verstanden werden können. Gibt es, wie der Terminus sich eingebürgert hatte, einen differenzierten Konsens in der Ekklesiologie, und das nicht nur zwischen katholischer und evangelischer Kirche, sondern auch auf der breiteren Ebene der Kirchen der AcK? Diese Frage haben wir nicht für alle in der AcK vertretenen Kirchen einzeln dargelegt, sondern verwandte Kirchenfamilien zusammengefasst. Die schwierigste Aufgabe in diesem Rahmen hat Erich Geldbach übernommen, der, selbst Mitglied der Gemeinschaft der Baptisten, die Position der Freikirchen darlegte.

Zusammen mit Dietrich Ritschl, der in früheren Jahren den Vorsitz im DÖSTA innegehabt hatte, formulierte ich als Mitherausgeber der Studie das Vorwort, in dem wir deren Frageansatz umschrieben: „Es geht jeweils um die Frage, ob sich die typologisch erhebbaren konfessionellen Besonderheiten als Konkretisierung des Gemeinsamen verstehen lassen, oder ob sie die behauptete Gemeinsamkeit widerlegen bzw. sie irrelevant machen". Wir stellten den Kirchen und ihren Theologen die Frage, ob sie den in der Studie als These formulierten differenzierten Konsens anerkennen können und baten um eine Antwort darauf. „Das ist die Problemstellung der Studie, von der aus sie sich versteht und gelesen werden möchte". Um Missverständnissen vorzubeugen, betonten wir im Vorwort eigens, dass der hier vorgenommene Ansatz bei einer Typologie „als Suchschema dient und einige Aspekte aufgreift, ohne dass er den Anspruch erheben würde, die so charakterisierten Kirchen inhaltlich voll zu erfassen und zu umschreiben" (S. 6).

Das Ergebnis war ernüchternd. Die meisten der angesprochenen Kirchen haben sich nicht geäußert, weder offiziell noch durch ihre Theologen. Aus dem Raum der Freikirchen kam dagegen empörter Widerspruch. Sie fühlten sich in den Ausführungen nicht angemessen dargestellt, unverzichtbare Aspekte ihres speziellen Kircheseins seien nicht gewürdigt, die Darstellung mache sich erheblicher Verkürzungen und Einseitigkeiten schuldig. Offensichtlich hatte man das Vorwort nicht gelesen und die Frage, mit der sich die Studie an die Kirchen und ihre Traditionen gewandt hatte, nicht zur Kenntnis genommen. Diese Erfahrung hat mir gezeigt, wie schwierig es ist, Ansätze und Anliegen, die herkömmliche Plausibilitäten und überkommene Praktiken in Frage stellen, angemessen zu kommunizieren und akzeptabel zu machen. Ich bin in meinem Urteil über mangelnde Rezeption durch die Kirchen etwas zurückhaltender geworden[31].

f) Der Konziliare Prozess

In meinen Publikationen zur Ökumene und in zahlreichen Vorträgen habe ich zumeist theologische, näherhin dogmatische Fragen angesprochen und versucht, die überkommenen Kontroversen plausibel zu machen, sie aber zugleich auch als überwunden oder als nicht mehr kirchentrennend darzustellen. Dass die Ökumenische Bewegung auch eine praktisch-gesellschaftliche Wurzel hat und dass die sich daraus ergebenden Probleme für die Einheit der Christenheit gewiss nicht weniger Gewicht haben, habe ich dabei nie in Frage gestellt, doch dieser Aspekt war nicht in gleicher Weise im Fokus meiner Arbeit. So empfand ich es als eine Herausforderung, als im Gefolge der Vollversammlungen des ÖRK in Uppsala und in Vancouver die gesellschaftliche Thematik in das Zentrum der ökumenischen Arbeit rückte. Es kamen mehrere Gründe zusammen: Einerseits war es die Erfahrung, dass die theologisch argumentierenden Konsens- und Konvergenzdokumente von den Kirchen kaum rezipiert wurden. Vielleicht, so die Hoffnung, können gemeinsames Tun und praktische Zusammenarbeit in der Herausforderung von Hunger, Armut, Unterdrückung und der Kampf gegen den Rassismus mehr zur Einheit beitragen als komplizierte theologische Abhandlungen, die immer umfangreicher, von den Kirchenleitungen aber wenig beachtet

---

[31] Ähnliche Erfahrungen habe ich auch bei manchen Rezensionen gemacht, von denen sich manche kaum auf die Fragestellung der Publikation einlassen, sondern allein danach urteilen, ob ihre spezielle konfessionelle Sicht und Geschichte ausreichend berücksichtigt ist.

wurden und für die Gemeinden weithin unverständlich sind. Eine gewisse Skepsis gegenüber einer von der Theorie dominierten Ökumene traf zusammen mit massiven praktischen Herausforderungen und politischen Ängsten, den Fragen einer globalen Ungerechtigkeit, der Bedrohung der Umwelt durch einen verschwenderischen Lebensstil und nicht zuletzt dem Streit um die atomare Nachrüstung auf dem Höhepunkt des Kalten Krieges. Die Ökumenische Bewegung besann sich darauf, dass eine ihrer Wurzeln in der Bewegung für Praktisches Christentum, „Life and Work" lag, dass man unter Ökumene die bewohnte und bewohnbare Erde verstand.

So herausgefordert hat sich der ÖRK in seiner Vollversammlung 1983 in Vancouver die Aufgabe gestellt, „die Mitgliedskirchen in einen konziliaren Prozeß gegenseitiger Verpflichtung (Bund) für Gerechtigkeit, Frieden und Bewahrung der ganzen Schöpfung einzubinden"[32]. In diesem Sinn rief Carl-Friedrich von Weizsäcker beim evangelischen Kirchentag 1985 in Düsseldorf die Kirchen der Welt auf zu einem Konzil des Friedens. „Auf einem ökumenischen Konzil, das um des Friedens willen berufen wird, müssen die christlichen Kirchen in gemeinsamer Verantwortung ein Wort sagen, das die Menschheit nicht überhören kann"[33]. Weil getrennte Kirchen wohl kaum ein Konzil im traditionellen Sinn des Wortes veranstalten könnten, aber auch nicht eine lediglich unverbindliche Versammlung angestrebt war, verständigte man sich auf den Begriff „Konziliarer Prozeß". Er drückte Verbindlichkeit aus, eröffnete aber auch den Kirchen die Möglichkeit zur Teilnahme, die sich an einem Konzil im strengen Sinn des Wortes wohl nicht beteiligt hätten.

Insbesondere in Deutschland fiel diese Anregung auf fruchtbaren Boden. Die AcK veranstaltete Foren zu JPIC[34] in Königstein und in Stuttgart, in denen vor allem die personale Würde aller Menschen und die Verpflichtung zu universaler Solidarität betont wurden. Besondere Bedeutung bekamen die Veranstaltungen in der damaligen DDR, bei denen die katholische Kirche volle Mitverantwortung

---

[32] Bericht aus Vancouver 83, Frankfurt 1983, 261.
[33] Zitiert nach Herder-Korrespondenz 42 (1988) 85.
[34] Nach den englischen Begriffen Justice, Peace and Integrity of Creation hat sich die Abkürzung JPIC eingebürgert.

übernahm. Unter dem Motto „Eine Hoffnung lernt gehen" forderte die AcK der DDR die Menschen auf, auf Postkarten festzuhalten, was ihnen als dringend notwendig erschien zur Förderung von Gerechtigkeit, Frieden und für die Bewahrung der Schöpfung. Die annähernd 10.000 Äußerungen, die von Christen aller Konfessionen, aber auch von kirchenfernen Bürgern eingingen, ergaben ein dramatisches Stimmungsbild über die Situation im Lande. In den JPIC-Versammlungen der DDR, die 1988/89 in Dresden, Magdeburg und nochmals Dresden stattfanden, entstand ein Schlussdokument, das man mit dem biblischen Begriff Umkehr theologisch deutete.

Dass Christen über Konfessionsgrenzen hinweg gemeinsam und öffentlich über ihre gesellschaftliche Situation sprachen und zur Umkehr aufriefen, war ein entscheidender Impuls für die Friedensgottesdienste in der DDR, die zu Massendemonstrationen wurden. Natürlich erwartete niemand, dass ein halbes Jahr später die DDR zusammenbrechen würde. Aber der Konziliare Prozeß, der dazu ermutigte, Kritik öffentlich zu formulieren und Visionen für eine gerechte Gesellschaft zu entwerfen, hat gewichtigen Anteil an den politischen Ereignissen des Jahres 1989. Nicht zufällig haben nach der Wende mehrere Delegierte der Versammlungen in Dresden und Magdeburg hohe politische Ämter in den neuen Bundesländern übernommen.

Vom 15. bis 21. Mai 1989 fand in Basel unter dem Motto „Frieden in Gerechtigkeit" die „I. Europäische Ökumenische Versammlung" statt, die katholische Kirche war zusammen mit der Konferenz Europäischer Kirchen gleichberechtigter Mitveranstalter. Besonders die Delegation aus der DDR war bestens vorbereitet – schließlich lag die Versammlung in Dresden kaum mehr als zwei Wochen zurück. Im Schlussdokument[35] sind die Impulse aus der DDR deutlich erkennbar. Es umreißt die Bedrohung von Frieden, Gerechtigkeit und Umwelt, formuliert ein Schuldbekenntnis der Kirchen angesichts ihres Zurückbleibens hinter ihrer Botschaft, sowie ein Bekenntnis zum Glauben an den Gott der Gerechtigkeit, des Friedens

---

[35] Sekretariat der Deutschen Bischofskonferenz (Hg.), Europäische Ökumenische Versammlung „Frieden in Gerechtigkeit", Basel 15.–21. Mai 1989 (Arbeitshilfen Nr. 70), Bonn 1989.

und der Schöpfung. Als konkrete Schritte forderte man einen Schuldenerlass für die ärmsten Länder, die Respektierung aller internationalen Menschenrechtsabkommen, kooperative Sicherheitsstrukturen, das Recht auf Wehrdienstverweigerung, Kontrolle der Genforschung, sowie drastische Einschränkung des Energieverbrauchs. Kardinal Carlo Maria Martini von Mailand, einer der beiden Präsidenten der Baseler Versammlung, erklärte abschließend, dass man zwar nicht die klassischen Themen des ökumenischen Dialogs behandelt habe, die Konferenz aber dennoch ein wichtiges ökumenisches Ereignis geworden sei. Gemeinsame Aussagen in sozialethischen Fragen könnten der Ökumene neue Dynamik verleihen. Es ist sicher nicht übertrieben, eine direkte Linie von Dresden über Basel zum Fall der Berliner Mauer ein halbes Jahr später zu ziehen.

Im März 1990 fand in Seoul in Südkorea die in Vancouver angeregte Weltversammlung zu JPIC statt. Sie konnte allerdings den hochgesteckten Erwartungen, die sich an Basel entzündet hatten, kaum gerecht werden. Die katholische Kirche war lediglich durch Beobachter vertreten. Außerhalb Europas hatten keine Veranstaltungen wie die von Basel stattgefunden, Vertreter aus diesen Kontinenten fühlten sich damit in den Hintergrund gedrängt. Sie kritisierten, die verabschiedeten Texte seien allzu sehr aus westlicher Perspektive verfasst. Die reale Massenvernichtung durch Unterdrückung, Hunger, Ausbeutung und Krankheit schien ihnen bedrückender als die eher theoretische Gefahr eines Atomkriegs. Die Afrikaner forderten die Verurteilung des Rassismus, die gastgebenden Koreaner eine Stellungnahme zur Wiedervereinigung ihres Landes, Lateinamerika eine Kritik am nordamerikanischen Kapitalismus. Vertreter aus Nordamerika verurteilten die Diskriminierung der Indianer, Frauen aus den verschiedensten Ländern erstrebten die Brandmarkung des Sexismus. Das Schlussdokument von Seoul umfasst vier „Bundesschlüsse": Selbstverpflichtungen für eine gerechte Wirtschaftsordnung, für eine Entmilitarisierung der internationalen Beziehungen, für die Erhaltung der Erdatmosphäre, für die Überwindung des Rassismus. Diese Forderungen blieben allerdings sehr allgemein, konkrete Maßnahmen waren auf dieser breiten Ebene nicht zu formulieren.

Bei weiteren Konferenzen auf nationaler bzw. europäischer Ebene in Erfurt (1996) und Graz (1997) hatte die Ost-West-Problematik ganz neue Formen angenommen, die Berliner Mauer war gefallen, die akute Kriegsgefahr schien gebannt, wirtschaftliche Herausforderungen standen nun im Zentrum. Carl Friedrich von Weizsäcker machte den Vorschlag, den Rahmen zu erweitern und in diesen gesellschaftlichen und praktischen Fragen auch mit den nichtchristlichen Religionen zusammenzuarbeiten. Nur auf universaler Ebene und unter Einbeziehung aller Weltdeutungen lasse sich das Ziel von JPIC erreichen.

g) Die Gemeinsame Erklärung zur Rechtfertigungslehre

Auf der Basis der Lehrverurteilungsstudie richtete die Gemeinsame Ökumenische Konferenz 1985 die weitreichende Bitte an die Kirchenleitungen, „verbindlich auszusprechen, daß die Verwerfungen des 16. Jh. den jetzigen Partner nicht treffen"[36]. Damit begann ein intensiver Studienprozess, bis im Herbst 1994 die Generalsynode der VELKD und die Arnoldshainer Konferenz für die evangelischen Landeskirchen erklären konnten, dass nach ihrer Überzeugung zwar noch nicht alle Probleme bereinigt, jedoch in der Lehre von der Rechtfertigung und in der Sakramentenlehre die noch bestehenden Differenzen nicht mehr kirchentrennend seien. Der Päpstliche Rat zur Förderung der Einheit der Christen und die Deutsche Bischofskonferenz kamen zum gleichen Ergebnis. Man einigte sich darauf, gemeinsam zu erklären, dass sich Lutheraner und Katholiken in der Lehre von der Rechtfertigung einig sind und dass die früheren Lehrverurteilungen den heutigen Partner nicht treffen. Dazu hat man kein neues Dialogdokument erstellt, sondern die vorliegenden Ergebnisse in einem knappen Text zusammengefasst, der kirchenamtlich verbindlich rezipiert werden konnte.

Diese Gemeinsame Erklärung zur Rechtfertigungslehre (GER) formuliert nach einer kurzen biblischen Besinnung und einer Zusammenfassung der ökumenischen Problematik die gemeinsame Überzeugung, dass wir „unser neues Leben allein der vergebenden und neuschaffenden Barmherzigkeit Gottes verdanken, die wir uns

---

[36] Siehe oben S. 106.

nur schenken lassen und im Glauben empfangen, aber nie – in welcher Form auch immer – verdienen können"[37] (Nr. 17). In der Anwendung auf die Verwerfungen des 16. Jahrhunderts bedeutete dies: „Deshalb sind die lutherische und die römisch-katholische Entfaltung des Rechtfertigungsglaubens in ihrer Verschiedenheit offen aufeinander hin" (Nr. 40). „Die in dieser Erklärung vorgelegte Lehre der lutherischen Kirchen wird nicht von den Verurteilungen des Trienter Konzils getroffen. Die Verwerfungen der lutherischen Bekenntnisschriften treffen nicht die in dieser Erklärung vorgelegte Lehre der römisch-katholischen Kirche" (Nr. 41). Diese Erklärung wurde im Januar 1997 den Kirchen übergeben mit der Bitte um Rezeption.

Dabei standen beide Seiten vor dem Problem, dass im 16. Jahrhundert die Position der jeweils anderen Seite als mit dem christlichen Glauben unvereinbar verurteilt worden war. Diese verbindlichen Entscheidungen hat man in der GER nicht in Frage gestellt, sondern untersucht, ob die Verurteilungen den heutigen Partner tatsächlich (noch) treffen, und das mit kirchentrennender Kraft. Das war insbesondere für die katholische Tradition anschlussfähig, in der nicht Personen, sondern theoretisch formulierte Positionen zurückgewiesen wurden: *„Si quis dixerit … anathema sit"* („Wenn jemand sagen sollte … dann sei er ausgeschlossen"). Wenn aber niemand mehr so spricht, ist die Verwerfung hinfällig, ohne dass das Dogma geändert werden müsste, es kann als „heilsame Warnung" (Nr. 42) bestehen bleiben.

Und nun geschah etwas, was kaum jemand erwartet hatte: In Deutschland formierte sich massiver Widerstand seitens evangelischer Theologen. Verschiedentlich hat man kritisiert, man hätte nicht die Kontroversen des 16. Jahrhunderts bereinigen, sondern die Botschaft von der Rechtfertigung im Kontext heutigen Denkens formulieren sollen. Anstoß wurde genommen an der Aussage, die Rechtfertigungslehre sei „ein unverzichtbares Kriterium, das die gesamte Lehre und Praxis der Kirche unablässig auf Christus hin orientieren will" (Nr. 18). Sie sei nach lutherischem Verständnis nicht ein Kriterium, sondern das einzige. Wenn sie nicht als dieses anerkannt

---

[37] Veröffentlicht auf der Website des Vatikans.

wird, sei der protestantische Ansatz preisgegeben. Die Verteidiger des Textes stellten fest, man habe diese offenere Formulierung gewählt, weil „nicht alle theologischen Fragen allein mit Hilfe dieses Kriteriums entschieden werden können"[38]. Ein weiterer Kritikpunkt lautete, die GER ließe unterschiedliche Interpretationen zu und sei in der Gefahr, das reformatorische Erbe zu verraten. Hier ist festzuhalten, dass ihre Formulierungen weniger eindeutig sind als die höchst präzisen Verurteilungen des 16. Jahrhunderts. Dass man die Sache auch anders sagen kann als in den polemischen Zuspitzungen der Reformationszeit, spielte in dieser Kritik keine Rolle. Am gewichtigsten war der Vorwurf, die GER bleibe auf Seiten Roms konsequenzenlos, es werde kein Fortschritt für die Gemeinschaft der Kirchen sichtbar. Dem wurde entgegengehalten, dass die GER selbst formulierte, der „Konsens in der Rechtfertigungslehre muß sich im Leben und in der Lehre der Kirchen auswirken und bewähren" (Nr. 43). Nun müssten in ihrem Licht Konsequenzen in der Lehre von der Kirche, von Amt und Sakramenten und für die Ethik bedacht werden.

Trotz dieser massiven Bedenken haben die evangelischen Kirchen die GER angenommen. Der Lutherische Weltbund erklärte am 16. Juni 1998 in ihrem Namen, dass die Verwerfungen den Partner nicht treffen. Und nochmals schien der Prozess zu scheitern. Wenige Tage später wurde die offizielle Antwort aus Rom veröffentlicht, in der es eingangs heißt: „Die Feststellung, daß es einen Konsens in Grundwahrheiten der Rechtfertigungslehre gibt, ist richtig"[39]. Doch dann werden weitere Präzisierungen in fast all den Punkten verlangt, die die GER als nicht mehr kirchentrennend bezeichnet hatte. Die evangelischen Kirchen mussten dies als eine grobe Brüskierung verstehen, man sprach von einem „ökumenischen Fehlschlag erster Ordnung", einem „ökumenischen Desaster".

---

[38] Die Aussage, dass „Katholiken sich von mehreren Kriterien in Pflicht genommen sehen" (Nr. 18), bleibt allerdings problematisch, wie Dorothea Sattler zeigt: Die gesamte Lehre und Praxis der Kirche unablässig auf Christus hin orientieren ..., in: Catholica 52 (1998) 95–114.

[39] Dokumentiert in: Der Vorsitzende der Deutschen Bischofskonferenz, Nr. 19, Bonn 1998, 67.

Und dann kam alles ganz anders. Kardinal Ratzinger, dem man in der Öffentlichkeit das Scheitern anlasten wollte, hat die Erklärung letztlich gerettet. Er interpretierte die Forderung nach „Präzisierungen" dahingehend, dass auch nach einer kirchenamtlichen Unterschrift „der Dialog weitergehen muß", gerade weil die offenen Fragen nicht mehr kirchentrennend sind. Ein lückenloser und umfassender Konsens war nie angestrebt und für die Gemeinschaft der Kirchen auch nicht nötig. Zusammen mit dem bayerischen Landesbischof Johannes Hanselmann formulierte er einen Annex zur GER, in dem nun auch die neu entstandenen Irritationen bereinigt werden konnten.

Damit war der Weg frei, dass am 31. Oktober 1999, also am Reformationstag, in Augsburg die Gemeinsame Erklärung unterzeichnet werden konnte. Es war zweifellos ein Höhepunkt der ökumenischen Arbeit, das erste Mal, dass kirchenamtliche Verurteilungen zwar nicht zurückgenommen, wohl aber als nicht mehr anwendbar bezeichnet wurden. Ich habe mich in der Folge vor allem in die Kontroversen um die nun möglichen Konsequenzen für das Verhältnis der Kirchen eingeschaltet und mich bemüht, in vielen Vorträgen diese Botschaft in die Sprache unserer Zeit zu übersetzen und sie so verständlich zu machen.

Die Botschaft von der Rechtfertigung bildete das Zentrum der Theologie Luthers[40]. Er war als Mönch von der Frage umgetrieben: Wie kriege ich einen gnädigen Gott? Er fühlte sich als sündiger Mensch im Angesicht des ewigen Gottes. Werden meine Gebete, Messen, Beichten, frommen Übungen wirklich helfen? Werden sie genug sein? Die Antwort, die Luther im Römerbrief fand, lautete: Der Gerechte lebt aus dem Glauben. Rechtfertigung, so seine Folgerung, geschieht nicht durch unser Tun, sondern sie wird uns zuteil im Glauben, ohne dass wir sie verdient hätten. Nicht was wir tun, rechtfertigt, sondern was Gott in Christus für uns getan hat. Nicht wir sind gerecht, sondern Gott macht uns gerecht, er rechtfertigt den Menschen, indem er ihn von seiner Schuld freispricht, indem er die Schuld nicht anrechnet. Anteil erhalten kann der Sünder an der Gerechtigkeit Gottes allein durch den Glauben, *sola fide*.

---

[40] Peter Neuner, Martin Luther in ökumenischer Perspektive. Eine katholische Würdigung, in: Zur Debatte 46 (2016) H. 7, 1–8.

Glaube ist dabei nach Luther ein Existieren mit dem Schwerpunkt nicht in sich selbst, sondern außerhalb seiner selbst, nämlich in Gott. In sich ist der Mensch Sünder. Glaube ist für Luther primär nicht ein Für-wahr-Halten von Sätzen, sondern eine Existenzweise, in der der Mensch in Gott gründet und nicht auf seine eigene Leistung vertraut. Vor allem ist Glaube nicht ein neues Werk, vielleicht einfacher zu vollziehen als manche schwere und belastende Bußübung, wie Luther sie in seiner Zeit im Kloster verrichtete, sondern gerade der Verzicht darauf, auf eigene Werke zu hoffen. Werke sind nicht schlecht, aber auf sie zu bauen ist Unglaube, ist das Zurückgekrümmtsein des Menschen auf sich und damit Abwehr gegen Gott. Erst im Glauben öffnet er sich auf Gott, wird er zum „Aufrechten Gang", Glaube konstituiert ihn zur Person. Glaube ist bei Luther nicht primär ein verstandesmäßiges Für-wahr-Halten von Dogmen und Katechismussätzen, sondern eine existentielle Gesamthaltung des Menschen gegenüber dem Gott, zu dem er sagt: Ich glaube Dir, ich glaube an Dich.

Diese Botschaft von der Rechtfertigung ist nach evangelischem Verständnis der *articulus stantis vel cadentis ecclesiae*, der Punkt, mit dem Glaube und Kirche stehen und fallen. „Von diesem Artikel kann man nichts weichen oder nachgeben, es falle Himmel und Erden"[41]. Rechtfertigung ist die Mitte des Glaubens, das, was Luther kurzgefasst als „das Evangelium" bezeichnete. Es ist die Botschaft, dass Gott definiert wird als jener, der das Heil des Menschen wirkt. Melanchthon brachte es auf die Formel: „Christus erkennen, bedeutet seine Wohltaten zu erkennen, nicht seine Naturen"[42]. Die Lehre vom Heil, das Gott in Christus gewirkt hat, wird zum systematischen Ansatz, von dem aus die Glaubenslehre insgesamt formuliert wird.

In der Umsetzung dieses Programms wurden in der Reformation alle Vorstellungen und Praktiken abgewiesen, die dem Menschen die Möglichkeit eröffnen, sich aus eigener Kraft Heil zu erwerben. Rechtfertigung ist Tat Gottes, der Mensch bleibt in sich Sünder, gerecht ist er nur von Gott her, *simul iustus et peccator*. Luther war überzeugt, dass in der römischen Kirche – zunächst im Ablasshandel, aber darüber hinaus im Verlangen nach guten Werken, in der Lehre von der

---

[41] So Luther in den Schmalkaldischen Artikeln II,1, BSLK, S. 415.
[42] Philipp Melanchthon, Loci communes (1521).

Messe als Opfer und vom kirchlichen Amt, insbesondere vom Papstamt – die Botschaft von der Rechtfertigung verleugnet und damit das Evangelium verraten werde, dass sie die Menschen geradewegs ins Verderben führt. Das ist der Ernst der Reformation, sie kann nicht allein als Machtkampf, als Streit um ärgerliche Missstände verstanden werden. Natürlich haben sie eine Rolle gespielt, in Rom und bei den Bischöfen ebenso wie bei den Reichsständen. Aber die Auseinandersetzung war dort, wo sie auf den Punkt kam, die Frage um das Heil, um die ewige Seligkeit und um den rechten Weg dazu. Und dieses Problem bleibt auch dann bestehen, wenn die Missstände – etwa des Ablasshandels – beseitigt sind.

Von dieser Frage herausgefordert hat die römische Kirche im Konzil von Trient ihre Botschaft von Erlösung und Rechtfertigung umschrieben. Dies war dringend nötig, denn manches Problem in diesem Kontext war theologisch in der Reformationszeit weithin ungeklärt, so dass Missstände nicht nur eine praktische, sondern auch eine theoretische Komponente hatten. Auch in Trient wurde formuliert, dass das Heil des Menschen nicht menschliches Verdienst, sondern allein göttliches Geschenk ist, dass sich der Mensch von sich aus das Heil nicht verdienen kann und auch nicht verdienen muss, sondern dass es ihm geschenkt wird, aus Gnade, ohne unser Verdienst. So heißt es im einleitenden Artikel zum Rechtfertigungsdekret des Konzils: „Wer sagt, der Mensch könne durch seine Werke, die durch die Kräfte der menschlichen Natur oder vermittels der Lehre des Gesetzes getan werden, ohne die göttliche Gnade durch Christus Jesus vor Gott gerechtfertigt werden, der sei ausgeschlossen"[43]. Diese Aussage richtete sich gegen Praktiken, die das Heil allzu sehr an menschliches Tun gebunden hatten, etwa gegen die Vorstellung, Christus habe Genugtuung geleistet für die Erbsünde, für die individuellen Vergehen müsse dagegen jeder seine eigene Sühne erbringen. Es ist leider kaum bekannt, dass diese Vorstellungen, gegen die sich der Einspruch der Reformation richtete, auch durch das Konzil von Trient zurückgewiesen wurden. Der Reformationshistoriker Joseph Lortz brachte es auf den Nenner: „Luther rang in sich selbst einen

---

[43] DH 1552.

Katholizismus nieder, der nicht katholisch war"[44]. Der evangelische Theologe Adolf von Harnack war überzeugt, wäre diese Aussage des Konzils von Trient nicht erst 1547, also ein Jahr nach Luthers Tod erfolgt, sondern bereits 1517 beim Thesenanschlag offizielle kirchliche Lehre – und Praxis – gewesen, hätte die Reformation einen anderen Verlauf genommen.

Doch in den konkreten Ausführungen und in den Konsequenzen dieser Grundaussage blieben Differenzen zwischen Trient und der lutherischen Rechtfertigungslehre, Trient betonte die Anforderung an den Menschen wesentlich stärker als die Reformation. Das Heil werde nicht allein passiv durch bloßes Vertrauen auf Gott erlangt, Werke der Nächstenliebe seien nicht gleichgültig, wie man aus manchen Sätzen Luthers herauslas. Man sah in der evangelischen Lehre die Preisgabe menschlicher Verantwortung und letztlich jeglicher Ethik. So erschien die Reformation als Brutstätte der Unmoral und als Ursache für den Zusammenbruch aller guten Sitten. Damit erklärte man sich auch den Erfolg der Reformation, denn wer ließe sich nicht gerne sagen, dass er selbst gar nichts zu leisten habe und fröhlich sündigen könne?

Dagegen sah man auf Seiten der Reformatoren im katholischen Glaubensverständnis den Versuch des Menschen, sich letztlich doch durch eigene Werke selbst das Heil zu verdienen, und damit die Ablehnung des Kreuzes Christi als einzige Quelle der Hoffnung. Die Übereinstimmung in der Grundaussage der Lehre von der Rechtfertigung schloss also nicht aus, dass in der konkreten Ausgestaltung Differenzen blieben, die beiden Seiten als kirchentrennend erachteten. Diese, so nun die Aussage in der GER, sollen nicht mehr so interpretiert werden.

In meinen Vorträgen zum Verständnis der Botschaft von der Rechtfertigung habe ich natürlich auch betont, dass es höchst problematisch ist, diese Lehre heute einfachhin zu wiederholen, dass sie weithin auf blankes Unverständnis trifft. Dennoch, so mein Votum, ist sie keineswegs abgetan. Es ist eine Grunderfahrung, dass wir die Dinge, die in unserem Leben am meisten zählen, nicht machen oder

---

[44] So die berühmt gewordene Zusammenfassung der Luther-Interpretation von Joseph Lortz, Reformation in Deutschland I, Freiburg 1939, 176.

kaufen können, dass sie uns zuteilwerden und wir sie als Geschenk empfangen: Dass wir sind, dass wir gesund sind, dass das Leben in der Familie glücklich wird: all dies ist nicht einfach unsere Leistung. Es wird uns als Geschenk zuteil – oder auch nicht. Die Botschaft von der Rechtfertigung sagt, dass das Glücken unseres Lebens im Ganzen, seine Sinnhaftigkeit, nicht einem blinden Zufall anheimgegeben ist, sondern dass es uns als Geschenk eines liebenden Gottes zugesagt ist. Auch derjenige, der sich im Kampf und Wettbewerb des Lebens nicht durchsetzen kann, steht unter der Verheißung, dass ihm umsonst zuteilwird, was die eigene Leistung nicht erreichen würde.

Ein zweiter Punkt ist die Differenz zwischen der Person und ihrem Handeln. Der Mensch geht nicht auf in dem, was er tut, weder in seinen guten noch in seinen schlechten Taten. Er ist immer mehr als das, was er geleistet oder verfehlt hat. Das gilt vor allem in Grenzsituationen, wo er nichts zu erbringen vermag, wo er nicht liebenswert ist, wo sich das Empfinden und vielleicht auch die Gesellschaft gegen ihn stellen. Auch derjenige, der sich selbst keine Heilschance auszurechnen vermag, bei dem vieles oder alles schiefgelaufen ist, steht unter der Verheißung, die gerade dem Sünder gilt. Ich darf ja zu mir sagen, weil Gott ja zu mir sagt, unabhängig von öffentlichem Ansehen und Zeugnisnoten.

Damit hängt die Überzeugung zusammen, dass der Mensch als Person einen absoluten Wert darstellt, der nicht durch die Gesellschaft oder durch den Intellekt verliehen ist, sondern in einer Wirklichkeit gründet, die unbedingt ist und die ihn der Verfügbarkeit enthebt. Glaubende sagen zu ihr Gott. Wo diese Fundierung des Menschen und seiner Würde entfällt, ist nicht mehr zu begründen, warum die Gesellschaft Wert und Würde nicht absprechen kann, wenn jemand sich „menschenunwürdig" verhält.

Ein letzter Aspekt, der mir besonders wichtig geworden ist: Auch unser Tun steht unter der Verheißung der Rechtfertigung. Daraus folgt, dass wir das tun können und tun dürfen, was uns möglich ist, selbst wenn wir nicht wissen, ob wir Erfolg haben werden, oder wenn wir hinter dem zurückbleiben, was wir anstreben. Aber weil ich Fehler machen darf, darum kann ich überhaupt erst handeln. Wenn das Perfekte, das Ganze, das Heil von mir gefordert wäre, würde das jedes Tun unmöglich machen. Aber weil ich weiß, dass das Ganze von mir nicht verlangt wird, dass auch Fehler vergeben werden, kann ich getrost tun, was in meiner Macht steht, und zwar so gut, wie ich es mit meinen begrenzten Möglichkeiten vermag. Damit eröffnet die Botschaft von der Rechtfertigung die Möglichkeit zu einem verantworteten Handeln, weil sie von einem stets überfordernden Leistungsdruck befreit. Sie erschließt eine Ethik und führt keineswegs in eine Passivität, wie die katholische Theologie oft befürchtet hatte.

Dieser Gegenwartsbedeutung der Rechtfertigungslehre widmete sich 2002 ein gemeinsames Symposium des evangelisch- und des katholisch-theologischen Fakultätentags, die die theologischen Fakultäten in Deutschland repräsentieren. Zusammen mit Wilfried Härle, dem Sprecher des evangelischen Fakultätentags, konnte ich als damaliger Sprecher des katholischen Fakultätentags zum 500. Gründungsjubiläum der Universität in Wittenberg eine hochkarätige Veranstaltung unter dem Motto „Im Licht der Gnade Gottes. Zur Gegenwartsbedeutung der Rechtfertigungsbotschaft" organisieren[45]. Wir konnten herausragende Referenten gewinnen, darunter Kardinal Lehmann, den Vorsitzenden der Deutschen Bischofskonferenz, Peter Steinacker, Kirchenpräsident der Evangelischen Kirche in Hessen und Nassau, Walter Klaiber, Bischof der Methodistischen Kirche in Deutschland und Vorsitzender der AcK, Hanna-Renate Laurin, ehemalige Kultusministerin in Rheinland-Pfalz, Otto Hermann Pesch, Christoph Schwöbel. Die Referate und die Berichte aus den Arbeitsgruppen vermitteln Impulse, die auch heute noch keineswegs ausgeschöpft sind. Durch dieses Symposium konnte jedenfalls dem Kritikpunkt begegnet werden, man habe sich lediglich in einer Frage des 16. Jahrhunderts geeinigt, die heute niemanden mehr interessiere.

Die Komplikationen bei der Unterzeichnung der GER haben schon 1999 erahnen lassen, dass der Weiterweg schwierig sein würde. Zunächst habe ich kritisiert, dass der Lutherische Weltbund und der vatikanische Einheitsrat das Paket, das die Gemeinsame Kommission zusammengestellt hatten, und das Rechtfertigung, Sakramente und Amt umfasste, aufschnürte und allein eine Erklärung zur Rechtfertigungslehre verabschieden wollte. Ich habe befürchtet, dass damit die ganze

---

[45] Wilfried Härle – Peter Neuner (Hg.), Im Licht der Gnade Gottes. Zur Gegenwartsbedeutung der Rechtfertigungsbotschaft, Münster 2004.

Last der Kirchenspaltung der angeblich ungelösten Amtsfrage auf-
gebürdet würde. Würde das nicht zu einer noch weiteren Übergewich-
tung des Amtes führen und den Klerikalismus bestärken? Im Rückblick
erscheint es mir als klug, dass man nicht alle Kontroversen um Rechtfertigung, Sakramentenlehre und Amt auf einmal bereinigen wollte.
Die Widerstände, die dann zweifellos auch aus der katholischen Kirche
gekommen wären, hätten ein solches Projekt wohl scheitern lassen.
Trotz mancher unerfreulichen Begleitumstände war und bin ich überzeugt, dass die Unterzeichnung der GER einen Höhepunkt auf dem
Weg zu einer Versöhnung der Kirchen bedeutet. Dies wurde nicht zuletzt dadurch deutlich, dass sich 2006 der Weltrat methodistischer Kirchen und 2017 die Weltgemeinschaft Reformierter Kirchen und die
Anglikanische Gemeinschaft dieser Erklärung angeschlossen haben.

Besonderes Gewicht habe ich den Aussagen zur kriteriologischen
Funktion der Rechtfertigungslehre beigemessen, dass diese ein unverzichtbares Kriterium für die Lehre und die Gestalt der Kirche sei und
Fragen der Ekklesiologie, der Lehre von den Sakramenten und vom
kirchlichen Amt ihr nicht widersprechen dürften[46]. Doch hier blieben Enttäuschungen nicht aus. In den 20 Jahren seit der Unterzeichnung der GER konnte man sich kaum des Eindrucks erwehren, dass
dieser feierliche Akt für beide Seiten eine unterschiedliche Bedeutung
hatte. Für die lutherische Theologie ist die Botschaft von der Rechtfertigung die Mitte des Evangeliums, für rechtes Kirchesein ist es
nach dem Augsburger Bekenntnis genug, dass die Sakramente gemäß
ihrer Einsetzung gefeiert und das Evangelium recht verkündet wird
(Nr. VII). Folglich bedeutete die Unterzeichnung der GER für die
evangelische Theologie nicht weniger als die Anerkennung der katholischen Kirche als rechte Kirche. Manche katholische Theologen
scheinen das ganz anders verstanden zu haben. Sie sahen in der Lehre
von der Rechtfertigung ein evangelisches Spezialthema, das man
ohne große Probleme anerkennen könne, ohne dass dies weitere
Konsequenzen nach sich ziehen müsste. Vielleicht herrschte sogar
die Erwartung, dass sich nun im Gegenzug die evangelischen Kirchen
den spezifisch katholischen Überzeugungen und Praktiken öffnen

---

[46] Siehe hierzu Birgitta Kleinschwärzer-Meister, In allem auf Christus hin. Zur
theologischen Funktion der Rechtfertigungslehre, Freiburg 2007.

und insbesondere die Lehre vom priesterlichen Amt, vom Papst und seiner Unfehlbarkeit übernehmen sollten. Die Tatsache, dass die in der GER selbst angesprochenen Konsequenzen bisher ausgeblieben sind, lässt diese Vermutung als nicht unwahrscheinlich erscheinen. Bekommen damit die Kritiker des Jahres 1999 im Nachhinein Recht? Hat man katholischerseits die GER wirklich ernst genommen? Schon vor der Unterzeichnung der GER wurden sie bestärkt durch die Verkündigung des Jubiläumsablasses, der die katholischen Theologen in erhebliche Erklärungsnot stürzte.

h) Die Herausforderung durch den Jubiläumsablass

Erheblichen Auftrieb bekamen die Kritiker der Gemeinsamen Erklärung zur Rechtfertigung durch die Erklärung *Incarnationis Mysterium* vom November 1998, in der Papst Johannes Paul II. für das Jahr 2000 einen Jubiläumsablass verkündete. Dies geschah wenige Wochen, nachdem die evangelischen Kirchen ihre Zustimmung zur GER erklärt hatten. Die naheliegende Erklärung, dass es im Vatikan eine Panne in der Abgleichung der Dikasterien gegeben habe, wies Kardinal Ratzinger zurück. Wie aber sollte man dann dem Verdacht begegnen, Rom spreche mit gespaltener Zunge und sei kein verlässlicher Partner? Die Botschaft von der Rechtfertigung schließt nun einmal aus, dass sich der Mensch das Heil erkaufen kann, sei es durch Ablässe oder andere Werke. Fast zwangsläufig fühlte man sich an 1517 erinnert, als ein Jubiläumsablass, verbunden mit der Möglichkeit, an Stelle der Pilgerreise nach Rom „Ersatzleistungen" finanzieller Art zu erbringen, die Reformation auslöste. Die Parallelen waren allzu augenfällig und ließen erschrecken. Wollte der Papst erneut bestimmen, dass zu den von ihm festgesetzten Zeiten, unter von ihm festgelegten Bedingungen und nach Verrichtung von vorgeschriebenen Gebeten „nach Meinung des Heiligen Vaters" Gott besondere Gnade und Sündennachlass gewährt?

Ich habe mich bemüht, derartige leider sehr naheliegende Bedenken zu zerstreuen[47]. Jubiläums-Ablässe wurden seit dem Jahr 1300

---

[47] Peter Neuner, Ist das noch „Ablaß"? Der Jubiläumsablaß steht der Gemein-

regelmäßig verkündet. Mit dieser Tradition wollten die vatikanischen Stellen offensichtlich auch im Jahr 2000 nicht brechen. Zweifellos hat man in manchen Regionen der Kirche für die Jahrtausendwende einen Ablass erwartet und es hätte dort erhebliches Befremden hervorgerufen, wäre er nicht verkündet worden. Diesen Erwartungen hat man offensichtlich mehr Gewicht zugemessen als der Befürchtung, in Deutschland würde dies auf Unverständnis stoßen. Europa ist nicht mehr das Zentrum der katholischen Kirche und Luthers Kampf gegen den Ablass erschien als ein vornehmlich deutsches Problem, das insbesondere in den jungen und als zukunftsträchtig erachteten Kirchen kaum jemanden interessierte.

Vor allem aber habe ich dafür plädiert, zur Kenntnis zu nehmen, dass sich mit dem Ablass seit 1517 einiges geändert hat. Bereits das Konzil von Trient hat verfügt, dass alle „unrechten Gewinne" für dessen Gewährung abzuschaffen seien (DH 1835). In einer eigenen Instruktion von 1967 hat Papst Paul VI. alle Zeitangaben, also Festlegungen, wie viele Tage Ablass durch bestimmte Verrichtungen gewährt würden, ebenso abgeschafft wie deren Verkauf, ihren Erwerb unabhängig von Reue und Buße, sowie die suggerierte Garantie ihrer Wirksamkeit auch für Verstorbene. Ablass ist Fürbitte der Kirche und er soll die Gläubigen zu einem erneuerten Leben ermahnen. Und schließlich ist nach katholischer Lehre niemand verpflichtet, einen Ablass zu gewinnen. Wer mit all dem nichts anfangen kann, ist deswegen keineswegs in seiner Existenz als Katholik tangiert. Es wäre abwegig, den Ablass gleichsam zum Inbegriff des Katholizismus oder zu einem konfessionellen Unterscheidungsmerkmal hochzuspielen. Faktisch haben die Verantwortlichen der katholischen Kirche in Deutschland die Sache mit dem Jubiläumsablass deutlich auf Sparflamme belassen, in den Gemeinden spielte er kaum eine Rolle.

Im Zentrum der Bulle *Incarnationis mysterium* zum Jubiläumsablass 2000 [48] stehen das Leben und das Werk Jesu Christi, sein Wort, sein Kreuz und seine Auferstehung, also die Rechtfertigung des Menschen durch Christus. Auch die Gerechtfertigten erfahren, dass die

---

samen Erklärung nicht im Wege, in: Die Zeichen der Zeit – Lutherische Monatshefte 2 (1999) H. 9, 22f.

[48] Auf der Website des Vatikans, Zugriff 2.11.2020.

Sünde „der vollen Gemeinschaft mit Gott und mit den Brüdern und Schwestern im Wege steht". In diesem Kontext wird vom Ablass gesprochen. In der Kirche als der *communio sanctorum* sind die Gläubigen mit Christus und den Heiligen verbunden und erfahren deren Fürbitte.

Unter den „Leistungen", die erbracht werden müssen, um einen Ablass zu gewinnen, nennt das vatikanische Dokument in traditioneller Form den Besuch der Hauptkirchen in Rom oder im Heiligen Land. Gleichwertig ist es zufolge des Schreibens, „Brüder und Schwestern, die sich in Schwierigkeiten befinden, (zu) besuchen (Kranke, Gefangene, einsame alte Menschen, Behinderte usw.) und damit gleichsam zu Christus pilgern, der in ihnen gegenwärtig ist; – mit einem angemessenen Betrag Werke religiöser oder sozialer Art zu unterstützen (zu Gunsten verwahrloster Kinder, Jugendlicher in Notlagen, bedürftiger alter Menschen und Fremder in den verschiedenen Ländern auf der Suche nach besseren Lebensbedingungen); – einen angemessenen Teil der Freizeit Tätigkeiten (zu) widmen, die der Gemeinschaft zugutekommen, oder andere Formen persönlichen Opfers auf sich (zu) nehmen"[49]. All das sind Verhaltensweisen, die man sehr wohl als Früchte des Glaubens verstehen kann. Unklar bleibt in der Darlegung des Papstes, was bei alledem „erlassen" wird. Ist das noch ein „Ablass" im Sinne des alten Reizwortes? Dann aber stellt sich die Frage: Trifft eine Kritik, die sich an den Missbräuchen aus dem Jahr 1517 orientiert, noch den Jubiläumsablass von 2000?

Mit dieser Interpretation wollte ich nicht bestreiten, dass sich in der päpstlichen Bulle auch Aussagen finden, die beschwerlich sind, Kritik an ihnen habe ich als Christenpflicht bezeichnet. Dennoch stehen sie innerhalb eines theologischen Rahmens, der die Botschaft von der Rechtfertigung keineswegs in Frage stellt. Der Vorwurf, Rom halte sich nicht an geschlossene Vereinbarungen und sei kein verlässlicher Partner, geht aber deutlich über das hinaus, was im Jubiläumsablass impliziert war.

---

[49] A. a. O. in den angefügten Anweisungen Nr. 4.

i) Der Schock von *Dominus Iesus*

Mehr Unruhe als der Jubiläumsablass hat die Erklärung der römischen Kongregation für die Glaubenslehre mit den Eingangsworten *Dominus Iesus* verursacht, die wenige Wochen nach der Unterzeichnung der GER veröffentlicht wurde. Sie setzt sich mit religionspluralistischen Tendenzen auseinander, betont die Besonderheit der christlichen Botschaft und stellt eher beiläufig die Frage, wie angesichts der Aussagen des Credo über die Einheit der Kirche die getrennten christlichen Konfessionen zu werten seien. Dabei bezeichnet die Erklärung die orthodoxen Kirchen als Teil- und Schwesterkirchen, während es über die aus der Reformation hervorgegangenen Gemeinschaften heißt, sie „sind nicht Kirchen im eigentlichen Sinn", sondern lediglich „kirchliche Gemeinschaften"[50] (Nr. 17). In einem weiteren Schreiben der Glaubenskongregation vom 29. Juni 2007 hat man die Aussage wiederholt, dass „die Gemeinschaften, die aus der Reformation des 16. Jahrhunderts hervorgegangen sind … nach katholischer Lehre nicht ‚Kirchen' im eigentlichen Sinn genannt werden" können[51].

Diese Aussage hat bei den so Titulierten, aber auch darüber hinaus in der Öffentlichkeit und auch in der katholischen Kirche selbst weithin Empörung ausgelöst. Im Text „Kirchengemeinschaft nach evangelischem Verständnis"[52] wird man wohl eine Antwort auf *Dominus Iesus* sehen müssen. Darin hieß es schlichtweg, katholisches und evangelisches Einheitsverständnis seien mit einander „nicht kompatibel". Das ist keinen Deut freundlicher als die Aussage in *Dominus Iesus*.

Wiederum wurde der katholischen Kirche vorgeworfen, mit gespaltener Zunge zu reden. Ich war über diese Dokumente der *Glau-*

---

[50] Kongregation für die Glaubenslehre, Erklärung *Dominus Iesus* über die Einzigkeit und die Heilsuniversalität Jesu Christi und der Kirche (6. August 2000), hier Nr. 17 (auf der Website des Vatikans).

[51] Kongregation für die Glaubenslehre, Antworten auf Fragen zu einigen Aspekten bezüglich der Lehre über die Kirche (29.6.2007) (auf der Website des Vatikans).

[52] EKD-Texte Nr. 69 (2001).

benskongregation entsetzt. Die darin vorgenommene Interpretation des „*subsistit in*" des II. Vatikanums, schien mir durch das Konzil nicht gedeckt.[53] Das Konzil selbst hat den reformatorischen Gemeinschaften das Kirchesein zwar nicht eindeutig zugesprochen, es aber jedenfalls nicht, wie nun in *Dominus Iesus*, explizit verneint. Die Veröffentlichung dieses Dokuments kurz nach der Unterzeichnung der GER musste dazu führen, dass sich in der Öffentlichkeit allein das Urteil festsetzte, „sie sind nicht Kirche".

In einer – zugegebenermaßen wohlwollenden und ökumenisch versöhnlichen – theologischen Deutung erscheint mir die Aussage in *Dominus Iesus* als nicht so dramatisch, wie sie zunächst wirkte. Wenn sich die Konfessionen als „Kirchen im eigentlichen Sinn" anerkennen können, also als Realisierungen dessen, was Christus mit Kirche gewollt hat und was unter der Leitung des Geistes aus seinem Werk geworden ist, dann ist das ökumenische Ziel erreicht und die Einheit realisiert. So hat es auch der Ökumenische Rat der Kirchen verstanden, der im Rahmen seiner Gründung formulierte, die Mitgliedschaft im Rat bedeute nicht, dass eine Kirche „die anderen Mitgliedskirchen als Kirchen im wahren und vollen Sinne des Wortes ansehen" müsse[54]. Die Vollversammlung des Ökumenischen Rates der Kirchen 1991 in Canberra bezeichnete es als das Ziel der ökumenischen Bemühung, „wenn alle Kirchen in den anderen die eine, heilige, katholische und apostolische Kirche in ihrer Fülle erkennen können"[55]. Letztlich sagt *Dominus Iesus* nicht mehr, als dass dies noch nicht der Fall ist, dass noch Probleme der Lösung harren, und das in allen Kirchen. *Dominus Iesus* umschreibt genau gesehen die Geschäftsgrundlage, auf der die Ökumenische Bewegung beruht. In einer kritischen Würdigung des Dokuments sollte man auch mit-

---

[53] In der englischsprachigen Kanonistik wird das „*subsistit in*" zu den „seminal locutions" gezählt, „die ihre umfassende Bedeutung noch entfalten müssen" (Myriam Wijlens, Die Verbindlichkeit des II. Vatikanischen Konzils, in: Christoph Böttigheimer [Hg.], Zweites Vatikanisches Konzil, Freiburg 2014, 37–62, hier 50f.).

[54] Zitiert bei Lukas Vischer (Hg.), Die Einheit der Kirche. Material der Ökumenischen Bewegung, München 1965, 251–261, Nr. 4.

[55] Bericht aus Canberra 91, Frankfurt 1991, 174.

bedenken, dass Luther in den Schmalkaldischen Artikeln der Papstkirche rundweg abgesprochen hat, Kirche zu sein[56]. Das steht nach wie vor in den lutherischen Bekenntnisschriften, auch wenn man davon ausgehen darf, dass es die heutige reformatorische Einstellung zur katholischen Kirche nicht mehr angemessen umschreibt.

So gesehen ist *Dominus Iesus* wenig aufregend, doch die Art und Weise, wie diese Erklärung veröffentlicht und ihre Aussage Jahre später wiederholt wurde, hat massiv geschadet und Vertrauen zerstört. Man hat in Kauf genommen, dass man darin nicht weniger als eine römische Absage an die Ökumene verstanden hat, dass man es ablehnt, gleichberechtigt und auf Augenhöhe einen ökumenischen Dialog zu führen. Dieser Affront wäre zu vermeiden gewesen, hätte man die Ergebnisse der ökumenischen Dialoge gewürdigt und dann festgestellt, dass das ökumenische Ziel, wie es etwa in Canberra formuliert wurde, noch nicht erreicht ist, dass noch Herausforderungen bestehen, die es nun zu lösen gilt, nachdem die Differenzen in der Rechtfertigungslehre behoben werden konnten. Ökumene setzt Vertrauen voraus und *Dominus Iesus* hat Vertrauen zerstört.

---

[56] „Wir gestehen ihn nicht, daß sie Kirche sein, und sind's auch nicht" (BSLK 459).

E) Direktor des Ökumenischen Instituts

1. Ernennung zum Direktor des Ökumenischen Instituts

1994 wurde Wolfhart Pannenberg emeritiert, ein Jahr später übernahm Gunther Wenz die Professur für Fundamentaltheologie und Ökumene an der evangelisch-theologischen Fakultät der Universität München. Ich hatte Wenz kennen gelernt in seiner Zeit als Doktorand bei Pannenberg in den gemeinsamen Seminaren im Ökumenischen Institut. Durch ihn fand die ökumenische Arbeit auf den Grundlagen, die Fries und Pannenberg gelegt hatten, ihre kontinuierliche Fortsetzung. Auch die gemeinsamen Seminare gingen weiter.

Als Heinrich Döring emeritiert wurde, beschloss auf seine Anregung hin die katholisch-theologische Fakultät, das Institut für Ökumenische Theologie, das seit seiner Gründung mit dem Lehrstuhl für Fundamentaltheologie verbunden war, dem Lehrstuhl für Dogmatik zuzuordnen, ich sollte die Leitung übernehmen. Der Senat der Universität und das Ministerium stimmten zu, so dass 2001 die Umschreibung meines Lehrstuhls in Dogmatik und Ökumenische Theologie erweitert und ich gleichzeitig zum Direktor des Ökumenischen Instituts ernannt wurde. Dem Drängen meines damaligen Kollegen Gerhard Ludwig Müller, in Kooperation mit mir die Leitung des Instituts zu übernehmen, habe ich nicht nachgegeben. Ich befürchtete, dass Spannungen, die es in der Fakultät mit Müller gegeben hatte, die Arbeit im Institut belasten würden. Zudem war abzusehen, dass Müller vor seiner Berufung in die kirchliche Hierarchie stand. Tatsächlich wurde er 2002 Bischof von Regensburg. Seine Stelle als Professor für Dogmatik wurde nicht wieder besetzt.

Mit dieser Bestellung kamen zusätzliche Aufgaben auf mich zu, aber ich hatte für den Bereich der Ökumene, ebenso wie schon bisher für die Dogmatik, wissenschaftliche Mitarbeiter/innen, die mich in entscheidender Weise unterstützt haben. Für ihr Engagement, ihre Anregungen und ihre Kritik bin ich nach wie vor dankbar. Die Zusammenarbeit mit den Doktorinnen und Doktoren Michael Hardt, Martin Brüske, Petra Vad, Franz Domaschke und Birgitta Kleinschwärzer-Meister, aber auch mit den Damen im Sekretariat gehört zu den erfreulichen Erinnerungen an meine Jahre in der Universität.

Mit der Verantwortung für die Ökumene verbanden sich auch Aufgaben, die eher im Hintergrund blieben, aber doch Bedeutung für das Verhältnis der Kirchen hatten. Bei der vierten Auflage des achtbändigen evangelischen Lexikons „Religion in Geschichte und Gegenwart" (RGG) wurde ich eingeladen, als Fachberater für Ökumene/Katholizismus zu fungieren. Einige Artikel habe ich selbst geschrieben. Wichtiger aber war meine Aufgabe, Beiträge, die auch die katholische Position thematisierten, kritisch gegenzulesen. Mehrfach konnte ich verhindern, dass Vorstellungen als die offizielle katholische Position dargestellt wurden, die insbesondere im 19. und frühen 20. Jahrhundert kirchenamtlich vertreten, aber im II. Vatikanum durch Aspekte, die dazu in Spannung stehen, ergänzt oder auch korrigiert worden waren. Ich habe mich bemüht zu verhindern, dass sich ein Bild der katholischen Kirche festsetzt, das der nachkonziliaren Theologie kaum gerecht geworden wäre. Diese Beiträge hätten tendenziell auch die ökumenische Fragestellung verzerrt, indem sie die katholische Tradition auf einen inzwischen weithin überholten Antiprotestantismus festgelegt, ihre Öffnung zur Ökumene nicht angemessen zur Kenntnis genommen und die heute mehrheitlich vertretene Theologie nur als Verwässerung des wahren Katholizismus dargestellt hätten.

Zusammen mit Gunther Wenz konnte ich in der Wissenschaftlichen Buchgesellschaft die Bände „Theologen des 19. Jahrhunderts" und „Theologen des 20. Jahrhunderts" herausgeben. Wir schrieben ausführliche Einleitungen zu beiden Bänden, in denen nicht nur die Auswahl der vorgestellten Theologen begründet, sondern auch ihr theologischer Ansatz und ihre Einbindung in die Herausforderungen der Zeit und der Gesellschaft dargestellt wurden[1].

Als besonders arbeitsintensiv erwies sich der Band „La Modernité" in der vom Pariser Verlag Cerf herausgegebenen Reihe „La Théo-

---

[1] Peter Neuner – Gunther Wenz (Hg.), Theologen des 19. Jahrhunderts, Darmstadt 2002; dies., Theologen des 20. Jahrhunderts, Darmstadt 2002.

logie"[2]. Es ging darum, die theologische Entwicklung von der Aufklärung und der Französischen Revolution bis zum I. Vatikanum darzustellen und sie durch Texte der herausragenden Vertreter nicht allein der christlichen Kirchen, sondern auch der Philosophen exemplarisch zu dokumentieren. Die ausgewählten Theologen reichten von Schleiermacher bis Scheeben. Als Herausforderung erwies sich vor allem die Suche nach Texten, an denen sich die jeweilige theologische Position deutlich machen und darstellen ließ. Insbesondere das frühe 19. Jahrhundert bis zum Tod Hegels war durch eine intensive Begegnung zwischen Theologie und Philosophie geprägt. Dies machte auch den Blick auf die Philosophie der Zeit nötig. Dafür übernahm in diesem Band Albert Franz die Verantwortung. Unter den Dissertationen, die ich begleiten konnte, spielten ökumenische Themen eine wichtige Rolle. Stellvertretend hinweisen möchte ich hier auf die Habilitationsschriften von Christoph Böttigheimer[3] und Birgitta Kleinschwärzer-Meister[4].

Natürlich findet Ökumene nicht allein in der Universität statt, Fortschritte auf dem Weg zur Einheit müssen auch von den Kirchenleitungen und insbesondere von den Gemeinden und von ökumenischen Initiativen an der Basis getragen werden. Es ist überraschend und macht Mut zu sehen, wie viele Initiativen es gibt, die sich um den ökumenischen Gedanken mühen. Manche von ihnen sind theologischen Fragen gegenüber eher skeptisch und suchen Gemeinschaft in praktischer Aktion in unterschiedlichen gesellschaftlichen Anliegen, manche konzentrieren sich auf spirituelle Erbauung und wollen sich nicht durch theoretische Argumentation verunsichern lassen. Doch es gibt auch Gruppen, die sich ganz bewusst der ökumenischen Theologie öffnen und die von ihr erzielten Ergebnisse fruchtbar machen wollen. Von diesen wurde ich häufig zu Referaten eingeladen. Besondere Bedeutung hatten dabei in München und auf der Burg Rothenfels die jährlichen Zusammen-

---

[2] Albert Franz – Peter Neuner, La Modernité (La Théologie Bd. 5), Paris 2016.
[3] Christoph Böttigheimer, Zwischen Polemik und Irenik. Die Theologie der einen Kirche bei Georg Calixt, Münster 1996.
[4] Birgitta Kleinschwärzer-Meister, In allem auf Christus hin. Zur theologischen Funktion der Rechtfertigungslehre, Freiburg 2007.

künfte des Una Sancta Kreises, einer Initiative von Theologen und engagierten Christen, die auf eine inzwischen mehr als 80jährige Geschichte zurückblicken kann[5]. Heinrich Fries hat sich hier besonders engagiert, nicht zuletzt ihm ist es zu verdanken, dass sich die Referentenliste der Jahrestagungen wie ein „Who is Who" der Ökumene in Deutschland liest. Ich konnte hier erstmalig 1985 über „Wahrheitsfindung im Dialog" sprechen, seither war ich ständiger Teilnehmer bei den Gottesdiensten und den Treffen in München. Mehrmals habe ich referiert, letztmals 2018 über die Herausforderung, die das I. Vatikanische Konzil mit seinen Papstdogmen nach wie vor für die Gemeinschaft der Christen darstellt. Die Organisation und Leitung der Zusammenkünfte ist bei Frau Gudrun Steineck in besten Händen. Sie hat auch die Leitung der Arbeitsgemeinschaft ökumenischer Kreise in Deutschland, die regelmäßig bei Kirchen- und Katholikentagen präsent ist und jährliche Zusammenkünfte durchführt. Auch in diesem Rahmen durfte ich mehrmals referieren, letztmalig 2018 in Bamberg über die Bedeutung der ökumenischen Erfahrungen für die Zukunft unserer Kirchen.

2. Das Zentrum für Ökumenische Forschung

Vor allem mit Gunther Wenz war – und bin ich – freundschaftlich verbunden. Wir haben zahlreiche gemeinsame Veranstaltungen durchgeführt in Akademien, auf Pfarrkonferenzen, bei Fortbildungen und uns bemüht, die Erkenntnisse der ökumenischen Theologie in den Kirchen bekannt zu machen und sie fruchtbar werden zu lassen. Damit ergab sich die Notwendigkeit, die ökumenische Zusammenarbeit zu institutionalisieren, sie also von persönlichen Beziehungen unabhängig zu machen. Wir erinnerten uns daran, dass in den siebziger Jahren der Versuch gescheitert war, die beiden Ökume-

---

[5] Norbert Stahl, „Eins in Ihm". Der Una-Sancta-Kreis München 1938–1998, hg. von der Katholischen Akademie in Bayern, München 1988. Entscheidende Impulse zur Gründung des Kreises kamen von Max Joseph Metzger, der nicht zuletzt wegen seines ökumenischen Engagements, das sich nicht der NS-Ideologie beugen wollte, vom Nazi-Regime ermordet wurde.

nischen Institute zu einer zentralen Einrichtung der Universität zusammenzuschließen.

Im Rahmen einer der vielen Strukturreformen strebte die Universität die Einrichtung von Departments und damit die Zusammenfassung von Instituten zu größeren Einheiten an. Es entstand eine philosophisch-theologische Zentralbibliothek, die die bisherigen Seminarbibliotheken vereinigte, die theologischen Fakultäten wurden räumlich zusammengelegt. Im Verlauf dieser Umstrukturierungen wurde es möglich, das „Zentrum für ökumenische Forschung" (ZöF) einzurichten und die Ökumenischen Institute darin zu integrieren. Im Gegensatz zu einem Institut ist nach dem Hochschulrecht ein „Zentrum" nicht in das grundständige Studium einbezogen. Es dient der wissenschaftlichen Spezialisierung und greift gleichzeitig auch über den universitären Rahmen in die Öffentlichkeit hinaus. Darum wurde bei der Gründung des Zentrums für ökumenische Forschung auch nicht die Sorge laut, es könnte den Einstieg in eine überkonfessionelle und von den Kirchen abgelöste Theologie bedeuten. Die konfessionsspezifische Prägung der Theologie, wie sie in den Kirchenverträgen festgeschrieben ist, wurde also nicht tangiert. Und die Fakultäten als Ganze wurden auch nicht aus ihrer Verantwortung für die Ökumene entlassen. In der Konsequenz war die Einrichtung des Zentrums für ökumenische Forschung nicht von der Zustimmung der Kirchen abhängig und diese haben unsere Initiative mit Wohlwollen zur Kenntnis genommen. Bei der offiziellen Gründung des Zentrums am 29. Oktober 2001 waren die Repräsentanten der Kirchen in Deutschland anwesend: Bischof Augustinos für die Orthodoxie, Landesbischof Friedrich für die evangelische und Kardinal Wetter für die katholische Kirche[6]. Sie haben in Grußworten ihre Verbundenheit mit dieser Institution zum Ausdruck gebracht.

Das ZöF soll die ökumenische Zusammenarbeit der theologischen Einrichtungen fördern und einen institutionellen Rahmen für sie bieten. Die Satzung nennt als Aufgaben die Zusammenarbeit in Projekten, die der theologischen Verständigung und der Überwindung von kirchentrennenden Lehrdifferenzen dienen; die Durchfüh-

---

[6] „Zentrum für Ökumenische Forschung" an der Ludwig-Maximilians-Universität München gegründet, in: Ökumenische Rundschau 51 (2002) 81–83.

rung von gemeinsamen Projekten mit Wissenschaftlern, die einen Beitrag zur Annäherung der Kirchen zu leisten vermögen; die Erforschung der theologischen und nicht-theologischen Gründe, die zur gegenseitigen Verwerfung der christlichen Kirchen geführt haben, und deren Bedeutung für die Gegenwart; die Bereitstellung von Hilfen, gegebenenfalls die Mitwirkung in kirchlichen Gremien, um deren ökumenische Ausrichtung zu fördern; die Zusammenarbeit mit ökumenischen Einrichtungen, z. B. den Arbeitsgemeinschaften christlicher Kirchen in Deutschland und in Bayern, oder dem Ökumenischen Rat der Kirchen; die Darstellung ökumenischer Belange in der Öffentlichkeit, z. B. in evangelischen und katholischen Akademien; die Förderung der Zusammenarbeit der theologischen Fakultäten und der Ausbildungseinrichtung für Orthodoxe Theologie an der Universität München sowie der ökumenischen Ausrichtung der Lehrangebote. Frau Dr. Kleinschwärzer wurde als Juniorprofessorin dem ZöF zugewiesen.

Im Mittelpunkt der Arbeit des ZöF steht die Förderung junger Wissenschaftlerinnen und Wissenschaftler, die an der Universität München an ökumenisch relevanten Projekten arbeiten. Sie kommen aus aller Herren Länder. Darüber hinaus hat das Zentrum vielfältige Aktivitäten entfaltet. Wir konnten wichtige Repräsentanten der Kirchen und der ökumenischen Theologie zu Gastvorlesungen einladen, Symposien veranstalten, die in der Reihe „Beiträge aus dem Zentrum für ökumenische Forschung München" veröffentlicht wurden.

Im Anschluss an ein Referat, das ich in der Evangelischen Akademie in Tutzing gehalten habe, kam ein mir vom Sehen und von mancher universitären Veranstaltung bekannter Herr auf mich zu, stellte sich vor als Dr. ing. Adly B. Wahba, Ägypter und Mitglied der koptischen Kirche. Er hatte Interesse gefunden an meinen Referaten und Vorlesungen und trug mir den Plan vor, eine Stiftung zu gründen zur Förderung meiner theologischen Arbeit und ihrer Verbreitung. Er hatte schon feste Pläne und auch finanzielle Zusagen. Nun, eine Verbindung mit meinem Namen wollte ich keinesfalls. So kamen wir überein, angesichts der ägyptischen Wurzeln von Herrn Wahba das Projekt als „Stiftung zu Ehren des Heiligen Athanasius zur Förderung ökumenischer Forschung" zu nennen. Sie soll, wie dann in der Satzung festgeschrieben wurde, Projekte im Sinne des

Zentrums für ökumenische Forschung fördern und insbesondere für junge Wissenschaftler aus den Ostkirchen die Möglichkeit eröffnen, sich an der Universität München weiterzuqualifizieren.

Dr. Wahba konnte Beiträge einwerben, die diese Stiftung möglich machten. Sicher, die Bäume wuchsen nicht in den Himmel, aber es kam ein Grundbetrag zusammen, der es zusammen mit Zustiftungen möglich machte, ökumenische Seminare an Orten durchzuführen, die für die jeweiligen Kirchen besondere Bedeutung haben und wo unmittelbare Erfahrungen ihres Lebens und ihrer Spiritualität möglich wurden. Wir konnten Studierenden Zuschüsse gewähren zu Seminaren in Istanbul, Kairo, Rom, Kreta, Moskau, Venedig. Und auch die Publikation von mehreren Symposien in der Reihe „Beiträge aus dem Zentrum für ökumenische Forschung" wurde durch Zuschüsse aus Mitteln der Stiftung möglich.

Zu meinen Erinnerungen gehört auch, dass nach dem fast zeitgleichen Eintritt von Kollegen Nikolaou und mir in den Ruhestand das ZöF Einschränkungen hinnehmen musste. Der Rückgang der Zahl der Studierenden in den theologischen Einrichtungen führte dazu, dass sie insgesamt erheblichen Sparmaßnahmen unterworfen wurden. Das hat die Ökumene in besonderem Maß getroffen, weil sie nicht durch die Prüfungsordnungen geschützt ist. Zweifellos spielte auch die Tatsache eine Rolle, dass das ökumenische Interesse in den Kirchen und auch in der Öffentlichkeit nachgelassen hatte.

3. Der Ökumenische Kirchentag in Berlin 2003

a) Eine wenig ökumenische Vorgeschichte

Der Ökumenische Kirchentag 2003 in Berlin war ein Höhepunkt in einer langen Geschichte von Christentreffen, die keineswegs ökumenisch geprägt ist[7]. Im Revolutionsjahr 1848 versammelten sich in Mainz die überall in Deutschland entstandenen „Piusvereine für religiöse Freiheit". Ihr Ziel war es, die Rechte der katholischen Kirche

---

[7] Siehe hierzu Peter Neuner, Nach dem Ökumenischen Kirchentag in Berlin, in: ders. – Peter Lüning (Hg.),Theologie im Dialog, Münster 2004, 431–444.

wiederzuerlangen und den Katholizismus in der Öffentlichkeit zu repräsentieren. Das „Kölner Ereignis" (1837) lag gerade zehn Jahre zurück. Der Erzbischof Clemens August Droste-Vischering hatte sich geweigert, die in Preußen geltenden Vorschriften für die Kindererziehung in konfessionsverschiedenen Ehen zu akzeptieren, er war unter der Beschuldigung des Vertragsbruchs festgenommen und daraufhin von katholischer Seite als Vorkämpfer der Kirchenfreiheit gegen staatliche Unterdrückung gefeiert worden. Der junge Ignaz von Döllinger war einer der Wortführer der Polemik, die sich nicht allein gegen die preußische Regierung, sondern auch gegen den Protestantismus richtete. Die Katholikentage demonstrierten das katholische Selbstbewusstsein in der Öffentlichkeit, die Kluft zwischen den Konfessionen wurde durch sie vertieft. Auch die evangelischen Kirchentage gehen auf 1848 zurück, in ihnen dominierte die Idee der nationalen und kirchlichen Einheit des deutschen Protestantismus und damit die Abwehr von katholischen Emanzipationsbestrebungen. Versöhnliche Töne konnten sich auch nach 1945 zunächst nicht durchsetzen. Erst nach dem II. Vatikanum wurden die Tendenzen zur Abgrenzung langsam überwunden und, wenn auch sehr zögerlich, Referenten aus der jeweils anderen Kirche eingeladen.

Dabei wurde es immer deutlicher, dass beide Kirchen in ähnlicher Weise vor den Herausforderungen der Zeit standen. Im Rückblick auf den evangelischen Kirchentag 1967 in Hannover stellte Wolfgang Seibel in den *Stimmen der Zeit* fest: „Bei den Referaten und Diskussionen des Kirchentags tauchte kaum ein Problem auf, das sich nicht in ähnlicher Weise auch den Katholiken stellte"[8]. Die Verantwortlichen von Katholikentag und Kirchentag beschlossen, eine gemeinsame Arbeitstagung mit begrenzter Teilnehmerzahl, aber auch mit öffentlichen Veranstaltungen, einem ökumenischen Gebetsgottesdienst und einer Schlusskundgebung zu halten. Die Idee des Augsburger Pfingsttreffens (1971) war geboren und sie konnte sich gegen manche Widerstände durchsetzen. Doch in der Hierarchie dominierten in der Folge die negativen Erinnerungen an Augsburg so sehr[9], dass es mehr als 30 Jahre

---

[8] Wolfgang Seibel, Der Kirchentag in Hannover, in: Stimmen der Zeit 180 (1967) 132–134.
[9] Siehe oben S. 57.

dauerte, bis man sich wieder an einen gemeinsamen Kirchentag wagte und ihn als den ersten ökumenischen bezeichnete, wohl um sich von den Ereignissen von Augsburg 1971 abzusetzen.

Inzwischen hatte sich in der Ökumene eine Menge getan und auch die Kirchentage hatten einen neuen Charakter angenommen. Nachdem sie um die Mitte der 70er Jahre wegen mangelnden Publikumsinteresses langsam dahinzusterben schienen, verzeichneten sie seit Hamburg 1981 und Düsseldorf 1982 einen unerwarteten Aufschwung. Zunächst boten sie sich als Foren für die christlichen Friedensbewegungen und für den „Konziliaren Prozeß" an, bald wurden sie durch den „Markt der Möglichkeiten" zu religiösen Events, bei denen vornehmlich junge Leute eine Antwort auf ihre religiösen und spirituellen Erwartungen suchten und fanden. Konfessionsgrenzen waren dabei weithin irrelevant. Kirchen- und Katholikentage wurden zu ökumenischen Großereignissen, bei denen ein erheblicher Teil der Teilnehmer aus anderen Kirchen kam, ohne sich in irgendeiner Weise fremd zu fühlen. So war es nur folgerichtig, einen ökumenischen Kirchentag zu planen, der dann 2003 in Berlin stattfand. Die Mitgliedskirchen der Arbeitsgemeinschaft christlicher Kirchen in Deutschland schlossen sich an, so dass auch die orthodoxen Kirchen, die Altkatholiken, die Anglikaner sowie die evangelischen Freikirchen als Veranstalter fungierten[10].

Es war abzusehen, dass das Problem der Eucharistiegemeinschaft wiederum eine gewichtige Rolle spielen würde. Zunächst bestand die Hoffnung, für dieses Ereignis eine Ausnahmeregelung von den katholischen Vorschriften zu erlangen. Der Deutsche Evangelische Kirchentag (DEKT) und das Zentralkomitee deutscher Katholiken (ZdK) formulierten den Wunsch, „daß in Zukunft bei gemeinsamen Vorhaben auch die Abendmahlsgemeinschaft möglich wird", und sie zeigten sich entschlossen, „sich nach Kräften" dafür einzusetzen, „diesem Ziel näherzukommen"[11]. Mehrere Veröffentlichungen von ökumenischen Institutionen gaben diesem Wunsch eine theologische Basis[12]. Als Reak-

---

[10] Siehe hierzu Peter Neuner – Birgitta Kleinschwärzer-Meister, Ein neues Miteinander der christlichen Kirchen, in: Stimmen der Zeit 221 (2003) 363–375.

[11] ZdK-Mitteilungen 14.11.1996.

[12] Johannes Brosseder – Hans-Georg Link (Hg.), Eucharistische Gastfreundschaft. Ein Plädoyer evangelischer und katholischer Theologen, Neukirchen

tion auf diese Vorstöße wurde katholischerseits erneut eingeschärft, dass Gemeinschaft im Herrenmahl volle Kirchengemeinschaft voraussetze. In der Enzyklika *Ecclesia de Eucharistia*[13] vom Gründonnerstag 2003 erklärte Papst Johannes Paul II. mit Nachdruck, dass Kirchengemeinschaft und Eucharistiegemeinschaft keinesfalls getrennt werden dürften. An eine Ausnahmeregelung für den Kirchentag war nicht zu denken.

b) Ökumenische Symbolhandlungen

Trotz dieser Enttäuschung ist es den Veranstaltern gelungen, symbolträchtige Gottesdienste zu konzipieren. Der Abschlussgottesdienst wurde als Tauferinnerungsfeier begangen, in dem sich die Liturgen ebenso wie die jeweils Umstehenden unter den rund 200.000 Teilnehmern gegenseitig mit Taufwasser und dem Symbol des Kreuzes bezeichneten und so ihre Gemeinschaft in der Taufe zum Ausdruck brachten. Ein weiterer symbolischer Gestus war die Unterzeichnung der *Charta oecumenica*. Der Text war gemeinsam von der Konferenz europäischer Kirchen und dem (katholischen) Rat der Europäischen Bischofskonferenzen, also von allen Kirchen in Europa ausgearbeitet und an Ostern 2001 in Straßburg unterschrieben worden. Er formulierte, wie sein Untertitel lautet, „Leitlinien für die wachsende Zusammenarbeit unter den Kirchen in Europa"[14]. Nach dem Fall der Mauer stand Europa vor neuen Herausforderungen. In dieser Situation wollen die Kirchen ein Zeichen setzen, indem sie „für die Würde der menschlichen Person als Gottes Ebenbild eintreten und als Kirchen gemeinsam dazu beitragen, Völker und Kulturen zu versöhnen". Zu jedem in der Charta behandelten Thema, z. B. zum Bekenntnis zu einer sichtbaren Gemeinschaft der Kirchen, zu ihrer gemeinsamen Verantwortung in Europa, zur Bewahrung der Schöpfung, zur Begegnung

---

2003; Centre d'Études œcuméniques (Strasbourg) – Institut für Ökumenische Forschung (Tübingen) – Konfessionskundliches Institut (Bensheim), Abendmahlsgemeinschaft ist möglich. Thesen zur eucharistischen Gastfreundschaft, Frankfurt 2003.

[13] Papst Johannes Paul II., *Ecclesia de Eucharistia* Nr. 44–46.

[14] Text auf der Website der AcK.

mit den Religionen wurden „Selbstverpflichtungen" formuliert. Inhaltlich bringt das Dokument jedenfalls für Mitteleuropa kaum aufsehenerregende Neuerungen, vieles, wozu man sich bekannt hat, wurde bei uns eher als Selbstverständlichkeit empfunden. Dennoch ist es keineswegs banal, dass sich die Kirchen in der Charta verpflichtet haben, „Selbstgenügsamkeit zu überwinden und Vorurteile zu beseitigen, die Begegnung miteinander zu suchen und füreinander da zu sein; ökumenische Offenheit und Zusammenarbeit in der christlichen Erziehung, in der theologischen Aus- und Fortbildung sowie auch in der Forschung zu fördern" (Nr. 3), sowie „auf allen Ebenen des kirchlichen Lebens gemeinsam zu handeln, wo die Voraussetzungen dafür gegeben sind" (Nr. 4) und „dem Ziel der eucharistischen Gemeinschaft entgegenzugehen" (Nr. 5). Mit der feierlichen Unterschrift durch die ranghöchsten Repräsentanten der christlichen Kirchen in Deutschland wurden diese Grundsätze auch kirchenamtlich rezipiert. Wenn diese Absichtserklärungen die Praxis der Kirchen in der Folge dann auch tatsächlich bestimmt hätten, würde sich die ökumenische Situation heute anders darstellen.

Die Teilnehmer am Kirchentag und an seinen Gottesdiensten waren in ihrer überwiegenden Mehrheit von den Tagen in Berlin beeindruckt. Es ist gelungen, Frustrationen zu vermeiden und gleichzeitig die Erfahrung einer die Konfessionsgrenzen umgreifenden Gemeinschaft und Einheit der Christen symbolisch darzustellen und sie erlebbar zu machen. Es ist bemerkenswert, dass die evangelischen Kirchen in der Frage der Gemeinschaft im Herrenmahl die katholischen Verbote weithin kritiklos akzeptiert haben, selbst wenn sie andere Regelungen für richtig erachten.

c) Kontroversen um die Interkommunion

Dabei war vorhersehbar, dass außerhalb des offiziellen Programms und entgegen aller Verbote ökumenische Abendmahlsfeiern stattfinden würden. Kritische Gruppierungen luden zu ökumenischen Gottesdiensten ein, von denen einer als evangelischer Abendmahlsgottesdienst gefeiert wurde, ein anderer als katholische Eucharistiefeier, der der katholische Theologieprofessor Gotthold Hasenhüttl vorstand. Mit der Begründung, dass Christus der Einladende sei, nicht die Kirche, und diese nicht das Recht habe, getaufte Christen zurückzuweisen, sprach er eine allgemeine Einladung zum Kommunionempfang aus. Insofern geschah in diesem Gottesdienst nichts, was über die weithin verbreitete Praxis in den meisten Gemeinden hinausgegangen wäre. Der Kontext allerdings hat diesen Gottesdiensten einen besonderen Stellenwert verliehen, das gemeinsame Abendmahl war zu einer Prestigefrage geworden, und das wohl für beide Seiten.

Die Konsequenzen waren einschneidend. Hasenhüttl hat sich ebenso wie der Priester, der im evangelischen Gottesdienst das Abendmahl empfangen hatte, geweigert, einen Text zu unterschreiben, in dem er sein Verhalten hätte bereuen und gleichzeitig versprechen müssen, sich in Zukunft an die kirchliche Ordnung zu halten. Beide wurden daraufhin von den zuständigen Bischöfen vom Priesteramt suspendiert, also mit der härtesten Strafe belegt, die das Kirchenrecht mit Ausnahme der Exkommunikation kennt. Hasenhüttl wurde zudem 2006 die Lehrerlaubnis als theologischer Hochschullehrer entzogen. Am Rande des zweiten Ökumenischen Kirchentags 2010 in München feierte er gemeinsam mit einem evangelischen Pfarrer ein ökumenisches Abendmahl nach der Lima-Liturgie. In diesem Jahr erklärte er seinen Austritt aus der römisch-katholischen Kirche als Körperschaft des öffentlichen Rechts, betonte aber gleichzeitig, dass er der Glaubensgemeinschaft der katholischen Kirche auch weiterhin angehören wolle. Ich habe nach dem Kirchentag in Berlin, damals in meiner Eigenschaft als Vorsitzender des DÖSTA und gleichzeitig als Sprecher des katholisch-theologischen Fakultätentags, an den zuständigen Bischof geschrieben und ihn gebeten, keine dramatischen Schritte gegen Hasenhüttl zu unternehmen, eine Antwort auf mein Schreiben habe ich nicht bekommen.

Die Konsequenzen dieser Sanktionen für die Ökumene waren erheblich. Evangelische Christen und zahlreiche Gläubige, die in konfessionsverschiedenen Ehen leben, sahen die Praxis, zu der sie sich mit gutem Gewissen durchgerungen hatten, von der katholischen Kirche verurteilt, ebenso wie viele Seelsorger, die zusammen mit den Betroffenen Regelungen gefunden hatten, die sie nun prinzipiell in Frage gestellt sahen. Es ist bedauerlich, dass diese Ereignisse, die außerhalb des ökumenischen Kirchentags stattfanden, die Erinnerung an dieses ökumenisch bedeutsame Ereignis verdunkelt haben.

Schon Jahre vor dem Ökumenischen Kirchentag in Berlin hatte ich einen Vorstoß zur Gemeinschaft im Herrenmahl zur Diskussion gestellt, erstmals in meinem Buch über die konfessionsverschiedene Ehe, dann in zahlreichen Vorträgen und in breiter Öffentlichkeit beim evangelischen Kirchentag in München 1993 und dann nochmals beim Zweiten Ökumenischen Kirchentag 2010 ebenfalls in München[15]. Dabei habe ich mich gegen die verbreitete Argumentation gewandt, die Zulassung von evangelischen Christen zum Kommunionempfang sei pastoral legitim, selbst wenn sie von der Lehre der Kirche her eigentlich ausgeschlossen sei. Ich wollte kein Verständnis von pastoral akzeptieren, das Handlungen bezeichnet, die zwar der Lehre widersprechen, aber in der Praxis nicht verhindert werden können. Im Gegensatz dazu versuchte ich einen Vorschlag zu formulieren, der für die katholische Kirche auf der Basis ihrer verbindlichen Lehre einen Weg zur Gemeinschaft im Herrenmahl eröffnet.

Ausgangspunkt meiner Überlegung war die Identität von Kirchengemeinschaft und Eucharistiegemeinschaft, wie sie vom II. Vatikanum gelehrt und vor allem von Papst Johannes Paul II. mit großem Nachdruck betont wurde. Kirche ist nach dieser Überzeugung sakramentale Wirklichkeit. Wo die Kirche ist, dort werden die Sakramente gefeiert, wo die Sakramente gefeiert werden, ereignet sich Kirche. Das Konzil hat eine sakramentale Ekklesiologie vertreten. Innerhalb dieses Ansatzes lassen sich die Feier des Herrenmahls und die Gemeinschaft der Kirche nicht grundsätzlich voneinander trennen und es erscheint als widersprüchlich, Interkommunion zu praktizieren, aber daraus keine Konsequenzen für die Einigung der Kirchen ziehen. Nur die Communio, die Kirchengemeinschaft, nicht die Interkommunion kann Ziel der Ökumene sein. Angestrebt ist eine umfassende Gemeinschaft, nicht punktuelle Akte der Interkommunion bei unveränderter Kirchenspaltung.

Die sakramentale Ekklesiologie ermöglichte es dem II. Vatikanum, Kirche überall zu erkennen, wo die Sakramente gefeiert werden, und damit die exklusive Identifizierung der Kirche Jesu Christi mit der römisch-katholischen Kirche und ein vorwiegend institutio-

---

[15] Siehe u. a. Peter Neuner, Ein katholischer Vorschlag zur Eucharistiegemeinschaft, in: Stimmen der Zeit 211 (1993) 443–450.

nenorientiertes Bild von ihr zu überwinden. Es wurde möglich, Grade von Kirchenzugehörigkeit anzuerkennen und eine partielle Eucharistiegemeinschaft mit den orthodoxen Kirchen für legitim zu erachten. In diesem Rahmen formulierte die Würzburger Synode: „Volle Eucharistiegemeinschaft ist nur möglich bei voller Kirchengemeinschaft"[16]. Dann aber sollte eine wahre, wenn auch noch nicht vollkommene Kirchengemeinschaft eine partielle, auf bestimmte Fälle begrenzte Eucharistiegemeinschaft möglich machen. Eine solche zumindest partielle Kirchengemeinschaft wird nach katholischer Lehre in der konfessionsverschiedenen Ehe realisiert.

Nach katholischem Verständnis ist die Ehe Sakrament, jede gültige Ehe zwischen Christen ist sakramental, eine nicht-sakramentale Ehe wäre keine gültige Ehe. Dies gilt unabhängig vom Bekenntnis der Beteiligten, auch eine konfessionsverschiedene Ehe ist Sakrament, auch Christen verschiedenen Bekenntnisses können nach katholischem Verständnis nur eine sakramentale Ehe eingehen. Weil sich im Sakrament Kirche verwirklicht, hat das II. Vatikanische Konzil Ehe und Familie als „Hauskirche" (LG 11) bezeichnet. Das gilt auch für die konfessionsverschiedene Ehe, die als Sakrament Kirche und nicht Kirchenspaltung realisiert[17].

Wenn aber Eucharistiegemeinschaft und Kirchengemeinschaft unlösbar zusammengehören, verlangt die konfessionsverschiedene Ehe die Gemeinschaft im Herrenmahl, denn sie vollzieht Kirche und für sie ist Eucharistie konstitutiv. Durch eine christlich gelebte konfessionsverschiedene Ehe kommen beide Eheleute in eine geistliche Gemeinschaft mit der Kirche ihres Partners, die den Ausschluss vom Herrenmahl als nicht mehr gerechtfertigt erscheinen lässt.

Selbstverständlich ist für die Realisierung dieses Vorschlags vorausgesetzt, dass die traditionellen Kontroversen um das Herrenmahl nicht mehr kirchentrennend sind. Gegenseitigkeit setzt zudem voraus, dass auch die Amtsfrage nicht mehr trennend zwischen den Kirchen steht. Außerdem treffen diese Überlegungen nur auf jene konfessionsverschiedenen Ehen zu, in denen beide Partner ihre

---

[16] Beschluss Gottesdienst 5.4 in: Gemeinsame Synode der Bistümer in der Bundesrepublik Deutschland, Freiburg 1976, 214.

[17] Hier ist es sinnvoll, von der „konfessionsverbindenden" Ehe zu sprechen.

christliche und kirchliche Existenz bewusst leben, und das ist sicher nur eine Minderheit. Doch wo diese Bedingungen erfüllt sind, legitimiert nach meiner Überzeugung die gelebte Kirchengemeinschaft auch die Gemeinschaft im Herrenmahl.

Natürlich war mir bewusst, dass diese Argumentation für die evangelische Theologie nicht ohne weiteres mitvollziehbar ist. Zwar versteht auch sie die christliche Ehe als Hauskirche, begründet dies aber nicht durch ihre sakramentale Qualität. Die evangelische Kirche hat in dem Modell der „Gastbereitschaft" einen Weg gefunden, um die Gemeinschaft im Herrenmahl zu legitimieren – ich versuchte einen Weg aufzuzeigen, der dies für die katholische Kirche leistet. Soweit sich die verschiedenen Wege für die jeweils andere Kirche anerkennen lassen, muss diese Verschiedenheit ihre Tragfähigkeit nicht beeinträchtigen. Diese Argumentation versuchte jedenfalls einen Weg zu eröffnen, wie die katholische Kirche in Treue zu ihren dogmatischen Grundsätzen und innerhalb ihres Horizonts in konkreten Fällen eine Eucharistiegemeinschaft als legitim erachten und die allseits beklagte Trennung im Herrenmahl überwinden könnte. Schließlich wurden die Theologen immer wieder aufgerufen, ihren Beitrag zu diesem Ziel zu leisten.

Wenn ich hier nur die konfessionsverschiedene Ehe in den Blick genommen habe, bedeutet dies nicht, dass andere Personenkreise von der Gemeinschaft im Herrenmahl notwendigerweise ausgeschlossen sein müssten. Es ist sehr wohl denkbar, dass sich auch auf anderen Wegen ein Maß an Kirchengemeinschaft verwirklichen lässt, das auch eine Eucharistiegemeinschaft legitimiert. Allgemein verbindliche Regelungen, insbesondere universelle Verbote, können der konkreten Situation am Ort und beim einzelnen Betroffenen nicht in allen Fällen gerecht werden. Was für die Kirchen als ganze oder insgesamt für die Pfarrgemeinden heute vielleicht noch nicht legitim ist, muss nicht auch für jeden Einzelfall ausgeschlossen sein. Der Appell an die verantwortliche Gewissensentscheidung, wie ihn auch die Gemeinsame Synode formulierte, erscheint mir hier als unverzichtbar.

Dass dieser Vorschlag über die bestehenden kirchenamtlichen Regelungen hinausgeht, war mir natürlich klar, Schwierigkeiten bekam ich deswegen nicht. Vielmehr wurde ich verschiedentlich auch auf diözesaner Ebene zu Vorträgen eingeladen, um diese These zur Diskussion zu stellen, die man zumindest als bedenkenswert erachtete. Nach einem Referat in Köln, über das auch die Presse berichtete, wurde ich vom Ordinariat zu einer Stellungnahme aufgefordert. Ich habe mein Vortragsmanuskript übersandt und dann nichts mehr gehört. Im Rahmen des Ökumenischen Kirchentags in München 2010, wo ich diesen Vorschlag noch einmal vor großem Auditorium vortragen konnte, bezeichnete ihn Bischof Gebhard Fürst als folgerichtig, man müsse aber damit rechnen, dass es Zeit braucht, bis diese Gedanken in die Praxis umgesetzt werden können.

Tatsächlich hat es Jahre gedauert, bis sich die Deutsche Bischofskonferenz in großer Mehrheit zu einer Öffnung der Eucharistie für konfessionsverschiedene Paare durchgerungen und dabei die dargestellte Argumentation aufgegriffen hat. In dem Beschluss „Mit Christus gehen – Der Einheit auf der Spur. Konfessionsverbindende Ehen und gemeinsame Teilnahme an der Eucharistie"[18] vom Februar 2018 stellten die deutschen Bischöfe fest, dass die ökumenischen Dialoge „auf diesem Gebiet eine substantielle Annäherung erreicht haben" (Nr. 8). „Die Eheleute sind nicht nur durch die Taufe, sondern auch durch das Sakrament der Ehe miteinander verbunden". Daraus ziehen die Bischöfe die Konsequenz: „Eine konfessionsverbindende Ehe, die sakramental verbindet, realisiert partiell bereits die Kirchengemeinschaft, auf die wir aus sind. Eine solche Ehe, die im Glauben gelebt wird, hat als ‚Hauskirche' eine innere Verbindung zur Eucharistie. Die Ehe ist aufs Engste mit der Eucharistie verbunden, weil alle Sakramente, die in der Eucharistie ihre Mitte finden, untereinander verbunden sind und weil Eucharistiegemeinschaft und Kirchengemeinschaft in engster Verbindung stehen" (Nr. 52). Die Bischöfe rufen auf: „Wir laden alle konfessionsverbindenden Ehepaare ein, mit ihrem Pfarrer oder einer anderen mit der Seelsorge beauftragten Person ein Gespräch zu suchen, um eine Entscheidung zu treffen, die dem eigenen Gewissen folgt und die Einheit der Kirche wahrt" (Nr. 54).

Dieser Beschluss wurde von einer großen Mehrheit der deutschen Bischöfe verabschiedet, jedoch haben sich sechs Bischöfe unter der

---

[18] Deutsche Bischofskonferenz, Orientierungshilfe, 2018.

Führung des Kölner Kardinals Rainer Maria Woelki an den Vatikan gewandt und Widerspruch eingelegt in der Form der Frage: „Ist es einer einzelnen nationalen Bischofskonferenz überhaupt möglich, ohne Rückbindung und Einbindung in die Universalkirche in einer solchen, den Glauben und die Praxis der ganzen Kirche betreffenden Frage eine isolierte, nur ein bestimmtes Sprachgebiet betreffende Entscheidung zu fällen?" Papst Franziskus lud Repräsentanten beider Seiten nach Rom zu einem Vermittlungsgespräch und bat sie, „im Geist kirchlicher Gemeinschaft eine möglichst einmütige Regelung zu finden". In einem Dekret vom 25. Mai 2018 hat die Glaubenskongregation entschieden, „dass das Dokument nicht zur Veröffentlichung reif ist", also nicht verbindlich verlautbart werden darf[19]. Es wurde dann auch nicht als Beschluss der Bischofskonferenz, sondern als „Orientierungshilfe" publiziert.

Ob die Vorstellung zu optimistisch ist, dass durch diesen Vorgang das Problem, das ja keineswegs allein in Deutschland virulent ist, nun universalkirchlich in Angriff genommen wird? Mehrere Bischofskonferenzen haben ähnliche Entscheidungen für ihren Geltungsbereich bereits getroffen, manche sind sogar einen Schritt weiter gegangen und haben eine Zulassung auf Gegenseitigkeit verfügt. Die Auseinandersetzungen sind ein Beispiel dafür, wie schwierig Erkenntnisse der ökumenischen Theologie in die kirchliche Ordnung umzusetzen sind, selbst wenn deutliche Mehrheiten nicht allein der Gemeinden, sondern auch der Bischöfe sie befürworten. Konservative Strömungen sind mächtig, auch in Rom.

In der Vorbereitung auf den Dritten Ökumenischen Kirchentag 2021 in Frankfurt entsteht angesichts des Vorstoßes der deutschen Bischöfe und spontaner Äußerungen von Papst Franziskus erneut die Hoffnung, dass zu diesem Anlass Ausnahmeregelungen erfolgen werden. Gewichtige Stimmen aus der Theologie, allen voran der Ökumenische Arbeitskreis evangelischer und katholischer Theologen, sprechen sich in dieser Richtung aus und zeigen, dass die überkommenen Kontroversprobleme durch die ökumenische Forschung der vergangenen 50 Jahre jedenfalls soweit gelöst sind, dass

---

[19] Dokumentiert auf der Website der DBK in der Rubrik Ökumene.

sie die Trennung nicht mehr zu legitimieren vermögen[20]. Der Text argumentiert behutsam, stellt die Einheit von Kirchengemeinschaft und Eucharistiegemeinschaft nicht in Frage und plädiert nicht für eine volle Eucharistiegemeinschaft. Als möglich erscheint ihm aber eine durch die Gewissensentscheidung legitimierte wechselseitige Teilnahme an den konfessionellen Feiern des Herrenmahls[21]. Allerdings hat die römische Glaubenskongregation umgehend auf angeblich noch ungelöste Probleme verwiesen, die demnach auch eine individuelle Gewissensentscheidung für eine Gemeinschaft in Herrenmahl ausschließen[22].

Für die Praxis dürfte sich durch die Kontroversen zwischen den Bischöfen wenig ändern. Es ist sicher nur eine Minderheit von evangelischen Christen, die an der Teilnahme an der sonntäglichen Eucharistiefeier in der katholischen Kirche interessiert sind, und nur wenige werden sich wohl durch den Querschuss der sechs Bischöfe und die Intervention der Glaubenskongregation beeindrucken lassen. Und kaum ein katholischer Priester wird die Kommunion verweigern, sollte er jemanden als evangelischen Christen erkennen. Ich selbst bin einmal in Verlegenheit geraten bei einem Gottesdienst auf einer Insel vor Shanghai. Vor der Kommunionausteilung wurde auf eine Bildwand in englischer und chinesischer Sprache die Vorschrift projiziert, dass nur Angehörige der römisch-katholischen Kirche das Recht haben, die Kommunion zu empfangen. Als ich an der Reihe war, stellte mir der Priester die Frage: „You are catholic?" Ich konnte das mit gutem Gewissen bejahen, auf die Rückfrage „Really?", und meine nochmalige Bestätigung hin wurde mir die Kommunion gereicht. Es entbehrt nicht einer gewissen Pikanterie, dass ich diese Erfahrung in einem Gottesdienst der von der chinesischen Regierung anerkannten, von Rom offiziell getrennten Kirche in China gemacht habe.

---

[20] Dorothea Sattler – Volker Leppin (Hg.), Gemeinsam am Tisch des Herrn. Ein Votum des Ökumenischen Arbeitskreises evangelischer und katholischer Theologen, Freiburg 2020.

[21] Siehe hierzu Christoph Böttigheimer, Alles oder nichts?, in: Herder-Korrespondenz 74 (2020) H. 11, 23.

[22] Dokumentiert auf der Website der DBK in der Rubrik Ökumene.

4. Einheitsvorstellungen

a) Uneins über die Einheit

In der ökumenischen Theologie konnten erhebliche Fortschritte erzielt werden, herkömmliche Kontroversen haben nach vorherrschender Überzeugung ihre kirchentrennende Kraft verloren. Dennoch ist dieser Prozess für die verfassten Kirchen weitgehend ohne Konsequenzen geblieben, sie argumentieren und handeln zumeist, als wäre all dies nie geschehen. Das hat sicherlich mit dem Beharrungsvermögen von Großinstitutionen zu tun, die die Kirchen auch heute noch sind, und mit Ungleichzeitigkeiten, die sich zwischen den Kulturkreisen zeigen. Doch es gibt keine Ökumene ohne Bekehrung, und gerade sie fällt den Kirchen überaus schwer. Dies zeigt sich in ihren Stellungnahmen zu ökumenischen Konsens- und Konvergenztexten, exemplarisch zum Lima-Papier. Quer durch die Konfessionen hat sich eine gewisse Praxis eingespielt. Zunächst werden die Dokumente positiv gewürdigt, eventuell sogar vermerkt, dass man in ihnen das Wehen des Heiligen Geistes verspüre, der Kommission, die sie erstellt hat, wird Anerkennung und Dank gezollt. Dann werden jene Punkte positiv gewürdigt, die mit der je eigenen Praxis und Lehre übereinstimmen. Bei den anderen Themen, die von der eigenen Tradition nicht gedeckt sind, wird in der Regel weiteres und vertieftes Studium gefordert, wobei stillschweigend vorausgesetzt wird, dass dieses zu seinem Ziel gekommen ist, wenn sich die eigene Überzeugung durchgesetzt hat. Es gibt nur wenige Beispiele, dass sich Kirchen durch ökumenische Dokumente zur Reform veranlasst gesehen und um der Verpflichtung zur Einheit willen ihre Praxis geändert haben. Die Bewahrung der konfessionellen Identität hat zumeist mehr Gewicht als die Bemühung um Gemeinschaft.

Eine wichtige Ursache für dieses Verhalten sehe ich in der Unsicherheit hinsichtlich der Zielvorstellungen der Bemühung um Einheit. Es besteht keineswegs Übereinstimmung darüber, wie die geeinte Kirche einmal aussehen könnte. Faktisch dominiert in den Einheitsvorstellungen aller Kirchen deren jeweilige Ekklesiologie. Weil sich jede als rechte Kirche versteht, liegt es nahe, dass sie sich selbst als Modell sieht, an dem sich die Anderen zu orientieren haben. Die Erwartung lautet dann: Rückkehr nach Rom oder zum frühchristlichen Konstantinopel oder auch Nachholen der Reformen, für die Wittenberg oder Genf stehen. Auch wenn Rückkehrforderungen inzwischen kaum noch direkt formuliert werden, sind die Zielvorstellungen doch so eng mit der jeweiligen Ekklesiologie verbunden, dass eine Einigung in aller Regel nach dem Modell der jeweils eigenen Identität angestrebt wird. Bekehren müssen sich immer die anderen. Nach Reinhard Frieling sind „die unterschiedlichen Vorstellungen von der Einheit der Kirche vielleicht das größte Hindernis für die Einheit"[23].

b) Traditionelle Einheitsvorstellungen der Kirchen

Eine Definition der Kircheneinheit findet sich in der lutherischen Tradition, wo es in der *Confessio Augustana* heißt: „Dies ist gnug *(satis est)* zu wahrer Einigkeit der christlichen Kirchen, dass da einträchtiglich nach reinem Verstand das Evangelium gepredigt und die Sakrament dem göttlichen Wort gemäß gereicht werden". Darauf folgt die Negation: „Und ist nicht not *(nec necesse est)* zur wahren Einigkeit der christlichen Kirche, dass allenthalben gleichformige Ceremonien, von den Menschen eingesetzt, gehalten werden"[24]. Die Kirche ist nach lutherischer Überzeugung überall dort verwirklicht, wo das Evangelium recht verkündet und die Sakramente, d. h. Taufe und Abendmahl, gemäß der Einsetzung durch Jesus gefeiert werden. Mit all denen, die dies glauben und leben, weiß sich ein evangelischer Christ in Kirchengemeinschaft und kann folglich auch Gemeinschaft im Herrenmahl mit ihm haben. Alles was darüber hinausgeht, kann unterschiedlich geregelt sein und darf jedenfalls nicht verbindlich gefordert werden. Diese Aussage des Augsburger Bekenntnisses wird verschiedentlich mit einer polemischen Spitze gegen die katholische Tradition versehen, wenn Strukturen der Kirche und ihr Amt dem zugerechnet werden, was nicht notwendig ist. Institutionell-organisatorische Einigungsbemühungen erscheinen dann als unnötig, gege-

---

[23] Reinhard Frieling, Der Weg des ökumenischen Gedankens, Göttingen 1992, 257.
[24] „Ad veram unitatem ecclesiae satis est …" (CA VII, BSLK, S. 61).

benenfalls sogar als im Widerspruch zum Bekenntnis. Zumeist aber wird auch in lutherischer Tradition daran festgehalten, dass das ordinierte Amt als Dienst an Wort und Sakrament mit diesen mitgesetzt und damit für die rechte Gestalt von Kirche unverzichtbar ist. Kirche ist keine *civitas platonica,* ihre Einheit muss auch sichtbar werden.

Die reformierte Tradition ist geprägt durch das *Soli Deo gloria,* die Ehre des souveränen Gottes. Das Heil kann sich der Mensch nicht verdienen, es wird ihm zuteil aus Gottes ewigem Ratschluss, er ist durch Christus zum Heil prädestiniert. So erscheint die Kirche primär nicht als Zusammenschluss von Gläubigen, sondern als Stiftung Gottes, als die Gemeinschaft aller Auserwählten von Anbeginn der Welt und darum nur für Gottes Auge wahrnehmbar. Nur Gott weiß, wer zu seinen Erwählten und damit zur Kirche gehört. Die wahre Kirche ist unsichtbar, sie ist über jede Ordnung erhaben. Folglich „muß Gott allein die Kenntnis seiner Kirche überlassen werden, deren Grundlage seine geheime Erwählung ist"[25]. Doch die verfasste und sichtbare Kirche hat einen entscheidenden Beitrag zu leisten, dass die Herrschaft Gottes über die Menschheit Wirklichkeit wird. In der konkreten christlichen Gemeinde muss in der Verkündigung, in der Feier des Gottesdienstes und in der Lebensführung ihrer Mitglieder die Herrschaft Gottes realisiert werden und darum Einheit herrschen. Um sie zu gewährleisten, hat sich Calvin in Genf auch polizeilicher Mittel und Zwangsmaßnahmen bedient. Zwischen den Städten, die die Reformation durchgeführt haben, kann jedoch die Ordnung nicht unerheblich differieren. Dies war schon insofern unvermeidlich, als in der Schweiz die Reformation weniger von Theologen als von den Städten durchgeführt wurde. Einheit ist in diesem Rahmen Einheit am Ort. Sie ereignet sich durch Übereinstimmung im Bekenntnis und in einem ihm entsprechenden Leben.

In dieser Tradition haben die Freikirchen alles Gewicht auf die Ortsgemeinde gelegt, in der sich die wahre Kirche realisiert. Sie verwirklicht die Gemeinschaft, ohne die Christentum nicht möglich ist. Die als Gemeinde existierende Kirche ist sichtbar, die universale oder katholische Kirche, zu der alle Auserwählten aller Zeiten gehören,

---

[25] Johannes Calvin, Institutio Christianae Religionis, zitiert in: Texte zur Theologie D5 Nr. 151.

bleibt dagegen unsichtbar. Einheit wird hier zumeist nicht durch übergemeindliche Vereinheitlichung oder Autorität angestrebt. Zusammenschlüsse von Lokalgemeinden, die es auch unter den Freikirchen gibt, werden zumeist als Assoziationen, nicht als Kirchen verstanden. Doch die Konzentration auf die jeweilige Gemeinde am Ort schließt auch in dieser Frage unterschiedliche Entscheidungen nicht aus.

In ihrem „Appeal to All Christian People" (1920) riefen die anglikanischen Bischöfe die Christenheit zur Einheit auf. Als Voraussetzungen für diese nannten sie 1. den Glauben, dass die Heilige Schrift alles zum Heil Notwendige enthält, 2. die Anerkennung der altchristlichen Glaubensbekenntnisse, 3. die Anerkennung von Taufe und Abendmahl als von Christus eingesetzte Sakramente, 4. die Anerkennung des historischen Bischofsamtes unter Berücksichtigung der Bedürfnisse der verschiedenen Gebiete und Völker[26]. Mit jeder Kirche, die diese vier Bedingungen erfüllt, wussten sich die anglikanischen Bischöfe in Gemeinschaft. Alles andere kann dagegen variabel bleiben. Der Begriff *comprehensiveness* vermag im Anglikanismus Differenzen im Inneren wie nach außen zu überbrücken, die in anderen Kirchen wohl nicht akzeptabel wären. Als unabdingbar erachtet der Anglikanismus dagegen das historische Bischofsamt. Die Amtssukzession wird als Zeichen für Kontinuität und Apostolizität gewertet. Faktisch haben sich im Anglikanismus in den vergangenen Jahren die innerkirchlichen Spannungen in den Kontroversen um Frauenordination und homosexuelle Amtsträger/innen erheblich verschärft. Konservative Kreise, die Öffnungen in diesen Fragen nicht akzeptieren, haben in einer Anbindung an Rom eine kirchliche Heimat außerhalb der anglikanischen Gemeinschaft gefunden.

In der Betonung der bischöflichen Verfassung berührt sich die anglikanische Auffassung mit der Einheitsvorstellung der Orthodoxie. Ihr zufolge ist die Kirche jeweils Ortskirche unter der Leitung ihres Bischofs. Einheit ist wesentlich Einheit mit dem Bischof, und das sowohl synchron wie auch diachron. Im Bischofsamt hat die Einheit der Orthodoxie ihre personale Zuspitzung. Die einzelnen Kir-

---

[26] So festgeschrieben im Lambeth Quadrilateral (1888).

chen sind selbstständig, autokephal, ihre Gemeinschaft wird durch die Einheit der Bischöfe gewährleistet, die in der Synode zusammenwirken und gemeinsam den Gottesdienst feiern. In der Feier der Eucharistie werden der Bischof und der Patriarch bzw. der Erzbischof genannt, in deren Autorität diese Feier stattfindet. Die Patriarchen kommemorieren die Namen der anderen Kirchenoberhäupter, mit denen sie in Gemeinschaft stehen. Ein Kirchenoberhaupt aus den Diptychen zu streichen bedeutet letztlich die Aufkündigung der Kirchengemeinschaft.

Die nachreformatorische römische Kirche entwickelte ihr Einheitsverständnis vornehmlich in Abwehr von Tendenzen hin auf Unsichtbarkeit der Kirche. Robert Bellarmin zufolge ist die Kirche „ein Zusammenschluss von Menschen, der durch das Bekenntnis desselben christlichen Glaubens und durch die Gemeinschaft derselben Sakramente, unter der Leitung der legitimen Hirten, vor allem des einen Stellvertreters Christi auf Erden, des römischen Papstes, verbunden is[27]. Nicht zugehörig sind Ungläubige und Häretiker, die nicht den wahren Glauben bekennen, die Exkommunizierten, die keinen Zugang zu den Sakramenten haben, und die Schismatiker, die sich nicht dem Papst unterwerfen. Diese Kriterien tendierten im Laufe der neuzeitlichen Dogmengeschichte mehr und mehr hin auf die Unterordnung unter den Papst. Sie allein gewährleistet die „volle Einheit“, die etwa gemäß der Enzyklika *Ecclesia de Eucharistia* für die Gemeinschaft im Herrenmahl vorausgesetzt wird. Diese Forderung nach „voller Einheit“ wird in der ökumenischen Diskussion immer wieder als „Rückkehr nach Rom“ interpretiert, was man katholischerseits regelmäßig als Missverständnis zurückweist, ohne dass man genauer angeben könnte, wie Einheit dann denkbar wäre, außer dass auch nach katholischem Verständnis Einheit nicht universelle Einheitlichkeit besagt und dass es das II. Vatikanum als Aufgabe des Papstes bezeichnet, dass er „die rechtmäßigen Verschiedenheiten schützt“ (LG 13).

---

[27] Robert Bellarmin, Controversiae, in: Texte zur Theologie D5, Nr. 154.

c) Einheitsmodelle in der Ökumenischen Bewegung

Angesichts der unterschiedlichen Vorstellungen von der angestrebten Einheit konnte sich die Ökumenische Bewegung zunächst nicht auf das Ziel ihrer Bemühungen verständigen. Bereits bei der Gründung von „Faith and Order" 1927 in Lausanne musste man mit einiger Ernüchterung feststellen, dass sich die damals vorherrschenden Modelle „Kirchenbund" und „Organische Union" als nicht kompatibel erwiesen. Zwei Jahre nach der Gründung des ÖRK erklärte der Zentralausschuss 1950 in Toronto, keine Mitgliedskirche müsse eine bestimmte Lehre über das Wesen der kirchlichen Einheit vertreten. Man hatte sich mit der Aussage zu bescheiden, dass der Rat „den Gedanken der Einheit der Kirche vertritt und sich gleichwohl weigert, sich eine bestimmte Lehre von der Einheit der Kirche zu eigen zu machen"[28].

Neue Dynamik brachten Kirchenunionen insbesondere in den jungen Kirchen. Hier war die Einheit aller Christen in einer bestimmten Region zumeist wichtiger als die Einheit mit den Mutterkirchen, aus denen die beteiligten Konfessionen hervorgegangen waren. Einheit wurde in Anlehnung an reformierte Vorstellungen verstanden als Einheit am Ort. In diesem Sinn konnte der ÖRK in der Vollversammlung von Neu-Delhi 1961 sein Einheitsverständnis präzisieren: „Wir glauben, dass die Einheit … sichtbar gemacht wird, indem alle an jedem Ort, die in Christus getauft sind und ihn als Herrn und Heiland bekennen, durch den Heiligen Geist in eine völlig verpflichtete Gemeinschaft geführt werden"[29]. Kirchen werden demnach dadurch geeint, dass sie ein gemeinsames Glaubensbekenntnis formulieren, Übereinstimmung erzielen über die Sakramente und über das Amt, dass sie gemeinsam den Dienst der Verkündigung und der Diakonie vollziehen und dass sie sich eine Struktur geben, die es ihnen erlaubt, nach innen und nach außen als eine Kirche in Erscheinung zu treten. Dieses Modell wurde als organische Union bezeichnet.

---

[28] Willem Adolf Visser't Hooft, Ökumenische Bilanz, Stuttgart 1966, 111.
[29] Neu-Delhi 1961, Stuttgart 1962, 130.

Die Vollversammlung des ÖRK 1968 in Uppsala entwickelte, nicht zuletzt durch das Konzil in Rom angeregt, die Vision einer „konziliaren Gemeinschaft". Man hat den Blick auf die weltweite Ökumene geweitet und dabei die Katholizität als Wesensmerkmal der Kirche neu entdeckt. „So möchten wir der Betonung von ‚allen an jedem Ort' hier ein neues Verständnis der Einheit aller Christen an allen Orten hinzufügen. Das fordert die Kirchen an allen Orten zur Einsicht auf, dass sie zusammengehören und aufgerufen sind, gemeinsam zu handeln."[30] Als Ziel erschien dabei eine universale Kirche, in der die jeweils organisch geeinten Ortskirchen „konziliar" zusammenwirken und dadurch jeweils am Ort ihre Katholizität realisieren. Unbeschadet ihrer globalen Verpflichtung sind die Ortskirchen selbständig, vielgestaltig und jeweils kontextuell von ihrer Kultur und den sozialen Gegebenheiten geprägt.

In der Rezeption von Uppsala dominierte eine Einheitsvorstellung, die oft als „Säkularökumenismus" bezeichnet wird. Einheit der Kirche sollte durch gemeinsames Tun, besonders durch politisches Engagement verwirklicht werden. „Der Glaube trennt, die Praxis eint", lautete das Schlagwort. Gemeinsames Tun erschien als bedeutsamer als die Aufarbeitung überkommener Lehrdifferenzen, deren Gegenwartsbedeutung oft kaum erkannt wurde. Johann Baptist Metz entwickelte das Konzept einer „indirekten Ökumene". Der Verständigung der Kirchen würde am besten gedient „durch die je eigene Auseinandersetzung der christlichen Kirchen und ihrer spezifischen Traditionen mit einem ‚dritten Partner', nämlich mit den Problemen und Herausforderungen der Welt von heute". Wenn sich die Kirchen diesen Herausforderungen stellen und „dies tun ohne Rücksicht auf die konfessionellen Differenzen und so handeln, ‚etsi non darentur'"[31], als würde es sie einfach nicht geben, wächst ihnen eine Einheit zu, innerhalb derer die traditionellen Kontroversen gegebenenfalls „mitgelöst" werden.

Allerdings musste man bald erkennen, dass auf diesem Weg auch neue Differenzen entstanden, dass Kirchen, die im Bekenntnis eins

---

[30] Bericht aus Uppsala 68, 14.
[31] Johann B. Metz, Reform und Gegenreformation heute, Mainz 1969, 33 und 37.

waren, sich durch unterschiedliche Einstellungen zu gesellschaftlichen und politischen Problemen getrennt haben und „ethische Konfessionen" entstanden. So erklärte etwa der Reformierte Weltbund 1982 den *status confessionis* gegenüber den Kirchen, die den Rassismus des südafrikanischen Apartheidregimes unterstützten.

In der Vollversammlung 1975 in Nairobi hat man die sichtbare Einheit und die eucharistische Gemeinschaft in die Verfassung des ÖRK aufgenommen, in der Folge aber feststellen müssen, dass gegenwärtig kein voller Konsens darüber besteht, wie sich die sichtbare Einheit konkret darstellen könnte. Eine gewisse Überbrückung der unterschiedlichen Einheitsmodelle fand man im Begriff der Koinonia, Gemeinschaft. Gerade wegen seiner Offenheit erscheint er als geeignet, die Verschiedenheiten positiv und als Bereicherung zu werten. Dennoch sollte Koinonia nicht einfach den bestehenden Zustand zwischen den Kirchen legitimieren, es bedeutet nicht „anything goes". So hat man in Canberra 1991 formuliert, „das Ziel der Suche nach Gemeinschaft ist erreicht, wenn alle Kirchen in den anderen die eine, heilige, katholische und apostolische Kirche in ihrer Fülle erkennen können"[32]. Als theologische Begründung führte man die trinitarische Einheit in Gott an, die als Bild für die Kirche dient. „Gott will die Einheit für die Kirche, für die Menschheit und für die Schöpfung, weil Gott eine Koinonia der Liebe ist, die Einheit von Vater, Sohn und Heiligem Geist."[33] Als Bild des trinitarischen Gottes soll die Kirche zum Zeichen der verheißenen Gemeinschaft der Menschheit und durch ihren konkreten Einsatz für die Welt zum Werkzeug für deren Verwirklichung werden.

Die Einheitsvorstellung insbesondere von Neu-Delhi war vom Modell der Kirche am Ort bestimmt, wobei der Begriff „Ort" unterschiedliche Bedeutung haben und die lokale Gottesdienstgemeinde ebenso bezeichnen konnte wie die Diözese. Am Ort soll organische Union werden. Die traditionellen Konfessionen erschienen dabei als die eigentlichen Störenfriede, die es zu überwinden galt. Dabei hatten sich diese verschiedentlich zu Weltbünden zusammengeschlossen, von denen einige auf eine lange Geschichte und ein imponieren-

---

[32] Bericht aus Canberra 91, Frankfurt 1991, 174.
[33] Die Botschaft ist veröffentlicht in ÖR 42 (1993) 476–479.

des Werk globaler kirchlicher Einigung zurückblicken konnten. Sollte die weltweite Gemeinschaft, die sie zwischen Kirchen gleichen Bekenntnisses verwirklichten, zugunsten neu zu konstituierender Einheiten jeweils am Ort preisgegeben werden?

Aus lutherischer Sicht und angeregt durch das *satis est* von CA VII entstand die Vorstellung von der „versöhnten Verschiedenheit". Diesen Begriff prägte Harding Meyer, Direktor am Ökumenischen Institut des Lutherischen Weltbundes, in einer Kontroverse mit dem ÖRK. Der Lutherische Weltbund hat ihn aufgegriffen und in seiner Vollversammlung in Dar-es-Salam (1977) festgehalten, dass dieses Modell die gegenseitige Anerkennung der Taufe und der kirchlichen Ämter, die Aufnahme eucharistischer Gemeinschaft und die Einheit in Zeugnis und Dienst impliziere, nicht aber eine einheitliche Institution. Die entscheidende Frage war nicht mehr, was zur Einheit noch fehlt, sondern was für eine gegenseitige Anerkennung als Kirchen hinreicht. Anerkennung wurde zum Schlüsselbegriff ökumenischer Arbeit und der Begriff der versöhnten Verschiedenheit hat sich weithin als Zielvorstellung durchgesetzt. Allerdings bleibt in der derzeitigen Verwendung häufig unklar, was zur Versöhnung gehört und wie sie sich von einem bloßen Festhalten am Ist-Zustand unterscheidet.

Der Ansatz beim *satis est* machte Schule. In einer Auseinandersetzung mit dem Vorschlag von Fries und Rahner entwickelte Oscar Cullmann die Vorstellung von einer Einheit nicht trotz, sondern durch Vielfalt[34], Erich Geldbach sprach von einer „Ökumene in Gegensätzen"[35]. Der DÖSTA entwickelte in einer Studie über Ökumenische Theoriebildung die Vorstellung von einer „Einheit in Gegensätzen"[36]. Ulrich Körtner plädierte für eine Differenzökumene[37], die

---

[34] Oscar Cullmann, Einheit durch Vielfalt. Grundlegung und Beitrag zur Diskussion über die Möglichkeiten ihrer Verwirklichung, Tübingen 1986.

[35] Bensheimer Hefte Nr. 66, Göttingen 1987, 129–177.

[36] Deutscher Ökumenischer Studienausschuß, Theologie der Ökumene – Ökumenische Theoriebildung, in: Ökumenische Rundschau 37 (1988) 205–221, hier 214.

[37] Ulrich Körtner, Wohin steuert die Ökumene? Vom Konsens- zum Differenzmodell, Göttingen 2005.

nicht Konvergenzen suchen und Einheit anstreben, sondern sich mit einem geordneten Zusammenleben von nicht kompatiblen Kirchentypen bescheiden solle. Das Verlangen nach Einheit stehe immer in der Gefahr, dem Partner die eigene Vorstellung aufzuzwingen, und stelle damit genau das Gegenmodell ökumenischer Gesinnung dar. Man solle den Anderen anders und den Fremden fremd sein lassen.

Zurückhaltender war Bischof Wolfgang Huber von Berlin, damals Ratsvorsitzender der EKD, in seinem Plädoyer für eine „Ökumene der Profile"[38], das er im Mai 2007 bei einem Symposium der evangelischen Kirche im Rheinland vorgetragen hat. Es schien ihm damals nicht die rechte Zeit, Differenzen in der Praxis kirchlichen Lebens und in ethischen Problemen zu überwinden. Aber wir sollten „uns unsere bleibenden Unterschiede nicht gegenseitig vorwerfen, sondern sie als Differenzen verstehen lernen, mit denen ökumenisch zu leben unsere zukünftige gemeinsame Aufgabe ist"[39]. Entscheidungen insbesondere in sozialen und ethischen Fragen, die anders ausfallen, als der Partner es erwartet, sollte man nicht immer gleich als Beginn einer ökumenischen Eiszeit oder als anti-ökumenischen Affront werten. *We agree to differ*, wobei die Betonung auf dem *we agree* liegt. Das kann vor ständigen Enttäuschungen bewahren.

Konrad Raiser propagierte bereits 1989 einen Paradigmenwechsel, demzufolge die Ökumene nicht mehr die Einheit anstreben solle, sondern eine Hausgenossenschaft, wie ja auch das griechische Wort *oikos*, Haus, am Ursprung des Begriffs „Ökumene" steht. „Hausgenossen sind gleichberechtigt und doch verschieden … Im einen Haus des Vaters gibt es viele Wohnungen und nicht nur eine verpflichtete Gemeinschaft. Hausgenossenschaft schließt volle Partizipation für alle Mitglieder des Haushaltes ein."[40] Ziel sollte es sein, dass jede Ausgrenzung entfällt, trotz aller bleibenden Differenzen. Als wir im DÖSTA zu Beginn der 90er Jahre die Studie zur Ekklesiologie

---

[38] Wolfgang Huber, Was bedeutet Ökumene der Profile?, in: Johannes Brosseder – Markus Wriedt (Hg.), „Kein Anlass zur Verwerfung" (FS Otto-Hermann Pesch), Frankfurt 2007, 399–410, hier 407 mit einem Zitat nach Eberhard Jüngel.

[39] A. a. O. 409.

[40] Konrad Raiser, Ökumene im Übergang, München 1989, 160.

planten[41], plädierte Raiser dafür, nicht ein weiteres Konvergenzpapier zu verfassen, sondern die breite ekklesiologische Vielfalt der christlichen Kirchen darzustellen, die nicht überwunden, sondern gehegt werden solle. Nicht die Verschiedenheit gelte es zu überwinden, sondern die gegenseitige Verwerfung. Dabei gehören in Raisers Votum zur Hausgenossenschaft auch die klassischen Aspekte kirchlicher Einigung, nämlich die Anerkennung der Taufe, die Gemeinschaft im Wort und im Herrenmahl, die Zusammenarbeit im Auftrag für die Welt. Aber die von ihm geforderte „Konvivenz", die Gemeinschaft im Leben, nicht in der Lehre, tendiert darauf hin, Kirche zu einer offenen Größe, zu einem „Haus ohne Wände"[42] werden zu lassen.

In diesem Kontext wurde der Begriff von der „größeren Ökumene" geläufig, der das Verhältnis auch zu den Weltreligionen umfasst. Hier geht es nicht mehr um eine anzustrebende Einheit, sondern um Formen von Toleranz und gegenseitigem Respekt bei bleibender Glaubensdifferenz. Natürlich wird niemand in Frage stellen, dass hier Probleme anstehen, die eine sich zunehmend verbundende Gesellschaft herausfordern. Die Pluralität der Religionen stellt gewichtige Fragen und niemand kann bezweifeln, dass Verhaltensweisen, die in dieser „größeren Ökumene" entwickelt und eingeübt werden, auch für die binnenchristliche Ökumene relevant sind. Dennoch kann ich die Sorge nicht verhehlen, dass durch diese Erweiterung des Begriffs „Ökumene" die Verpflichtung auf die Einheit der Christenheit, wie ich sie im Neuen Testament und in den altkirchlichen Glaubensbekenntnissen finde, nicht mehr angemessen in den Blick kommt. Das Ziel, das sich die Ökumenische Bewegung gestellt hat, ist in der derzeitigen Situation von zumeist tolerant miteinander umgehenden, aber nach wie vor getrennten Kirchen noch keineswegs erreicht. Manchmal erscheint mir der Ruf nach der größeren Ökumene fast wie eine Flucht vor dem Auftrag zur Einheit der Christenheit. Ist Fernstenliebe leichter als Nächstenliebe?[43]

---

[41] Siehe oben S. 118f.

[42] Dietrich Ritschl, in: ders. – Peter Neuner (Hg.), Kirchen in Gemeinschaft – Gemeinschaft der Kirche, Frankfurt 1993, 122.

[43] Nach Friedrich Nietzsche, Also sprach Zarathustra (Werke Bd. 2, 324f.).

F) Im aktiven Ruhestand

Mit Vollendung des 65. Lebensjahres 2006 wurde ich in den Ruhestand versetzt. Zu meinem Geburtstag und zum Abschied von der Universität überreichten mir Kollegen und Freunde eine umfangreiche Festschrift mit dem Titel „Kircheneinheit und Weltverantwortung"[1], herausgegeben haben sie Christoph Böttigheimer und der leider allzu früh verstorbene Hubert Filser. Ich freue mich nach wie vor über dieses Geschenk, das in vielfältiger Brechung Themen aufgreift, um die ich mich in den Jahren an der Fakultät bemüht habe. Immer wieder finde ich in den breit gefächerten Beiträgen Anregungen für meine Arbeit in der Dogmatik und der Ökumene, die ich auch nach Eintritt in den Ruhestand fortsetzen konnte.

Wie üblich konnte die Stelle erst nach einer Sperre von sechs Monaten wieder besetzt werden. Ich habe Vorlesungen und Seminare noch ein Semester weiter geführt, aber dann war in der Universität Schluss, Bertram Stubenrauch hat die Aufgaben übernommen. Auf Bitten der Fakultät habe ich sie weiterhin im Seniorenstudium vertreten und in diesem Rahmen auch Vorlesungen zur Ökumenischen Theologie angeboten. Es war ein anderes Auditorium, als ich es vom aktiven Dienst her gewohnt war. Die meisten Hörer waren älter als ich, sie kamen aus persönlichem Interesse, wollten keine Examen ablegen und strebten keine Berufsqualifizierung an. Nicht selten fühlten sie sich durch familiäre Ereignisse oder Konflikte herausgefordert und suchten verlässliche Information. Für diese Hörerschaft musste ich keinen Prüfungsstoff abarbeiten und konnte mich auf ihre Wünsche und Anregungen einstellen. Weithin waren diese identisch mit den Themen, die ich in vielen Referaten zu ökumenischen Fragen gehalten hatte. Mit dem Eintritt in den Ruhestand bin ich auch aus dem DÖSTA ausgeschieden und habe die Stelle als Mitherausgeber

---

[1] Christoph Böttigheimer – Hubert Filser (Hg.), Kircheneinheit und Weltverantwortung, Regensburg 2006.

der *Ökumenischen Rundschau* freigemacht. Arbeitslos wurde ich da- durch nicht.

1. Die Anerkennung der Taufe

Von der Konferenz der evangelischen und katholischen Ökumenere- ferenten in Deutschland wurde ich 2007 anlässlich der Magdeburger Übereinkunft zu einem Referat zur Theologie der Taufe eingeladen[2]. Bereits 1984 hatte ich im Rahmen der Leuenberger Gespräche über die katholische Lehre von der Taufe referiert, ein Thema, in dem zwi- schen den reformatorischen Kirchen Diskussionsbedarf bestand. Die Leuenberger Kirchengemeinschaft sieht vor, über offene Fragen einen offiziellen Dialog aufzunehmen. Nachdem im Verständnis der Taufe die lutherischen und die reformierten Kirchen unterschiedliche Schwerpunkte setzen, war sie auf der Tagesordnung.

a) Die Übereinkunft von Magdeburg

Die Taufe war eines der drei Themen des Lima-Papiers. Dieser Teil von BEM hatte allerdings in Deutschland weniger Aufmerksamkeit gefunden, er war nicht so kontrovers wie die Aussagen zu Eucharistie und Amt. Es war eine Anregung des römischen Einheitssekretariats, die ökumenische Relevanz der Taufe neu zu bedenken. Durch die Taufe, so die übereinstimmende Lehre, werden wir zu Gliedern der Kirche. Die Anerkennung der Taufe impliziert damit eine Vision von der Kirche, die größer ist als die jeweilige Konfession. Diese An- regung fiel auf fruchtbaren Boden. Man konnte eine Erklärung über die gegenseitige Anerkennung der Taufe formulieren, die im April 2007 in Magdeburg von 11 Kirchen der AcK unterzeichnet wurde.

Der Text der Vereinbarung ist kurz. Er bezeichnet die Taufe als „Neugeburt in Jesus Christus. Wer dieses Sakrament empfängt und im Glauben Gottes Liebe bejaht, wird mit Christus und zugleich mit seinem Volk aller Zeiten und Orte vereint. Als ein Zeichen der

---

[2] Hierzu Peter Neuner, Ekklesiologische Implikationen der Taufe, in: Catholica 62 (2008) 18–38.

Einheit aller Christen verbindet die Taufe mit Jesus Christus, dem Fundament dieser Einheit. Trotz Unterschieden im Verständnis von Kirche besteht zwischen uns ein Grundeinverständnis über die Taufe". Daraus folge als Konsequenz: „Deshalb erkennen wir jede nach dem Auftrag Jesu im Namen des Vaters und des Sohnes und des Heiligen Geistes mit der Zeichenhandlung des Untertauchens im Wasser bzw. des Übergießens mit Wasser vollzogene Taufe an und freuen uns über jeden Menschen, der getauft wird". Abschließend folgt ein Zitat aus dem Lima-Dokument: Unsere Taufe in Christus ist „ein Ruf an die Kirchen, ihre Trennungen zu überwinden und ihre Gemeinschaft sichtbar zu manifestieren"[3].

Trotz dieses „Grundeinverständnisses über die Taufe" blieben Differenzen. Die Kirchen täuferischer Tradition haben die Übereinkunft nicht unterschrieben, eine pauschale Anerkennung der Kindertaufe konnten sie nicht mitvollziehen. Auch die koptisch-orthodoxe und die syrisch-orthodoxe Kirche haben sich nicht angeschlossen, weil für sie die Frage der Gültigkeit einer Taufe außerhalb ihrer Kirchen nicht eindeutig geklärt ist.

b) Frühkirchliche Entscheidungen

In einer Theologie der Taufe ist zunächst festzuhalten, dass die biblische Deutung sehr vielgestaltig ist. Eine Zusammenfassung der neutestamentlichen Aussagen hat das Lima-Papier formuliert: „Taufe ist Teilhabe an Christi Tod und Auferstehung (Röm 6,3–5; Kol 2,12); Reinwaschung von Sünde (1 Kor 6,11); eine neue Geburt (Joh 3,5); Erleuchtung durch Christus (Eph 5,14); Anziehen Christi (Gal 3,27); Erneuerung durch den Geist (Tit 3,5); die Erfahrung der Rettung aus dem Wasser (1 Petr 3,20–21); Exodus aus der Knechtschaft (1 Kor 10,1–2) und Befreiung zu einer neuen Menschheit, in der die trennenden Mauern der Geschlechter, der Rassen und des sozialen Standes überwunden werden (Gal 3,27–28; 1 Kor 12,13). Der Bilder sind viele, aber die Wirklichkeit ist nur eine"[4]. Die Variationsbreite im

---

[3] Veröffentlicht auf der Website der AcK.
[4] DwÜ I, 550.

biblischen Verständnis der Taufe ist erheblich, jedenfalls deutlich größer als etwa in der Deutung des Herrenmahls.

In der frühen Kirche erfolgte die Taufe durch Untertauchen im Baptisterium, die Neugetauften wurden in die Kirche geleitet, vom Bischof mit dem Zeichen der Handauflegung und einer Salbung in die Gemeinde aufgenommen und erstmals zur Feier des Herrenmahles zugelassen. Nach der Konstantinischen Wende spendeten vor allem auf dem Land Diakone und Priester die Taufe, während die Handauflegung und die Salbung Vorrecht des Bischofs blieben, jedenfalls in der römischen Liturgie. Außerhalb der römischen Kirchenprovinz erfolgte auch diese postbaptismale Salbung durch den Taufspender mit dem vom Bischof geweihten Öl. Das blieb die Praxis in der Ostkirche. Im Westen, später auch in der Ostkirche, wurde diese Salbung als eigenes Sakrament, nämlich als die Firmung verstanden und damit die Initiation in die Kirche in zwei gottesdienstliche Feiern aufgeteilt. Es gibt also zahlreiche Christen, insbesondere Kinder, die getauft sind, aber die volle Initiation und damit die volle Kirchengliedschaft noch nicht erlangt haben, aber dennoch zum Empfang des Herrenmahles zugelassen sind. Dies sollte beim Wort von der „vollen Kirchengliedschaft" als Voraussetzung für den Eucharistieempfang mitbedacht werden.

Von entscheidender Bedeutung für die Entfaltung der Tauftheologie wurde der sogenannte Ketzertaufstreit in der Mitte des 3. Jahrhunderts. Bischof Cyprian von Karthago erachtete die außerhalb der rechten Kirche gespendeten Taufen für ungültig. Man könne nicht von Ketzern in die Kirche eingegliedert werden, also müsse bei der Aufnahme in die Kirche die Taufe gespendet werden. Dagegen erkannte der Bischof von Rom, Stephan I., die Taufe der Häretiker an und nahm Bekehrte mit einer einfachen Zeremonie der Handauflegung in die Kirche auf. Seine Begründung: Die Tatsache, dass der Name des dreieinigen Gottes über den Taufbewerber herabgerufen wird, ist gewichtiger als eventuelle Mängel im Glauben und in der Amtsvollmacht.

Im Jahr 314 verbot Papst Sylvester I. die Wiedertaufe, die die Donatisten für den Fall forderten, dass ein unwürdiger Amtsträger das Sakrament gespendet hatte. Ihre Überzeugung, dass die Gültigkeit der Sakramente von der Würdigkeit und vom Glauben des Spenders abhängig sei, hätte zu bleibenden Unsicherheiten geführt, niemand hätte mit Sicherheit wissen können, ob er gültig getauft ist. Für diese Entscheidung formulierte Augustinus das entscheidende Argument: „Mag Petrus taufen, Christus ist es, der tauft; mag Paulus taufen, er ist es, der tauft; mag Judas taufen, er ist es, der tauft"[5]. Im Gefolge der vor allem durch Augustinus entwickelten Erbsündenlehre setzte sich die Kindertaufe durch, die als Tilgung der Erbsünde verstanden wurde.

Später wurde der Rahmen noch weiter gezogen. Im Jahr 866 antwortete Papst Nikolaus I. auf eine Anfrage aus Bulgarien, dass immer, wo eine Taufe im Namen der Heiligen Dreifaltigkeit oder im Namen Christi erfolgt sei, bei der Aufnahme in die Kirche keine neue Taufe vorgenommen werden dürfe. Jedermann, also auch der Nicht-Getaufte, kann gültig taufen, wenn er nur die Absicht hat zu tun, was die Kirche in der Taufe vollzieht. Diese Entscheidungen der frühen Kirche bildeten die Grundlage für die Anerkennung der Taufe, und das bis heute.

In der Orthodoxie wird der Täufling untergetaucht, um symbolisch aus dem Taufbrunnen zu neuem Leben zu erstehen. In der gleichen Feier wird ihm in einer Salbung der Geist verliehen und das Abendmahl in Form eines kleinen Stückchens des konsekrierten Brotes und eines Tropfens des Weines gereicht. Die drei Sakramente Taufe, Firmung und Eucharistie sind also in einer liturgischen Feier zusammengefasst. Sie bilden die Initiation in die Kirche, die in aller Regel dem Kleinkind gespendet wird. Diese Einheit der Initiation ist für die Orthodoxie unverzichtbar, die westliche Praxis einer Zulassung zum Herrenmahl ohne Firmung, d. h. ohne volle Initiation, ist für die Orthodoxie nicht akzeptabel.

c) Die Reformationszeit

In der Reformation wurde die Gültigkeit der Taufe zumeist nicht in Frage gestellt. Luther hat ihre Bedeutung neu hervorgehoben, sie, nicht der Mönchsstand oder die Priesterweihe macht den rechten

---

[5] Vorträge über das Evangelium des hl. Johannes, BKV Bd. VII, 93.

Christen. Dabei hat Luther die Bedeutung des Glaubens für die Taufe betont, dieser gehört zum Taufgeschehen selbst und ist für sie vorausgesetzt. Dennoch trat Luther entschieden für die Säuglingstaufe ein. Gott selbst wirkt den Glauben, den er als *fides infusa* auch dem noch Unmündigen verleiht. Auf diesen von Gott gewirkten Glauben hin erfolgt die Taufe. In der Säuglingstaufe gewinnt die Lehre von der Rechtfertigung ihre Zuspitzung: Gott schenkt das Heil ohne menschliche Vorleistung. In der Frage der Taufe gab es zwischen Lutheranern und den Altgläubigen keine kirchentrennenden Differenzen.

Zwingli zufolge verpflichtet sich der zum Glauben Gekommene in der Taufe zu einem Leben nach dem Gesetz Christi. Taufe erscheint hier als Bekenntnisakt des Menschen, nicht – oder jedenfalls nicht primär – als Handeln Gottes. An dieser Stelle liegt der eigentliche Differenzpunkt: Auf der einen Seite verstehen die Ostkirchen, die katholische Kirche und die Lutheraner die Taufe als Handeln Gottes am Menschen, auf der anderen Seite deuten sie Zwingli und in seinem Gefolge die Täufer primär als Bekenntnisakt des Menschen, als Entscheidung zum Glauben und für die christliche Gemeinde. Die derzeitige Betonung des Entscheidungscharakters bis hin zu der Forderung, man solle nicht Kleinkinder taufen, sondern sie später selbst entscheiden lassen, ist letztlich dieser Tradition verhaftet. Bei Calvin erscheint die Taufe als Zeichen, mit dem wir uns zum Volk Gottes bekennen. Weil Gott sich mit diesem Zeichen verbunden hat, ist er der in der Taufe Handelnde. Das Bekenntnis des Menschen erscheint bei Calvin als die Antwort auf den Anruf Gottes. Dennoch haben Zwingli und Calvin an der Kindertaufe festgehalten, wohl veranlasst durch ihr Kirchenverständnis. Denn durch die Abschaffung der Kindertaufe wäre die Einheit von Christengemeinde und Bürgergemeinde aufgelöst worden, an der sie jedenfalls festhalten wollten.

Anders die Auffassung der Taufgesinnten, die in der Reformationszeit die Ablehnung der Kindertaufe oft bis zum Martyrium durchgehalten haben. Bei allen Differenzen im Detail spenden sie die Taufe erst nach Unterricht, persönlichem Glauben, eventuell der Erfahrung einer Bekehrung und dem Entschluss, fortan ein neues Leben zu führen. In der Taufe bezeugt der Täufling vor der Gemeinde seinen Glauben und seine Entscheidung für ein ihm gemäßes Leben und die Gemeinde nimmt ihn auf in die Gemeinschaft der Heiligen.

Das Heil wird in dieser Sicht primär nicht durch die Taufe geschenkt, sondern durch den Glauben, und dieser geht der Taufe voraus. Die so bestimmten Gemeinden bezeichnen sich selbst als die „Taufgesinnten", nicht als Wiedertäufer, weil nach ihrer Überzeugung die Säuglingstaufe keine gültige Taufe war. Hier ist die Taufe ein Akt im lebenslangen Prozess der Initiation in die Kirche. Diese ist mit der Taufe nicht abgeschlossen, sondern sie muss in einem Leben ratifiziert werden, das dieser Entscheidung gerecht wird.

Das Konzil von Trient sah sich in seiner Tauflehre besonders von den dramatischen Auseinandersetzungen mit den Täufern in Münster herausgefordert. Den Rahmen bildete in Trient die Erbsündenlehre, Taufe erscheint in erster Linie als Tilgung der Erbsünde, die ekklesiale Dimension und die Bedeutung als Initiation kommen nur am Rande zur Sprache. Dagegen spielt in den Aussagen des II. Vatikanums zur Taufe die Erbsündenlehre keine Rolle, hier wird die Taufe verstanden als Aufnahme in die Kirche und als Zusage des Heils. Sie erscheint als der Anfang der Initiation, sie muss durch die Firmung „vollendet" werden und verweist auf das Herrenmahl und das Apostolat, das jedem Christen aufgetragen ist.

Es ist bemerkenswert, dass die Kirchen, die die Vereinbarung von Magdeburg unterzeichnet haben, alle Taufen anerkennen, auch die in jenen Gemeinschaften gespendeten, die ihre Taufe für ungültig erachten. Eine Öffnung hin auf die Kirchen täuferischer Tradition hat bereits das Lima-Papier formuliert, in dem es heißt: „Der Unterschied zwischen Säuglings- und Gläubigentaufe wird weniger scharf, wenn man anerkennt, dass beide Formen der Taufe Gottes eigene Initiative in Christus verkörpern und eine Antwort des Glaubens, die innerhalb der Gemeinschaft der Glaubenden gegeben wird, zum Ausdruck bringen". Sowohl bei der Kinder- als auch bei der Erwachsenentaufe ist „die christliche Unterweisung ihrem Wesen nach nie abgeschlossen"[6]. Diese Aussage wurde auch in der vatikanischen Antwort auf das Lima-Papier als rechtgläubig anerkannt.

Von erheblicher Bedeutung scheint mir in diesem Zusammenhang vor allem das Argument zu sein, das in der frühen Kirche diese

---

[6] DwÜ I, 553f.

zweifellos großzügige Entscheidung ermöglicht hat, nämlich, wie Augustinus formulierte, dass es Christus ist, der die Sakramente spendet, gleichgültig ob sie durch Petrus oder Paulus oder auch durch Judas vollzogen werden. Wie würde sich die ökumenische Landschaft heute wohl darstellen, wenn man dieses Argument auch auf die Feier des Herrenmahls bezogen hätte? Würde es dort nicht ebenso passen? Jedenfalls sehe ich in der Formulierung, dass der Amtsträger *in persona Christi* handelt, nicht eine Überhöhung des Priesters, sondern eher sein Zurücktreten gegenüber Christus als dem eigentlich Handelnden. Hier könnten sich ökumenische Möglichkeiten auftun, die noch keineswegs ausgeschöpft sind.

2. Veröffentlichungen zur Ekklesiologie

Für mein ökumenisches Engagement gewann zunehmend die Frage an Bedeutung, wie die katholische Kirche aussehen müsste, um ökumenefähig zu sein. Denn das ist offensichtlich: Ökumene wird nicht als Rückkehr nach Rom erfolgen, das in der römischen Kirche perfektionierte Modell kann nicht Vorbild sein für eine geeinte Christenheit. Das II. Vatikanum hat betont, dass es keine Ökumene geben kann ohne Bekehrung. Dieses Prinzip habe ich, nicht erst in meinem Ruhestand, aber nun mit neuer Energie auf meine eigene Kirche angewandt. Ich habe einige Arbeiten zur Ekklesiologie publiziert, die von dieser ökumenischen Herausforderung bestimmt sind.

Das Buch „Der Streit um den katholischen Modernismus"[7] bringt im Rückgriff auf meine Promotionsarbeit eine kritische Darstellung der Entwicklung der katholischen Kirche in der ersten Hälfte des 20. Jahrhunderts. Ich suchte aufzuzeigen, wie Einseitigkeiten und Verkürzungen der christlichen Botschaft dazu geführt haben, dass sich die Kirche von den Entwicklungen und den Ergebnissen der Neuzeit isolierte und deren Werte und Ideale zurückwies. Was modern war, schien mit dem Geist des Katholizismus unvereinbar. Sie ragte, wie Ernst Troeltsch urteilte, wie ein gewaltiger Fremdkörper

---

[7] Frankfurt – Leipzig 2009.

in unsere Zeit und Welt hinein und war kaum fähig, mit ihr einen Dialog zu führen. An eine engere Gemeinschaft mit den christlichen Kirchen war in diesem Rahmen nicht zu denken. Es gab sehr konkrete Gründe, die Karl Barth bei der Gründung des ÖRK zu dem Urteil veranlassten, die katholische Kirche sei zu Recht nicht mit von der Partie. So wie sie sich 1948 präsentierte, hatte sie tatsächlich keinen Platz in der Ökumenischen Bewegung.

In mehreren Veröffentlichungen suchte ich eine Ekklesiologie zu entfalten und dabei konkrete Formen der Kirche und ihrer Strukturen zu umreißen. Es ging mir nicht darum, Kirche konfessionskundlich darzustellen, sondern zu umschreiben, wie die Gemeinschaft der Glaubenden aus dem Werk und der Verkündigung Christi hervorgegangen ist und in der Kraft des Heiligen Geistes in der Geschichte Gestalt angenommen hat. Ich suchte ein Grundverständnis von Kirche zu formulieren, das dann in den einzelnen Konfessionen jeweils in Reaktion auf unterschiedliche Herausforderungen in verschiedener Weise konkretisiert wurde. Gerade auch die kontroversen Fragen wollte ich an diesen Grundkonsens zurückbinden und ihnen so ihre kirchentrennende Schärfe nehmen.

Von dieser Idee waren die Vorlesungen bestimmt, die ich mehrfach in China gehalten habe. Für die Kirche in China galt es, sich nach Jahrzehnten schwerer Unterdrückung und Verfolgung wieder zu konsolidieren und nach mehr als 50 Jahren erzwungener Isolierung die Entwicklungen der letzten Jahrzehnte zur Kenntnis zu nehmen und sie in ihre Praxis zu integrieren. Kein chinesischer Bischof hatte am II. Vatikanum teilnehmen können, dessen Erneuerungsprozess blieb in China zunächst völlig unbekannt. Als politisch eine gewisse Lockerung erfolgte, wollten nicht wenige Katholiken und auch Bischöfe lückenlos an dem anknüpfen, was sie aus der Zeit vor der kommunistischen Machtergreifung in Erinnerung hatten, und waren nicht bereit, Reformen zu akzeptieren. Folglich war die Kirche streng hierarchiezentriert und ökumenische Ideen waren ihr zunächst weitgehend fremd. In Fortbildungen für Priester und in Vorlesungen für Seminaristen suchte ich Grundzüge einer Ekklesiologie zu vermitteln, die gerade auch die Neuansätze des II. Vatikanums aufgriff. Die ökumenische Thematik stand dabei nicht im Zentrum, war aber im Hintergrund stets lebendig. Allerdings musste ich feststellen, dass sich die ökumenische Herausforderung in China anders darstellt als in Europa, weil sie dort insbesondere durch schnell wachsende, zumeist evangelikale Hauskirchen bestimmt wird. Zudem war die Kirche aus politischen Gründen in eine vom Staat tolerierte und beaufsichtigte offene und eine romtreue Untergrundkirche gespalten, die sich gegenseitig mit großem Misstrauen begegneten. Auch in dieser Beziehung galt es, ökumenisch Vertrauen zu stiften[8].

Mehrmals war ich zusammen mit Paul Zulehner zu Vorlesungen in Peking. Die Zuhörer wollten unsere Ausführungen intensiver nacharbeiten und sie lesen können. Johannes Chen, der Studiendekan des Pekinger Priesterseminars, der bei mir in München promoviert hatte und in Peking dolmetschte, war bereit, unsere Texte zu übersetzen. So entstand das von Zulehner und mir veröffentlichte Buch „Dein Reich komme. Eine praktische Lehre von der Kirche"[9]. Mit der chinesischen Ausgabe, die wir primär im Blick hatten, gab es allerdings Probleme. Erneut verschärfte Repressionen der chinesischen Regierung führten dazu, dass der für katholische Veröffentlichungen vor allem zuständige Verlag in Shanghai das Buch nicht publizieren konnte. Daraufhin wurde es in Hongkong veröffentlicht, konnte dann aber in Festlandchina nicht verbreitet werden. So hatten wir uns das nicht vorgestellt. Allerdings, in einer Reihe von Ländern in Ost- und Mitteleuropa, in denen die Kirche ebenfalls massive Unterdrückung erfahren hatte, war man an den für China gedachten Ausführungen interessiert. So fand das Buch eine Reihe von Übersetzungen in diese Sprachen. Wir hoffen, es kann einen kleinen Beitrag dazu leisten, den Boden für ökumenische Ideen zu bereiten.

In mehreren Monographien habe ich Aspekte der Ekklesiologie thematisiert, die in der katholischen Kirche vor allem deswegen zu kurz gekommen sind, weil sie in den evangelischen Kirchen besonders betont wurden. Sie galten als „typisch evangelisch" und das war Grund genug, sie katholischerseits abzulehnen. In der Arbeit

---

[8] Hierzu Peter Neuner, Die Kirche in China zwischen gestern und morgen, in: ders. – Manfred Weitlauff (Hg.), Für euch Bischof – mit euch Christ (FS für Kardinal Friedrich Wetter), St. Ottilien 1998, 567–590.

[9] Peter Neuner – Paul M. Zulehner, Dein Reich komme. Eine praktische Lehre von der Kirche, Ostfildern 2013.

„Abschied von der Ständekirche"[10] habe ich das Buch über den Laien in der Kirche überarbeitet und mich kritisch mit dem zunehmend deutlicher werdenden Klerikalismus auseinandergesetzt. Ich habe dafür plädiert, in einer Theologie des Volkes Gottes die Vorstellung vom Laien als Nicht-Priester zu überwinden, das gemeinsame Priestertum aller Getauften ernst zu nehmen und das Amt als Dienst am Volk Gottes und damit von diesem her zu sehen.

Natürlich war es für mich ein wichtiger Impuls, als Papst Franziskus synodale Strukturen als Leitidee für eine Reform der Kirche bezeichnete. Dies galt schon für das Konzil selbst, das die Kirche als Volk Gottes verstanden hat. Kirche verwirklicht sich in den Ortskirchen, die keineswegs als bloße Substrukturen der Weltkirche gesehen werden dürfen. Sie sollen darüber entscheiden, wie die christliche Botschaft im Dialog mit den jeweiligen Kulturen rechte Gestalt finden kann. Dem Volk Gottes als Ganzem ist zugesagt, im Glauben zu stehen und durch den *sensus fidelium* den rechten Weg zu finden. Von diesen Überzeugungen bestimmt hat das Konzil die Kirche aufgerufen zu Neubesinnung und Umkehr, sie ist *semper reformanda*. In meinem Buch „Turbulenter Aufbruch"[11] habe ich die Neuansätze thematisiert, aber auch ihre nur sehr begrenzte Rezeption in den späten 60er Jahren und darüber hinaus dargestellt. Die Umsetzung in die kirchliche Praxis fiel mit den Jahren eines tiefgreifenden gesellschaftlichen Umbruchs zusammen, der die Hierarchie vor allem in Angst versetzte. Es waren weichenstellende Jahre für die Kirche, insbesondere das Pontifikat von Papst Johannes Paul II. wirkt mächtig nach und blockiert auch noch heute nach meiner Überzeugung längst fällige Entscheidungen.

In meiner Arbeit „Der lange Schatten des I. Vatikanums"[12] habe ich anlässlich des 150. Jahrestags des I. Vatikanums die absolutistischen Tendenzen im Kontext und in der Folge dieses Konzils kritisch dargestellt. Insofern schließt das Buch an meine Veröffentlichungen

---

[10] Peter Neuner, Abschied von der Ständekirche, Freiburg 2015.

[11] Peter Neuner, Turbulenter Aufbruch. Die 60er Jahre zwischen Konzil und konservativer Wende, Freiburg 2019.

[12] Peter Neuner, Der lange Schatten des I. Vatikanums. Wie das Konzil die Kirche noch heute blockiert, Freiburg 2019.

zum Modernismus an. Allerdings bin ich hier besonders auf die ökumenische Problematik des Papsttums eingegangen und habe eine Interpretation des Unfehlbarkeitsdogmas vorgeschlagen, die, wie ich hoffe, eine ökumenische Öffnung bringen könnte. Zunächst war dabei festzuhalten, dass die Formulierung dieses Dogmas höchst kompliziert ist, die Hardliner, die eine *per acclamationem* erfolgende und nicht näher umrissene Unfehlbarkeitsbekundung anstrebten, konnten sich nicht durchsetzen. Und der letztlich verabschiedete Text enthält so viele Klauseln und Bedingungen, dass man ernstlich fragen muss, ob sie überhaupt erfüllt werden können. Faktisch haben die Päpste dann auch von der hier eröffneten Möglichkeit nur ein einziges Mal Gebrauch gemacht, beim Mariendogma von 1950. Und niemand erwartet, dass nochmals *ex cathedra* Entscheidungen verkündet werden, die den Glauben inhaltlich bereichern sollen. War die einmalige Berufung auf das Dogma des I. Vatikanums die ganze Aufregung wert?

Die Kirche ist nicht beim I. Vatikanum stehen geblieben, die Geschichte ging weiter und die Papstdogmen müssen heute im Licht des II. Vatikanums gelesen werden. Dieses spricht die Unfehlbarkeit zunächst der Kirche als dem Volk Gottes als Ganzem und dem Konzil zu, bevor es die Unfehlbarkeit des Papstes thematisiert. Eine sorgfältige Analyse des I. Vatikanums zeigt, dass diese schon 1870 in die Unfehlbarkeit der Kirche eingebunden wurde. Dem Papst ist, wie es heißt, jene Unfehlbarkeit zugesagt, „mit der der göttliche Erlöser … seine Kirche ausgestattet sehen wollte"[13]. Primäres Subjekt der Unfehlbarkeit ist die Kirche, die nach christlicher Überzeugung von Gottes Geist im Glauben gehalten wird. Nicht die Kirche ist vor Häresie bewahrt, weil sie einen unfehlbaren Papst hat, sondern der Papst kann gegebenenfalls infallibel sprechen, weil und wenn er den Glauben der Kirche formuliert.

Darüber hinaus definierte das I. Vatikanum den Begriff *ex cathedra* als ein Sprechen des Papstes „in Ausübung seines Amtes als Hirt und Lehrer aller Christen". Nur Lehraussagen über Glauben und Sitten, die allen Christen gelten, können den Charakter der Unfehlbar-

---

[13] DH 3074.

keit beanspruchen. Nun gebührt nach Aussage des II. Vatikanums auch den Gliedern von Kirchen und kirchlichen Gemeinschaften, die nicht in voller Gemeinschaft mit dem Bischof von Rom stehen, „der Ehrenname des Christen, und mit Recht werden sie von den Söhnen der Katholischen Kirche als Brüder im Herrn anerkannt" (UR 3). Es stimmt mit dem Wortlaut des Ersten und mit dem Geist des II. Vatikanums durchaus überein zu folgern, dass der Papst nur dann vor Irrlehre geschützt ist, wenn er als ‚Hirt und Lehrer aller Christen' deren Glauben formuliert, also für das Volk Gottes als Ganzes spricht. Jedenfalls ist den Papstdogmen selbst festgeschrieben, dass dieses Amt für alle Christen da ist und deren Einheit dient. Es hat eine eminent ökumenische Aufgabe zu erfüllen. Die heute dominierende Deutung, dieses Amt als Dienst an der universalen Einheit der Kirche zu sehen, stößt auch in nichtkatholischen Kirchen zunehmend auf Interesse. Ich habe diesen Vorschlag zu einer Relecture der Unfehlbarkeit mehrfach publiziert und bin neugierig, ob man ihn zur Kenntnis nehmen wird.

In diesen Büchern werden immer auch kritische Töne laut. Ich habe mit Nachdruck betont, dass die Kirche der Reform bedarf, um ökumenefähig zu werden. Es war abzusehen, dass mir entgegengehalten würde, was ich fordere, sei in den evangelischen Kirchen bereits verwirklicht. Wenn ich das wolle, könne ich ja evangelisch werden. Nun, genau das wollte ich nicht. Es ging mir darum, Aspekte zu betonen, die unter dem Eindruck der Kirchenspaltung in der katholischen Kirche zurückgedrängt oder vergessen wurden, für ihre rechte Gestalt aber unverzichtbar sind. Ökumene soll bereichern und sie wird notwendigerweise gerade jene Elemente betonen müssen, die bislang nicht die ihnen zukommende Aufmerksamkeit gefunden haben. Die Kirchenspaltung hat die Kirchen verarmen lassen, es gilt das wiederzufinden, was man vergessen oder vernachlässigt hat.

3. Das Reformationsjubiläum 2017

a) Luther – omnipräsent

Das herausragende ökumenische Ereignis der vergangenen Jahre war das Reformationsjubiläum 2017. In Deutschland war Luther zum 500. Jahrestag des Thesenanschlags omnipräsent. Knapp eine Million Playmobil-Figuren des Reformators wurden verkauft, er hat damit alle Berühmtheiten des Sports und des Showgeschäfts überflügelt. Es gab zahllose Luther-Veranstaltungen, Luther-Theater, Luther-Musicals, eine Vielzahl von Luther-Filmen, die vor allem seine Kritik an der verwahrlosten römischen Kirche zeigten, ein Thema, das sich für die filmische Darstellung besonders anbot. Man hat einen Luther-Pilgerweg zu den Stätten seines Wirkens eingerichtet, obwohl Luther selbst dem Pilgerwesen kritisch gegenüberstand. In Wittenberg wurde ein Luthergarten angelegt. Regionalpolitiker in Thüringen und Sachsen engagierten sich mächtig für den Luthertourismus, obwohl die Region, in der der Reformator lebte, zu den am weitesten säkularisierten in Europa zählt. Unter den Lutherbüchern nahmen Kochbücher einen herausragenden Ort ein, mit Titeln wie „Futtern bei Luthern" oder „ Zu Gast bei Luther". Großer Beliebtheit erfreuten sich Luther-Comics, Sammlungen von humorvollen und besonders von derben Aussprüchen des Reformators.

Die offiziellen Ausstellungen in Wittenberg thematisierten vor allem die Wirkungen der Reformation. Die Kontroversen des 16. Jahrhunderts hatten einen weitreichenden Einfluss auf die geschichtliche Entwicklung in Europa und darüber hinaus: auf die Pluralisierung der Religion und der Gesellschaft, auf die Entfaltung des Toleranzgedankens, auf die neuzeitliche Demokratie, die Entwicklung der Menschenrechte und die Formulierung der Würde der Person. Die Spätfolgen der Reformation reichen weit über den christlichen und religiösen Bereich hinaus. Selbstverständlich ist es heute angezeigt, sie zu erforschen und sie bewusst zu machen. Vor allem diesem Anliegen diente die 2008 eröffnete Luther-Dekade, in der in jedem Jahr ein Aspekt der Reformation in besonderer Weise thematisiert wurde, u. a. Reformation und Bildung, Reformation und Freiheit, Reformation und Musik, Reformation und Politik, Reformation und Toleranz, Reformation und die Eine Welt. Luther selbst trat bei alledem eher in den Hintergrund. Was ihn bewegte und woraus er das Recht zu seinen Reformen abgeleitet hat, stand nicht im Zentrum der Vorbereitung auf das Jahr 2017.

Der konkreten Hinführung auf das Reformationsjahr diente der vom Rat der EKD 2014 veröffentlichte Text „Rechtfertigung und Freiheit. 500 Jahre Reformation 2017"[14]. Er war dazu gedacht, evangelischen Christen die Botschaft von der Rechtfertigung im Kontext gegenwärtiger Weltsicht verständlich zu machen. Dabei nahm der Text, wie im Geleitwort zur vierten Auflage eingeräumt wird, „nur summarisch auf den ökumenischen Dialog Bezug"[15], auch die Gemeinsame Erklärung zur Rechtfertigung wird nicht explizit erwähnt. Sollte die Vorstellung befestigt werden, die evangelische Kirche sei als die Kirche der Freiheit zu verstehen – in Absetzung von der katholischen Kirche? Katholischerseits hat man in Reaktion auf diesen Text mit Nachdruck angemahnt, Rechtfertigung nicht unter Absehung von der GER darzustellen. Schließlich hatte die EKD die katholische Kirche eingeladen, man solle 2017 gemeinsam begehen. Doch was sollten Katholiken feiern? Die Kirchenspaltung wohl nicht, und erst recht nicht die schlimmen Konflikte und gegenseitigen Beleidigungen vom Dreißigjährigen Krieg bis in die jüngste Vergangenheit. Man kam überein, ein Christusfest zu begehen, denn Luther war es, wie Bischof Feige aus katholischer Perspektive formulierte, vor allem darum gegangen, „das Evangelium besser zu verstehen, den Glauben existenzieller zu leben und seine ganze Hoffnung und Zuversicht auf Christus zu setzen". Darum solle es evangelischen wie katholischen Christen heute gemeinsam gehen[16].

In der Vorbereitung auf das Reformationsjubiläum verabschiedete die gemeinsame Kommission des Lutherischen Weltbundes und des Päpstlichen Rats für die Einheit den Text „Vom Konflikt

---

[14] Rechtfertigung und Freiheit. 500 Jahre Reformation 2017. Ein Grundlagentext des Rates der Evangelischen Kirche in Deutschland, 2014.

[15] Geschrieben von Landesbischof Heinrich Bedford-Strohm, inzwischen Ratsvorsitzender der EKD.

[16] Gerhard Feige, Ein ökumenischer Qualitätsschub, in: Herder-Korrespondenz 71 (2017) H. 12, 22.

zur Gemeinschaft"[17]. Darin hat man sich bemüht, die Geschichte der Reformation neu und gemeinsam zu erzählen. Es ist gelungen, das Vergangene nicht von den Abgrenzungen her zu beurteilen, sondern sich jeweils auch der Perspektive des Anderen zu öffnen. Dabei hat man nicht nur die Person Martin Luthers, sondern auch grundlegende Themen seiner Theologie, die Lehre von der Rechtfertigung, von Herrenmahl, Amt, Schrift und Tradition aufgegriffen und sie positiv gewürdigt. Das ging wesentlich über ein historisch gerechtes Urteil über den Reformator hinaus.

Unmittelbar vor Beginn des Jubiläumsjahres haben der Rat der EKD und die DBK einen gemeinsamen Text veröffentlicht: „Erinnerung heilen – Jesus Christus bezeugen. Ein gemeinsames Wort zum Jahr 2017". Darin geben sie Rechenschaft von dem, was Christen in der Folge der Reformation einander angetan haben, um es im Licht ihrer ökumenischen Verbundenheit neu zu betrachten. Und sie wollten Dank sagen für das, was sie voneinander empfangen haben. „Die Heilung der Erinnerungen ist ein Weg, der hier neue Horizonte erschließt. Wer daran teilnimmt, verpflichtet sich, die eigene Geschichte mit den Augen des anderen zu betrachten und sich in die Geschichte des anderen zu versetzen. Auf diese Weise entstehen Freiheit für Schuldeinsicht und Empathie"[18].

Das Gedenkjahr begann am 31. Oktober, dem Reformationstag 2016. Zu diesem Anlass feierten im schwedischen Lund der Lutherische Weltbund und die katholische Kirche einen ökumenischen Gottesdienst, dem der Vorsitzende des Lutherischen Weltbundes, Bischof Munib Younan, dessen Generalsekretär Martin Junge und Papst Franziskus vorstanden. Die wechselseitige Bitte um Vergebung nahm darin einen breiten Raum ein. Beide Kirchen erklärten ihren Willen, die „Begebenheiten der Geschichte, die uns belasten, hinter uns (zu) lassen" und „gemeinsam Gottes barmherzige Gnade zu bezeugen". Angesprochen hat man auch die Trennung im Herrenmahl:

---

[17] Bericht der lutherisch/römisch-katholischen Kommission für die Einheit, Vom Konflikt zur Gemeinschaft. Gemeinsames lutherisch-katholisches Reformationsgedenken im Jahr 2017, Leipzig 2013.

[18] Erinnerung heilen – Jesus Christus bezeugen. Ein gemeinsames Wort zum Jahr 2017 (auf der Website der DBK, veröffentlicht 16.09.2016), hier S. 61.

„Wir erfahren den Schmerz all derer, die ihr ganzes Leben teilen, aber Gottes erlösende Gegenwart im eucharistischen Mahl nicht teilen können … Wir sehnen uns danach, dass diese Wunde im Leib Christi geheilt wird. Dies ist das Ziel unserer ökumenischen Bemühungen. Wir wünschen, dass sie voranschreiten, auch indem wir unseren Einsatz im theologischen Dialog erneuern". In seiner Predigt in diesem Gottesdienst bezeichnete der Papst Luthers Frage ‚Wie bekomme ich einen gnädigen Gott?' als „die entscheidende Frage des Lebens", denn sie bringt „das Wesen des menschlichen Daseins vor Gott zum Ausdruck"[19].

In den ökumenischen Gottesdiensten zum Reformationsjahr wurde Luther nicht als nationaler Heros oder als Kämpfer gegen den Papst oder als Kirchenspalter gefeiert, vielmehr stand im Zentrum die Vergebungsbitte für beidseitige Schuld. In den Anhang an den Text „Erinnerung heilen – Jesus Christus bezeugen" wurde der Entwurf für eine gemeinsame Gottesdienstfeier aufgenommen, der von diesem Gedanken geprägt ist. Er sollte auch in den Gemeinden den Wunsch zur Versöhnung erfahrbar machen. Nach diesem Modell haben der Ratsvorsitzende der EKD Bedford-Strohm und der Vorsitzende der DBK Kardinal Marx am 11. März 2017 in Hildesheim einen Buß- und Versöhnungsgottesdienst gefeiert. Beide haben sich dabei verpflichtet man wolle, „wo immer es möglich ist, gemeinsam handeln und einander aktiv unterstützen, nicht zuletzt in Fragen der Caritas und der Diakonie, der sozialen Gerechtigkeit, der Friedenssicherung und der Wahrung der Menschenwürde"[20]. Dieser Gottesdienst erhielt besondere Bedeutung durch die Anwesenheit von Bundespräsident Joachim Gauck, Bundestagspräsident Norbert Lammert und Bundeskanzlerin Angela Merkel. Er war die wohl wichtigste Feier des Reformationsjahres in Deutschland.

---

[19] Dokumentiert in: Ökumenische Rundschau 66 (2017) 91–94 + 95–97, hier 97.

[20] Der Gottesdienst ist aufgezeichnet aufn www.youtube.com, Zugriff 2.11.2020.

b) Der Ertrag des Lutherjahres für die Ökumene

Wie sollte es auch anders sein, an Kritik an den Feiern und Veranstaltungen zum Reformationsjahr 2017 mangelte es nicht. Angesichts der zahlreichen Akteure und Interessierten an diesem Ereignis war zu erwarten, dass jeder seinen eigenen Ansatz als zu wenig repräsentiert sah und das, was man möglichst kleinhalten wollte, als überbetont kritisierte. Bischof Gerhard Feige, der Vorsitzende der Ökumenekommission der Deutschen Bischofskonferenz, verglich diese Kritik fast mit dem „Stil der Polemik des 16. Jahrhunderts"[21]. Doch trotz mancher schrillen Töne sah Feige in seiner Bilanz des Reformationsjubiläums einen „ökumenischen Qualitätsschub". Diesem Urteil möchte ich mich anschließen. Ich erachte es als sehr bedeutsam, dass beide Kirchen den Rückblick auf 500 Jahre Reformation gemeinsam begehen konnten. Für die evangelischen Kirchen wäre es durchaus nahegelegen, im Licht der Reformation sich selbst zu feiern und deren Errungenschaften für sich zu reklamieren – natürlich auf Kosten der katholischen Seite, der man all dies wohl hätte absprechen müssen. Die katholische Kirche hätte Luther die schlimmen Konsequenzen der Kirchenspaltung, der Religionskriege und der Säkularisierung weiter Teile der Gesellschaft anlasten können. All das ist weithin unterblieben, im Gegensatz zu fast allen bisherigen Reformationsjubiläen.

Im Zentrum der gemeinsamen Feier stand die Bitte um Vergebung und Versöhnung, sowie die Besinnung auf den Impuls, den beide Seiten durch die Reformation erfahren haben, denn auch die Neubesinnung im Rahmen des Konzils von Trient war keineswegs nur eine „Gegenreformation", sondern eine eigenständige katholische Reform, die ohne die Herausforderung durch die Reformatoren nicht möglich gewesen wäre. In den Gemeinden hat die Botschaft von der Rechtfertigung und ihre Konsequenzen für heutiges Christsein ein letztlich überraschendes Interesse gefunden. Feige urteilte: „Eine ökumenische Lerngeschichte kam in Gang, die ihresgleichen sucht" (S. 23). Und insbesondere ist Vertrauen gewachsen, und das auf allen Ebenen: vom Papst, der die Eröffnung des Lutherjahres mit-

---

[21] Gerhard Feige, Ein ökumenischer Qualitätsschub, in: Herder-Korrespondenz 71 (2017) H. 12, 21.

feierte, über die Bischöfe in Deutschland, die gemeinsam nach Jerusalem pilgerten und sich bei dieser Reise kennen lernten und sich näher kamen, bis in die Gemeinden, wo vielerorts deutlich wurde, wie sehr Luther im Rahmen der katholischen Kirche seiner Zeit stand und keineswegs allein auf seinen Protest gegen Rom reduziert werden kann. In vielen Vorträgen, die ich im Reformationsjahr gehalten habe, konnte ich erfahren, dass die Zuhörer durchaus bereit waren, Luthers religiöses und spirituelles Anliegen zur Kenntnis zu nehmen und die Reformation nicht allein, wie in vielen Lutherfilmen vorgestellt, auf ein verkommenes Papsttum zurückzuführen.

Zu den Zeichen der Reformationsfeiern gehört aber auch, dass Kardinal Rainer Maria Woelki im Oktober 2017, also genau zur Erinnerung an Luthers Thesen, einen Aufsatz mit dem Titel „Ehrlichkeit in der Ökumene"[22] veröffentlichte, in dem er eine „ethische Grunddifferenz zwischen beiden Konfessionen" konstatierte und Ehrlichkeit in der Hervorhebung bestehender Schwierigkeiten sah. Wäre es nicht angebracht gewesen, Ehrlichkeit vor allem in der Rezeption und Fruchtbarmachung der zahlreichen Konsense zu fordern? Gesellschaft und Kirchen sind nun einmal konfrontiert mit Verhaltensweisen, die in Spannung stehen zu den Grundsätzen christlicher Moralvorstellungen. Wenn sich die Kirchen zu diesen Herausforderungen unterschiedlich verhalten, stellt das keine „ethische Grunddifferenz" dar. Sie als solche zu qualifizieren, hätten die evangelischen Kirchen durchaus als Beleidigung zurückweisen können. Dass sie auf den Vorwurf des Kardinals nicht in scharfer Kritik geantwortet haben, beweist ihren Wunsch zu einer Verbesserung des ökumenischen Klimas. Von diesem Bemühen haben sich auch fast alle katholischen Bischöfe in Deutschland leiten lassen. Bischof Feige schloss seinen Rückblick auf 2017 mit der Hoffnung, dass der ökumenische Qualitätsschub dieses Jahres nicht verpufft. Das aber hängt „auch davon ab, ob wir an der Einheit der Kirche wirklich interessiert sind, wie es uns gelingt, uns in den theologischen Vorstellungen und kirchlichen Lebensvollzügen zu verständigen und was wir dem Wirken des Heiligen Geistes zutrauen" (S. 23).

---

[22] Rainer M. Woelki, Ehrlichkeit in der Ökumene, in: Herder-Korrespondenz 71 (2017) H. 10, 13–16.

4. Mein Lutherbuch

Beim Katholikentag 2014 in Regensburg wurde ich eingeladen, in Vertretung für den kurzfristig verhinderten Kardinal Kurt Koch, den Präsidenten des römischen Einheitsrates, zum Thema „Martin Luther für Katholiken" zu referieren. Ein Jahr später konnte ich bei einer gemeinsamen Tagung der Evangelischen Akademie Tutzing, der Katholischen Akademie in Bayern und des DÖSTA zum Thema „Luther – katholisch gesehen" sprechen. Darüber hinaus wurde ich in der Vorbereitung auf 2017 und dann im Jubiläumsjahr selbst zu zahlreichen Vorträgen über Luther eingeladen, wobei vor allem die katholische Einstellung zum Reformator interessierte. Als Frucht dieser Vorträge und einer Reihe von Aufsätzen ist mein Lutherbuch entstanden. Die besten katholischen Lutherkenner, Otto Hermann Pesch und Johannes Brosseder, waren wenige Jahre vorher verstorben. Wer sollte nun eine katholische Würdigung Luthers schreiben, die dem Willen, das Jahr in ökumenischer Verbundenheit gemeinsam zu begehen, theologisch gerecht zu werden vermochte? Ich fühlte mich in die Pflicht genommen.

a) Luthers Anliegen

Mein Lutherbuch trägt den Titel „Martin Luthers Reformation. Eine katholische Würdigung"[23]. Es ist keine Luther-Biographie und auch keine umfassende Darstellung seiner Theologie, sondern es versucht vor allem, primär für eine katholische Leserschaft ökumenische Impulse aufzuzeigen, die sich heute aus Luthers theologischem Ansatz gewinnen lassen. Es sollte deutlich machen, dass man ihm nicht gerecht wird, wenn man ihn auf seine antirömische Polemik reduziert und ihn vor allem als Kirchenspalter in den Blick nimmt. Nur sehr kurz habe ich die historischen Ereignisse dargestellt, von den Ablassthesen, über die großen Disputationen, den Reichstag zu Worms, die Verbrennung der Bannandrohungsbulle und den Kirchenbann, die Übersetzung der Bibel auf der Wartburg,

---

[23] Freiburg 2017.

seine Heirat und seine Bemühung um den Aufbau kirchlicher Strukturen.

Im Zentrum der Arbeit steht Luthers theologisches Anliegen, seine Botschaft von der Rechtfertigung, vom Kreuz, vom Heil des Menschen aus Gnade. Das war es, was er als das Evangelium verstand. Diese Lehre verbindet die verschiedenen Aspekte der Reformation und die Neuansätze, an denen sich die Kontroversen entzündet haben. In Kritik an weit verbreiteten Vorstellungen insbesondere in Lutherfilmen suchte ich deutlich zu machen, dass nicht die Zustände am päpstlichen Hof, die Luther bei seiner Romreise kennen gelernt hatte, ihn zu dem Urteil veranlassten, der Papst sei der Antichrist. Es war die Überzeugung, dass er die Botschaft von der Rechtfertigung nicht zulasse, dass er das Evangelium verraten habe und es den Menschen vorenthalte. Ich wollte deutlich machen, dass es Luther nicht um Randphänomene und um die Kritik an menschlichen Unzulänglichkeiten ging, sondern um die Botschaft vom Heil durch Christus, sein Wort, sein Kreuz und seine Auferstehung. In der Gemeinsamen Erklärung zur Rechtfertigungslehre, deren Unterzeichnung inzwischen 17 Jahre zurücklag, hatte man in dieser Fragestellung eine Übereinkunft erzielt, nun, zum Reformationsjubiläum fand sie zunächst nur wenig Aufmerksamkeit. Was bedeutete es angesichts der GER, dass Luther in den Schmalkaldischen Artikeln formuliert hatte, wenn der Papst die Botschaft von der Rechtfertigung zulassen würde, dann wolle er ihn auf Händen tragen? Ich habe mich bemüht, Luther von diesem Anliegen her zu interpretieren und sein Handeln von hier aus plausibel zu machen.

Die Ablassthesen stellten nach meiner Überzeugung nicht den Höhepunkt der Reformation dar, die Bannandrohungsbulle und ihre Verbrennung sowie der Kirchenbann sind für den Verlauf der Ereignisse von wesentlich größerem Gewicht. Doch bereits ein Jahrhundert später, am 31. Oktober 1617, hat man in der Universität Wittenberg den Thesenanschlag – wie immer er sich historisch auch zugetragen haben mag – als das Reformationsjubiläum begangen. Die Universität feierte ihren berühmtesten Professor und mit ihm auch sich selbst. Auf Anordnung des Kurfürsten von Sachsen sollte aber nicht nur die Universität feiern, das ganze Land sollte sich an die Heilstat Gottes erinnern, der nach Überzeugung des Kurfürsten

durch Martin Luther viele Seelen aus dem Kerker der Papstkirche er-
rettet hatte. Dieses Jubiläum 1617, das man durch vielfältige Vergnü-
gungen mit festlicher Musik, feierlichen Umzügen, Böllerschüssen,
Geschenken an die Armen ausstattete, wurde zum Vorbild für alle
Reformationsfeiern der folgenden Jahrhunderte. 1617 stand man
kurz vor dem Ausbruch des Dreißigjährigen Kriegs, die Spannungen
zwischen den Reichsständen, die sich der Reformation angeschlossen
hatten, und dem Kaiser waren dramatisch angewachsen, ebenso wie
die Kritik der Protestanten am Papsttum und an der katholischen
Hierarchie. Die Idee der Abkehr von der römischen Kirche sollte
auch die späteren Reformationsjubiläen bestimmen. Allerdings, so
lässt sich zeigen, kam Luther in jedem Jahrhundert in recht unterschiedlicher Weise in den Blick und manches, was man dabei feierte
und was sich bis in die Luther-Dekade hinein festsetzte, hat nur sehr
bedingt mit seinen Absichten zu tun.

b) Die Lutherjubiläen

Historisch weichenstellende Persönlichkeiten haben auch eine post-
mortale Geschichte. An den Reformationsjubiläen lässt sich exemplarisch zeigen, wie man Luther jeweils im Jahr 17 eines jeden Jahrhunderts verstanden hat. 1617 erschien er, gefeiert von der
Universität Wittenberg, als Repräsentant der wahren Lehre, gleichsam als der unfehlbare Prophet der neuen reformatorischen Orthodoxie. Von Gott berufen, um die Kirche zu retten, wurde er den
Aposteln und den Evangelisten zur Seite gestellt. Als historische Person kam er kaum in den Blick, im Zentrum standen seine Schriften,
in denen sich der wahre Glaube festgemacht hatte. Im Rahmen der
Universität wurde er als Lehrer der in seinen Schriften fassbaren
Wahrheit gefeiert.

1717, im Rahmen des Pietismus, trat seine Lehre deutlich in den
Hintergrund. Luther wurde gefeiert als das religiöse Genie, das die
christliche Botschaft auf ihre Mitte in Christus konzentriert und die
lebendige Erfahrung Jesu neu erschlossen hatte. In einem frommen
Leben solle man ihm nachfolgen, nicht allein in seinen Lehraussagen.
Rechtfertigung erschien in diesem Kontext als Wiedergeburt, die sich
insbesondere in Werken der Nächstenliebe und der Pädagogik erwei-

sen müsse. Die Franckeschen Stiftungen in Halle zeigen bis heute die Hinwendung der Reformation zu einer christlichen Praxis.

1817, im Banne der Aufklärung, wurde Luther gepriesen als Held der Gewissensfreiheit und als Repräsentant des Lichtes der Vernunft gegen päpstlichen Aberglauben und ein finsteres Mittelalter. Dabei hatte die Aufklärung wenig Interesse an Luthers Lehre, gefeiert wurde vielmehr seine Entdeckung des Individuums, der Freiheit, sein Kampf gegen herrschende Autoritäten. Der Protestantismus stellte sich selbst dar als die Kirche der Freiheit, wobei man dem römischen Katholizismus gegebenenfalls zubilligte, Vorläufer dessen zu sein, was im Protestantismus seine Erfüllung gefunden hat. Mit Luther beginnt laut Hegel die Neuzeit, dem Protestantismus hat man alle Errungenschaften der Moderne zugeschrieben, während man all das, was als überwunden und überholt erschien, dem Mittelalter und damit der katholischen Kirche angelastet hat. Adolf von Harnack hat es klassisch formuliert: „Die Neuzeit hat mit der Reformation Luthers ihren Anfang genommen, und zwar am 31. Oktober 1517; die Hammerschläge an der Tür der Schlosskirche zu Wittenberg haben sie eingeleitet"[24]. Das mit diesem Geschichtsbild verbundene Überlegenheitsgefühl des Protestantismus hat sich als sehr nachhaltig erwiesen, wobei nicht bestritten werden kann, dass manche wissenschaftsfeindliche Verfügung der römischen Kurie im 19. und frühen 20. Jahrhundert dies zu bestätigen schien.

1917, mitten im Ersten Weltkrieg, wurde Luther jedenfalls in Deutschland als Inbegriff des wahren Deutschen beschworen, der dem römischen Papst und Kaiser Karl V., der ganz auf Spanien ausgerichtet war, widerstanden hat und damit Vorbild wurde für die Soldaten in den Schützengräben in Frankreich und für die Menschen an der Heimatfront. Auch die politischen Ideologien des 20. Jahrhunderts beriefen sich auf ihn: Der Nationalsozialismus machte ihn zum nationalen Heros, in der DDR wurde er als Vorläufer der proletarischen Revolution gefeiert. Bei allen Widersprüchen in diesen Lutherbildern, eines blieb konstant: Luther erschien immer als Wi-

---

[24] So die Darstellung Harnacks einer verbreitet vertretenen Position, ohne dass er sich völlig mit ihr identifiziert hätte (Adolf v. Harnack, Erforschtes und Erlebtes, Giessen 1923, 110).

dersacher und Feind des Papstes, den Kampf gegen den Papst sah man weithin als seine eigentliche Lebensaufgabe und als das verbindliche Erbe des Protestantismus an.

c) Katholische Lutherbilder

In katholischer Perspektive erschien Luther über Jahrhunderte hinweg fast ausschließlich als Kirchenspalter. Diese Sicht war geprägt vom Werk des Johannes Cochläus „Commentaria de actis et scriptis Martini Lutheri" aus dem Jahr 1549. Cochläus, der Luther noch persönlich kennengelernt hatte, zeichnete ihn als „Zerstörer der Kircheneinheit, den skrupellosen Demagogen und frechen Revolutionär, der durch seine Häresien unzählige Seelen ins Verderben gestürzt, unendliches Leid über Deutschland und die ganze Christenheit gebracht hat". Dieses Werk war über fast 400 Jahre hinweg die wichtigste Quelle für das katholische Lutherbild. Nicht zuletzt die Tatsache, dass die Schriften Luthers auf dem Index der verbotenen Bücher standen und von Katholiken nicht gelesen werden durften, verlieh Cochläus weithin ein Monopol in den Informationen zu Luther. „So ist das Klischee von dem verkommenen Mönch, dem sauf- und rauflustigen Libertiner, dem Revolutionär und Erzhäresiarchen, dem Spalter der Kirche mit erschreckender Konstanz durch die Jahrhunderte getragen worden"[25]. Noch im 19. Jahrhundert hat kein Geringerer als der junge Ignaz von Döllinger Luther dargestellt als Zerstörer der Moral und aller guten Sitten. Er suchte zu belegen, dass Luthers Wort vom Glauben allein und seine angebliche Verwerfung der guten Werke zu einem moralischen Zusammenbruch führten.

Den Durchbruch zu einer positiven Sicht Luthers brachte 1939 die Reformationsgeschichte von Joseph Lortz. Er zeichnete Luther als Mönch, der sein Christsein und sein Ordensleben überaus ernst nahm. Die Erfahrung der eigenen Sündhaftigkeit und der Zustand der Kirche führten ihn in schwere Gewissensnot und drängten ihn zu einer Neubesinnung, die zur Reformation wurde. Einen Großteil

---

[25] Hubert Jedin, Wandlungen des Lutherbildes in der katholischen Kirchengeschichtsschreibung, in: Wandlungen des Lutherbildes (Studien und Berichte der katholischen Akademie in Bayern, Heft 36), Würzburg 1966, 80 und 84.

der Schuld an der Kirchenspaltung legte Lortz nicht Luther, sondern der Kirche seiner Zeit zur Last. Nach seiner Deutung sind Luthers Anliegen zu einem überwiegenden Teil katholisch und können aus der spätmittelalterlichen Theologie der Zeit hergeleitet werden. Dies gilt vor allem für den jungen Luther, zweifellos noch für den der Ablassthesen. Als Zusammenfassung der Untersuchung von Lortz kann die Formulierung gelten: „Luther rang in sich selbst einen Katholizismus nieder, der nicht katholisch war"[26]. Das war 1939 eine mutige Aussage[27], es war nicht leicht, sie im katholischen Denken heimisch werden zu lassen.

In der Tradition der Schule von Lortz stehend stellte Erwin Iserloh die These auf, der Anschlag der Ablassthesen vom 31. Oktober 1517 sei eine Legende. Luther habe ordnungsgemäß „eine Petition mit einem beigelegten theologischen Gutachten – eben den Ablassthesen – an die zuständigen Bischöfe gesandt und um Zurückziehung der Ablassinstruktion und Erlass einer besseren nachgesucht". Ohne sein Wissen wurden diese Thesen gedruckt und weithin verbreitet. Luther ist, wie Iserloh formulierte, „absichtslos zum Reformator geworden"[28].

Diese Neubewertung Luthers hat auch kirchenamtliche Bestätigung gefunden. Kardinal Johannes Willebrands, der damalige Präfekt des römischen Einheitssekretariats, formulierte bereits bei der Vollversammlung des Lutherischen Weltbundes im Jahr 1970: „Wer vermöchte heute ... zu leugnen, dass Martin Luther eine tief-religiöse Persönlichkeit war, dass er in Ehrlichkeit und Hingabe nach der Botschaft des Evangeliums forschte? ... Er mag uns darin gemeinsamer Lehrer sein, daß Gott stets Herr bleiben muß und dass unsere wichtigste menschliche Antwort absolutes Vertrauen und die Anbetung Gottes zu bleiben hat"[29]. Luther unser gemeinsamer Lehrer! Ganz so

---

[26] Joseph Lortz, Die Reformation in Deutschland, 2 Bde., Freiburg i. Br. 1939f., Neuausgabe Freiburg i. Br. 1962, 176. Siehe oben S. 129f.

[27] In einem Nachwort zur Neuausgabe von 1962 berichtet Peter Manns, dass die Arbeit „das allerhöchste Mißfallen Papst Pius' XII. erregt hatte und nicht mehr aufgelegt werden durfte" (Peter Manns, Lortz, Luther und der Papst, a. a. O., Bd. II, 353–391, hier 357).

[28] Erwin Iserloh, Luther zwischen Reform und Reformation, Münster 1968, 82.

[29] Die Rede ist dokumentiert in: Lutherische Rundschau 20 (1970) 447–460.

weit ist Papst Benedikt XVI. nicht gegangen, aber auch er hat bei seinem Besuch im September 2011 im Augustinerkloster in Erfurt Luther gewürdigt: „Was ihn umtrieb, war die Frage nach Gott, die die tiefe Leidenschaft und Triebfeder seines Lebens und seines ganzen Weges gewesen ist"[30]. Diese Grundentscheidung für Gott hat der Papst als Leitmotiv für unsere Zeit hervorgehoben und damit Luther zumindest indirekt als Lehrer im Glauben gezeichnet. In der gemeinsamen Erklärung beim ökumenischen Gottesdienst in Lund 2016 bezeichnete sich Papst Franziskus sogar als dankbar „für die geistlichen und theologischen Gaben, die wir durch die Reformation empfangen haben"[31].

d) Ökumenische Perspektiven

Luther selbst war kein Ökumeniker im heutigen Sinn des Wortes, er liebte die Kontroverse, den scharfen Streit und die zugespitzte Formulierung. Er hat polarisiert, die Suche nach Gemeinsamkeiten war nicht seine Sache. Das wurde auch bei den Kontroversen mit denen deutlich, die sich seiner Reformation angeschlossen haben, aber in manchen Punkten von seiner Position abwichen. Doch die Botschaft von der Rechtfertigung, die im Zentrum seiner Theologie steht, ist ökumenisch sehr wohl fruchtbar. Man hat sie in der GER als Kriterium für alle verbindlichen Aussagen und für die Gestalt der Kirche bezeichnet, daraus dann aber kaum Konsequenzen gezogen, auch nicht im Jubiläumsjahr 2017.

Ich habe versucht, aus diesem theologischen Ansatz Konsequenzen für die heute anstehenden ökumenischen Fragen zu ziehen. Was trägt die Botschaft von der Rechtfertigung aus für die Frage der Autorität der Schrift, das *Sola-scriptura*-Prinzip, und was folgt daraus für die Thematik der Tradition, für die Autorität des Lehramtes und dessen Anspruch, die Schrift verbindlich auszulegen? Was folgt daraus für die Gestalt der Kirche? Gibt es verbindliche Strukturen?

---

[30] Verlautbarungen des Apostolischen Stuhls Nr. 189, hg. v. Sekretariat der Deutschen Bischofskonferenz, Bonn 2011, 71.
[31] So in der gemeinsamen Erklärung von Lund, in: Ökumenische Rundschau 66 (2017) 91.

Was bedeutet neben dem Wort vom gemeinsamen Priestertum die Forderung nach einem Amt, dem Priester, dem Bischof, dem Papst? Wie viele Sakramente feiert die Kirche, Taufe und Herrenmahl, oder die sieben, wie die katholische und orthodoxe Kirche lehren? Was besagt Luthers Ansatz für ein rechtes Verständnis der Taufe, des Herrenmahls, der christlichen Ehe? Ich habe mich in diesem Buch bemüht, die möglichen Konsequenzen des Kriteriums Rechtfertigung auf die Kontroversfragen und die Zielvorstellungen für eine ökumenisch geeinte Christenheit zu umreißen. Luthers theologischer Ansatz, der sich hinter seinen oft sehr polemischen Formulierungen verbirgt, kann dazu beitragen, in all diesen Themen einen differenzierten Konsens zu formulieren, der eine Einigung der Christenheit möglich machen würde.

e) Eine gescheiterte Einladung

Eine besondere Erinnerung verbinde ich noch mit dem Reformationsjubiläum. Schon Jahre zuvor war ich in Kontakt gekommen mit einer von der Georgetown University in Washington D. C. initiierten internationalen Arbeitsgruppe, die sich an unterschiedlichen Orten zu jeweils dort besonders relevanten ekklesiologischen Problemstellungen versammelte. 2016 wurde ich eingeladen, in Hongkong zum Verhältnis der Untergrundkirche zur offenen Kirche in China zu referieren, 2017 fand die Konferenz an der Universität in Jena statt und Luther stand auf dem Programm. Ich sprach über „Martin Luther between His Message and the Celebration of His Fifth Centenary". Meine Ausführungen fanden Interesse und ich wurde spontan eingeladen, das Referat bei einem Luther-Symposium an der Georgetown University vorzutragen. Womit niemand gerechnet hatte: Die US-Behörden wussten, dass ich rund acht Jahre zuvor im Iran einen Vortrag über die Bedeutung der Religion für die Ethik gehalten hatte. Als Iranbesucher stand ich unter Terrorismusverdacht, mein US-Visum, mit dem ich mehrmals in die USA gereist war, wurde für ungültig erklärt und mir die Einreise verweigert. Weder mein Alter – ich war bereits über 75 Jahre alt – noch mein kirchlicher und akademischer Status, noch die Einladung durch den Präsidenten der Georgetown University konnten an der Ablehnung etwas ändern. Nun, ich habe mein Referat nach Washington gemailt und John Borelli, Verantwortlicher der Georgetown University für interreligiöse Fragen, hat es im Symposium vorgetragen. Es wurde in Youtube aufgezeichnet, ich konnte es am PC verfolgen und kann nur sagen, der Vortrag war bei weitem eindrucksvoller, als ich ihn hätte präsentieren können. Die ganze Affäre war für die Kollegen in Washington bei weitem unangenehmer als für mich.

G) Ertrag und Erwartungen

Was ist nun der Ertrag meiner Erfahrungen, bin ich durch sie – wie im Lutherzitat des Vorworts verheißen – klüger geworden? Kann ich Prognosen formulieren, wie sich die ökumenische Idee voraussichtlich entwickeln wird oder gar Ratschläge geben, die man weitergehen sollte? Wo stehen wir auf dem Weg, wohin bewegt sich die Bewegung? Eines ist offensichtlich, die Erfahrungen sind unterschiedlich und spannungsreich. Konrad Raiser veröffentlichte 1994 eine Sammlung von Aufsätzen unter dem ernüchternden Titel, „Wir stehen noch am Anfang"[1]. Im gleichen Jahr erschien unter dem Titel „Ist die Ökumene am Ende?"[2] der Tagungsband einer gemeinsamen Veranstaltung der Evangelischen Akademie in Tutzing und der Katholischen Akademie in Bayern. Vier Jahre später gab Heinrich Döring einer Aufsatzsammlung den Titel „Ökumene vor dem Ziel"[3]. Die Erfahrungen sind vielgestaltig, sie zeichnen sich durch eine erhebliche Ungleichzeitigkeit aus.

1. Säkularisierung oder Verbuntung?

Unabhängig von allen ökumenischen Ereignissen, dominierend ist derzeit im kirchlichen Bereich die Erfahrung einer tiefgreifenden Krise. Über alle konfessionellen Unterschiede hinweg verlieren die Kirchen massiv an Vertrauen. 2019 sind in Deutschland aus den beiden Großkirchen rund eine halbe Million ihrer Mitglieder ausgetreten, nur noch knapp über 52 Prozent der Deutschen gehören ihnen derzeit an und neuen Prognosen zufolge dürfte sich ihre Zahl bis zum Jahr 2060 nochmals halbieren. Alle Parameter kirchlicher Statistik

---

[1] Gütersloh 1994.
[2] Regensburg 1994, mit Fragezeichen im Titel.
[3] Neuried 1998.

zeigen übereinstimmend einen massiven Rückgang: die Zahl der Gottesdienstbesucher ebenso wie die der empfangenen Sakramente, der Taufen, der kirchlichen Eheschließungen, inzwischen auch der Beerdigungen. In besonderer Weise betrifft dies die Amtsträger, der Priestermangel führt derzeit zum Zusammenbruch der überkommenen Pfarrstrukturen. Von den kirchlichen Angeboten fühlen sich vorwiegend Angehörige der älteren Generation angesprochen, die Jüngeren werden kaum erreicht. In der katholischen Kirche ist zudem insbesondere ein Auszug der Frauen festzustellen. Nachdem herkömmlicherweise vor allem die Mütter die religiöse Praxis an die Kinder und in die Familien weitergegeben haben, wird sich dies als besonders folgenreich erweisen. Auch bewusst und engagiert katholischen Familien gelingt es oft nicht, den Glauben an die Kinder zu vermitteln.

Die Gründe für diese Entwicklungen sind vielfältig, zumeist geht einem Austritt ein längerer Prozess der Entfremdung voraus. Nicht selten sind Enttäuschungen, die man mit der Kirche erlebt hat, der unmittelbare Anlass, Berichte über die Missbrauchsfälle haben vielfach das Vertrauen erschüttert. Gewiss, Missbrauch gab es auch außerhalb der Kirchen, aber in einer Kirche, die den Anspruch auf Heiligkeit erhebt, die sich selbst als die *una sancta* bezeichnet, ist die Fallhöhe größer und die Reaktion entsprechend massiver als bei ähnlichen Vorfällen etwa in Sportvereinen.

Über individuelle Entscheidungen hinweg stellt auch die Kirchenspaltung eine der Ursachen für diese Entwicklung dar. Seit der Reformation führte Religion immer wieder zu Konflikten und Kriegen. Man musste sie aus der Öffentlichkeit verbannen, um nicht das friedliche Zusammenleben der Menschen zu gefährden. Die Entkirchlichung der westlichen Welt ist nicht zuletzt auch eine Konsequenz der Kirchenspaltung. Die neue gemeinsame Basis, die nun die Menschen zu verbinden versprach, war die Idee der Vernunft, die *ratio*, die allen Menschen gemeinsam ist. Sie ist allgemeingültig, verpflichtend, für jedermann einsehbar und darum kommunikabel, *etsi Deus non daretur*, selbst wenn es Gott nicht geben sollte[4]. Auf

---

[4] Hugo Grotius, De iure belli ac pacis, Prolegomena 11.

dieser Vernunft baut seit Hugo Grotius das gedeihliche Zusammenleben der Menschen auf, Religion ist fast zwangsläufig zur Privatsache geworden.

Die Ökumenische Bewegung ist aus dem Bewusstsein entstanden, dass die christliche Mission ihre Glaubwürdigkeit verliert, wenn die Kirchen sich gegenseitig absprechen, die rechte Botschaft zu verkünden, oder einander gar ihre Mitglieder abzuwerben suchen. Um ihrer Glaubwürdigkeit willen müssen sie kooperieren. Dies gilt nicht allein in Missionsgebieten, sondern auch in Europa. Natürlich lassen sich historische Prozesse nicht rückgängig machen, aber um ihrer Glaubwürdigkeit willen sind die Kirchen aufgerufen, ihre Botschaft gemeinsam zu verkünden bzw. Formen zu finden, wie sie mit Differenzen umgehen und leben, ohne sich gegenseitig zu verketzern.

Der Prozess des Abnehmens oder der Marginalisierung der Religion im individuellen wie im gesellschaftlichen Bereich wird zumeist als Säkularisierung bezeichnet. Der Begriff umfasst sehr unterschiedliche Erscheinungen, die darin übereinstimmen, dass im Verlauf der Modernisierung einer Gesellschaft Religion an Bedeutung verliert. Das Vertrauen auf Rationalität, das Streben nach Autonomie und Freiheit, die Entdeckung der Individualität haben religiöse Erklärungsmuster und Verhaltensweisen vielfach als entbehrlich erscheinen lassen. Die neuzeitliche Religionskritik sah sich durch diese Entwicklung bestätigt. Nach ihrer Überzeugung wird Religion auf Dauer verschwinden oder nur in Randgruppen überleben, die für die Entwicklung der Gesellschaft weithin irrelevant sind. Sie erscheint hier als Angelegenheit vorwiegend der Schwachen, der Ungebildeten und jener, die sich mit der Moderne nicht abfinden wollen. Religionskritiker begründen so ein Überlegenheitsgefühl gegenüber jenen, die ihrer noch bedürfen.

Diese Vorstellung hat im katholischen Bereich eine Entsprechung gefunden im Antimodernismus des 19. und der ersten Hälfte des 20. Jahrhunderts. Tatsächlich wurden hier die Ideale der Neuzeit, Autonomie, Individualität, Rationalität und insbesondere das Streben nach Freiheit, als dem göttlichen Heilsplan widerstreitend verurteilt. Im Rückgriff auf ein idealisiertes Mittelalter hat man Autorität und Gehorsam zu den zentralen christlichen Tugenden erhoben und nicht selten versucht, sie durch Druck und die Erzeugung von Angst durchzusetzen. Letztlich hat man es Luther angelastet, dass die gottgewollte Ordnung zerbrochen und jeder sein eigener Priester und Bischof und Papst geworden ist.

Offiziell wurde diese Einstellung im II. Vatikanum überwunden, weitergewirkt hat sie dennoch, auch in der Hierarchie. Angesichts des Bedeutungsverlustes religiöser Überzeugung und Praxis war man geneigt, vormoderne Konzepte als Lösungen für die anstehenden Probleme anzubieten und sich auf fundamentalistische Kreise zu stützen, die sich gegen Entwicklungen der Neuzeit wehrten und eine angeblich gute alte Zeit zurücksehnten. In der Konsequenz wurden Reformbemühungen von höchster Stelle zumeist abgeblockt und als mit der katholischen Lehre unvereinbar verurteilt. Schon bald nach dem II. Vatikanum dominierten römische Erklärungen, die auf Autorität und Gehorsam pochten, Wahrheitserkenntnis allein dem hierarchischen Lehramt vorbehielten und die Kirche gegenüber säkularer Erkenntnis und den Entscheidungen anderer christlicher Konfessionen abgrenzten. Der Prozess der Säkularisierung, insbesondere der Modernisierungsschub der späten 60er Jahre, hat in der Hierarchie zu Angstreaktionen geführt. Es herrschte die Sorge, dass schon kleine Veränderungen und Zugeständnisse an Bestrebungen der Basis nicht mehr kontrollierbare Entwicklungen in Gang setzen würden. Davor könne allein das Festhalten an der Überlieferung schützen.

Diese Haltung hat weithin das ökumenische Klima bestimmt. Zwar hat man sich wortreich zur ökumenischen Öffnung der Kirche bekannt, schreckte aber vor konkreten Schritten zumeist zurück. Es dominierte die Sorge, wenn man die Türe auch nur einen Spalt breit öffnet, wird man sie nie wieder schließen können. Die gemeinsame Herausforderung, vor der die christlichen Kirchen stehen, hat sie einander kaum nähergebracht. Eher herrschte die Haltung, jeweils für sich zu retten, was zu retten ist, auch um den Preis der Distanzierung von den anderen Kirchen. Unternehmensberatungen, denen man sich anvertraute, rieten zur Konzentration auf das Kerngeschäft und auf Nischen im Angebot, um in der Öffentlichkeit deutlich erkennbar zu werden. Für ökumenische Praxis blieb hier kaum eine Chance. Die Reaktion auf die Säkularisierung hat eher zur konfessionellen Abgrenzung als zu Gemeinsamkeit geführt.

Wenn nicht alles täuscht, versuchen die Kirchen sich auch auf offizieller Ebene von dieser Strategie zu verabschieden. Sie stellen sich darauf ein, mittelfristig zu einer Minorität in unserer Gesellschaft zu werden, hoffen aber darauf, als Gemeinschaft überzeugter und bekennender Christen neue Strahlkraft zu gewinnen. Zudem, so eine verbreitete These, sind die Ideale der Neuzeit – Freiheit, Menschenwürde, Autonomie – in der biblisch-christlichen Botschaft begründet[5]. Sie wurden durch den Prozess der Säkularisierung aus jeder Engführung befreit und sind dadurch universal wirksam geworden. Die Bereitschaft, das Reformationsjahr 2017 gemeinsam zu feiern und dabei auch die säkulare Gesellschaft mit einzubeziehen, könnte der Durchbruch zur Bemühung um eine gemeinsame Antwort auf die Herausforderungen der Gegenwart gewesen sein. Die These von der Säkularisierung hat im christlichen Denken viel von ihrem Schrecken verloren.

Zudem ist diese These selbst in die Diskussion gekommen. Zunächst hat sie sich von ihren religionskritischen Implikationen gelöst, die Vorstellung, dass die Entwicklung „zielgerichtet verlaufe und zwangsläufig auf ein Ende der Religion zusteure", vertritt heute in der seriösen Religionssoziologie eigentlich niemand mehr[6]. Ganz im Gegenteil taucht vielfach das Wort von der „Wiederkehr der Götter" auf, von der Wiederverzauberung der Welt und sogar von einer Desäkularisierung der Gesellschaft, man spricht von einem „Megatrend Religion". Samuel Huntingtons Konzept vom *„Clash of Civilizations"* gründet in der Überzeugung, dass im Zentrum der Kulturen jeweils eine Religion steht. „Von allen objektiven Elementen, die eine Kultur definieren, ist jedoch das wichtigste für gewöhnlich die Religion"[7]. Dieses Konzept stellt die vielleicht nachhaltigste Kritik an der Säkularisierungsthese dar. „Die Entsäkularisierung der Welt ... gehört zu

---

[5] Siehe hierzu Reinhard Marx, Freiheit, München 2020.

[6] Karl Gabriel, Jenseits von Säkularisierung und Wiederkehr der Götter, in: Aus Politik und Zeitgeschichte 52 (2008) 9–15, hier 11. Siehe auch: Detlef Pollack, Säkularisierung – ein moderner Mythos?, Tübingen 2003; ders., Säkularisierungstheorie, https://docupedia.de/zg/Saekularisierungtheorie (Zugriff 15.11.2020).

[7] Samuel P. Huntington, Kampf der Kulturen, München – Wien 1996, 52.

den dominierenden gesellschaftlichen Tatsachen am Ende des 20. Jahrhunderts" (S. 145).

Am 11. September 2001 schien Huntingtons These eine dramatische Bestätigung zu finden. Seither wird mit „Religion" fast unlöslich die Vorstellung von Gewalt assoziiert. Im Namen des Islam hat man zum Heiligen Krieg gegen das westliche Heidentum aufgerufen, der amerikanische Präsident George W. Bush prägte das unselige Wort vom Kreuzzug gegen den Terror, der sofort als Kreuzzug gegen den Islam verstanden wurde. Religionskritik spricht heute kaum noch vom „Opium des Volkes", das mit Naturnotwendigkeit verschwinden wird, sondern sie sieht in der Religion eine destruktive Macht von kaum beherrschbarem Ausmaß. Der 11.9. ist zu ihrem Paradigma geworden. Richard Dawkins, einer ihrer Repräsentanten, vergleicht die Vertreter der Religion mit Leuten, die auf den Straßen geladene Gewehre verteilen.

Ein Blick über Europa hinaus zeigt, dass es unterschiedliche Typen von Moderne gibt, von denen sich manche als ausgesprochen religionsproduktiv erweisen[8]. In der muslimischen Welt ist im Prozess der Öffnung zur Moderne Religion zu einem zentralen Faktor auch für die gesellschaftliche Ordnung geworden. Zudem ist sie dort, wie übrigens auch in Israel, besonders in der jüngeren Generation lebendig. In Lateinamerika gewinnen die Pfingstkirchen, die dezidiert modernen Wertvorstellungen huldigen, zunehmend an Einfluss, für Nordamerika diagnostiziert Charles Taylor eine Wiederkehr der Religion gerade im säkularen Zeitalter[9]. In Asien macht sich ein zunehmender Einfluss der traditionellen Religionen auf das öffentliche Leben bemerkbar und es entstehen neue religiöse Bewegungen mit oft großer Anhängerschaft. Südkorea ist das hervorstechende Beispiel. Sogar in China, wo Religion über Jahrzehnte massiv unterdrückt wurde, sprechen Offizielle von einem „Religionsfieber". Sicher sind es sehr verschiedene Ursachen, die zu diesen in sich vielgestaltigen Prozessen geführt haben. Doch angesichts einer komplexer werdenden und zunehmend technisierten und nicht mehr durchschaubaren Welt scheint

---

[8] Siehe hierzu Karl Gabriel, Christentum zwischen Tradition und Postmoderne, Freiburg 1992.

[9] Charles Taylor, Ein säkulares Zeitalter, Berlin 2012. Taylor spricht von „multiplen Modernitäten" (S. 47).

die Sehnsucht nach einem Bereich aufzubrechen, der sich der Rationalitätsforderung entzieht. Auch wenn Kirchen und Theologen darüber nicht glücklich sind, wird Religion oft dort angesiedelt.

Faktisch erwartet heute auch für Europa kaum noch jemand, dass Religion verschwindet. Wolfgang Frühwald, Literaturwissenschaftler an der Universität München und Präsident der Deutschen Forschungsgemeinschaft, formulierte vor Jahren: „Unsere Welt dampft von Religiosität". Überall in der Literatur findet er religiöse Spuren, weit über den kirchlichen Bereich hinaus. Unterschiedliche Formen von Spiritualität sind gerade in kulturell aufgeschlossenen Kreisen durchaus gefragt.

Wie aber ist dann der Bedeutungsverlust zu erklären, den die Kirchen derzeit jedenfalls in Europa zweifellos erfahren? Denn selbst wenn Religion – in einem weitgefassten Verständnis des Begriffs – nicht verschwindet, die Kirchen befinden sich offensichtlich in einer erheblichen Krise. Paul Zulehner hat in Langzeitstudien über 50 Jahre hinweg die Entwicklung der Religion in Österreich mit sozialwissenschaftlichen Methoden untersucht und dabei festgestellt, dass sie keineswegs im Verschwinden begriffen ist, aber sie ist weniger fassbar, unbestimmter, oft diffus und vor allem weniger kirchengebunden geworden. Sie ist zunehmend geprägt von Individualisierung und Autonomiestreben. Religion stellt sich in der Moderne als ein offener Markt mit vielen Möglichkeiten dar, Zulehner bezeichnet dies als ihre Verbuntung[10]. Auch in Österreich und in Europa gilt, was Peter L. Berger bezüglich der Religion in den USA formuliert hat, „der Mensch von heute könne alles wählen, nur nicht, ob er wählen wolle"[11]. Die individuelle und freie Auswahl über konfessionelle und über religiöse Grenzen hinweg, ein „Auswahlchristentum", erscheint eher als Regel denn als Ausnahme. Die Entwicklung tendiert hin auf eine patchwork-religion, die man sich frei nach Geschmack selbst zusammenstellt und in der jeder zu seinem eigenen Religionskompositeur wird. Was man früher als schuldhaften Zweifel ansah, hat nicht mehr das Stigma von Sünde oder Häresie, es er-

---

[10] Paul M. Zulehner, Wandlung. Religionen und Kirchen inmitten kultureller Transformation, Ostfildern 2020, 12.

[11] Zitiert a. a. O. 29.

scheint eher als Frucht der Freiheit eines Christenmenschen, seiner Mündigkeit und Autonomie. Eine aus oft irrationalen Vorlieben gespeiste Spiritualität bis hin zu esoterischen Praktiken findet in modernen Gesellschaften zunehmend Anklang. Die Kirchen dagegen treffen oft auf Misstrauen, vor allem dann, wenn sie sich dieser offenen und pluralen Weltsicht nicht anschließen und ein verbindliches Bekenntnis formulieren und ein solches einfordern.

2. Konsequenzen für die Ökumene

Insbesondere vor dieser Herausforderung muss sich die Ökumene heute bewähren und die Probleme, denen sie dabei begegnet, sind erheblich. Im Kontext eines religiösen Pluralismus scheint die Frage nach der Einheit geradezu obsolet zu werden. Warum nicht jedem seine Religion nach eigener Wahl belassen? Gehen wir auf eine Zeit zu, der Lehrdifferenzen ebenso fremd sind wie die Bemühung um Einheit und der diese als Verstoß gegen die Freiheit und die Autonomie des mündigen Menschen erscheint? Angesichts neuzeitlicher Totalitarismuserfahrungen wurde das Wort vom *„horror unitatis"* geprägt.[12] Dann wäre die ökumenische Problematik erledigt, nicht weil die Probleme gelöst wären, sondern weil sie ihren Sinn verloren hätten. Was nicht in das Lebensgefühl passt, würde dann nicht bestritten und kritisiert, sondern liegen gelassen. Dann stellt man auf dem Markt religiöser Möglichkeiten ganz selbstverständlich zusammen, was als hilfreich und förderlich erscheint, was tröstet oder auch was Spaß zu machen verspricht. Ob und wie das alles zusammenpasst, ist dann nicht mehr die Frage. In einem oft zitierten postmodernen Irrationalismus tritt die rationale Verantwortung des Glaubens in den Hintergrund. In diesem Rahmen trennende Differenzen zwischen den christlichen Traditionen anzunehmen, entbehrt ebenso jeder Plausibilität wie der Versuch, sie zu lösen. Was bedeutet ein solches Zukunftsszenario für die Akteure in der Ökumene?

---

[12] Annemarie C. Meyer, Was liegt heute prospektiv für Theologie und Kirche in ökumenischer Hinsicht an?, in: Christoph Böttigheimer (Hg.), Zweites Vatikanisches Konzil, Freiburg 2014, 238–254, hier 249.

a) Die Gemeinden

Was Heinrich Fries bereits 1985 angesprochen hat, ist für viele Christen inzwischen Realität geworden: ein postökumenisches Zeitalter[13]. Die traditionellen kontroverstheologischen Fragen sind nach verbreiteter Überzeugung gelöst oder haben sich als hinfällig erwiesen, verbindliche Glaubensaussagen und Bekenntnisse stehen einer ökumenischen Gemeinschaft nicht mehr im Weg. Bestehende Differenzen erscheinen weithin als theologische Haarspaltereien ohne praktische Bedeutung, vielfach sind sie auch einfachhin unbekannt. Wenn Kirchenleitungen auf Grenzen hinweisen, wird das eher auf Machtinteressen zurückgeführt als auf ungelöste Probleme. Selbst engagierte Mitglieder der Gemeinden können kaum begründen, warum die Kirchen noch immer getrennt sind. Die Tatsache, dass sich ökumenische Arbeitskreise in den Pfarreien oft auflösen, ist nicht auf antiökumenische Tendenzen zurückzuführen. Eher besteht der Eindruck, sie haben ihre Aufgabe erfüllt, Ökumene ist Wirklichkeit geworden und sie werden nicht mehr gebraucht. Auch ökumenische Gottesdienste haben viel von ihrer Attraktivität verloren. War es nach dem Konzil noch etwas Besonderes, katholische und evangelische Pfarrer oder gar Bischöfe in gemeinsamer liturgischer Feier zu erleben, erscheinen inzwischen etwa Gottesdienste im Rahmen der Weltgebetsoktav für die Einheit der Christen vor allem als Gelegenheit, bei denen sich insbesondere die kleineren Gemeinschaften in einer breiten Öffentlichkeit präsentieren können. In langer Prozession ziehen sie feierlich in die Kirche ein und zeigen vor allen die unübersichtliche Vielfalt unterschiedlicher Traditionen. Eine Bemühung um Einheit wird dabei kaum noch erkennbar.

Weithin herrscht der Eindruck, an der Basis sind die Probleme gelöst. Statt über Unbeweglichkeit der Hierarchen zu klagen, sollte man besser auf die Gemeinden hören und sie entscheiden lassen, dann wäre man schnell am Ziel. Und gegebenenfalls erschient die Basis auch bereit, die Initiative zu übernehmen, wenn von der Theologie immer neue Probleme aufgetischt werden, die niemanden inte-

---

[13] Heinrich Fries, „Damit die Welt glaube", Frankfurt 1987, 180.

ressieren und wenn die Kirchenleitungen sich weigern, die längst fälligen Konsequenzen zu ziehen. Der bereits 1981 publizierte Befund des Straßburger Instituts für ökumenische Forschung mit dem Ergebnis, „die ökumenischen Bemühungen scheinen auf der lokalen Ebene keine zentrale Bedeutung zu haben"[14], kann sehr wohl so interpretiert werden, dass das postökumenische Zeitalter in den Gemeinden weithin Wirklichkeit geworden ist.

Die Tendenz einer zunehmenden Verbuntung der Religion hat allerdings auch zu einer Gegenbewegung geführt und einen Fundamentalismus entstehen lassen. Dieser ist geprägt von einer Abgrenzung gegenüber der Moderne, ihrer Pluralität und Autonomie und der damit verbundenen Unübersichtlichkeit. Die plurale Welt mit ihren fast unbegrenzten Handlungsspielräumen erfahren viele als Überforderung, angesichts derer das Angebot von eindeutigen und unbefragt gültigen Anweisungen und Wahrheiten als attraktiv erscheint. Die fundamentalistische Reduzierung der Komplexität der Wirklichkeit, das Versprechen von einfachen und überschaubaren Lösungen, findet Gehör, im religiösen ebenso wie im politischen Bereich. Das Fremde wird in diesem Kontext schon deswegen abgelehnt, weil es vom Anderen geglaubt und praktiziert wird. Wenn alles, was „draußen" ist, sei es die „Welt", die Gesellschaft, seien es die Religionen oder auch die anderen christlichen Kirchen von vornherein ausgeschlossen wird, ist man dem Zwang zu eigener Entscheidung enthoben. Gehorsam erscheint vielfach einfacher als Eigenverantwortung. Weil es bequem ist, unmündig zu sein, fällt es bekanntlich den Autoritäten so leicht, sich zu Vormündern aufzuschwingen[15].

In allen Kirchen gibt es Gruppen, die streng am Herkommen festhalten, Reformen als mit dem überkommenen Glauben unvereinbar erachten und eine Öffnung ablehnen. Sie verstehen es, sich durch schrille Töne Gehör zu verschaffen. Insbesondere in der katholischen Kirche haben sie dadurch erheblichen Einfluss gewonnen, dass sie unter der Wortführung von Erzbischof Marcel Lefebvre eigene Strukturen ausgebildet haben. Rom ist bestrebt, ihnen die Möglichkeit zur

---

[14] Dokumentiert in: Una Sancta 36 (1981) 92–97.
[15] So Kant in seiner Antwort auf die Frage „Was ist Aufklärung?", in: Studienausgabe VI, S. 53.

Rückkehr zu eröffnen und so das entstandene Schisma zu überwinden. Dazu ist man ihnen bis zu einem Punkt entgegengekommen, an dem Zweifel laut geworden sind, ob die Reformen des II. Vatikanums noch gelten und verbindlich sind. Man hat es in Kauf genommen, auf der anderen Seite des kirchlichen Spektrums viele Gläubige der Kirche zu entfremden. Dabei handelt es sich um viele, aber immer nur um Einzelne, die keine Tendenz haben, eigene kirchliche Strukturen auszubilden. Und dies erachtet man als weniger dramatisch als die Abspaltung schismatischer Gruppen mit gültigem Priestertum und Bischofsamt, die in Gemeinden organisiert sind und gegebenenfalls dort kirchliche Dienste anbieten, wo die Pfarreien wegen des Priestermangels dazu nicht mehr in der Lage sind. Einheit will man gewiss auch in diesen Kreisen, aber immer nur zu den eigenen Bedingungen. Das Eigene wird zur Norm, der sich alle anderen zu fügen haben, das Andere zum Inbegriff dessen, was man zurückweist.

b) Theologinnen und Theologen

Theologinnen und Theologen arbeiten heute zumeist problemlos konfessionsübergreifend zusammen. In der biblischen Exegese, der Pastoraltheologie, weithin auch in der Kirchengeschichte gibt es kaum konfessionsspezifische Differenzen. Kontroverstheologische Probleme sind weithin in der systematischen Theologie, näherhin in der Ekklesiologie angesiedelt. Das ist nicht zufällig so. Bis zum Beginn der Neuzeit gab es in der Theologie keinen Traktat *De Ecclesia*, Über die Kirche. Kirche war unbefragte Wirklichkeit und musste nicht zum Gegenstand der Reflexion werden. Erst in der Folge der Kirchenspaltung sahen sich beide Seiten genötigt, sich selbst als die rechte Kirche darzustellen und dies der anderen Seite abzusprechen. Während die anderen Traktate der Glaubenslehre, insbesondere die Gotteslehre, die Christologie, die Eschatologie in einer langen Tradition eine Gestalt angenommen haben, die beide Kirchen als verbindlich erachten, gibt es in der Ekklesiologie diese gemeinsame Geschichte nicht. Die hier anstehenden Fragen wurden unter apologetischem Interesse entfaltet, man wollte beweisen, dass der andere im Unrecht ist. Die Ekklesiologie entstand aus der Kontroverse, und man sieht es ihr an, auch noch heute. Nicht selten wurde genau das zum „Wesen des Katholizismus" oder zum „protestantischen Grundentscheid" hochstilisiert, was sich gegen die jeweils andere Seite richtete. Herkömmliche Handbücher der Ekklesiologie und Katechismen sind Belege dafür, dass Kontroversthemen zum systematischen Ansatz für die Lehre von der Kirche, insbesondere ihrer Strukturen und Ämter geworden sind.

Gott sei Dank hat sich an diesem Punkt vieles geändert. Die zwischen den Kirchen bestehenden Differenzen auch in der Ekklesiologie und in der Sakramentenlehre werden weithin nicht mehr als kirchentrennend erachtet. Die Öffnung der systematischen Theologie auf das historische Denken führte zum Bewusstsein von Vielfalt in allen Kirchen und hat die Vorstellung einer ursprünglichen oder künftigen Einheitlichkeit in Frage gestellt. Niemandem darf wegen Praktiken oder Überzeugungen, die bei den eigenen Gläubigen toleriert werden, die Kirchengemeinschaft abgesprochen werden. Angestrebt wird ein differenzierter Konsens, in dem gemeinsame Grundlagen formuliert werden, die durch unterschiedliche Konkretisierungen in der einzelnen Ausgestaltung nicht wieder in Frage gestellt werden. Ein solcher differenzierter Konsens wird als hinreichend für gegenseitige Anerkennung und Kirchengemeinschaft erachtet, enthebt aber die Theologie nicht der Pflicht zu weiteren Dialogen. Doch diese finden auf der Basis einer gemeinsamen Grundüberzeugung statt.

Weithin dominiert in der Theologie die Überzeugung, dass an den Kirchenspaltungen nicht mehr wegen unüberwindlicher Glaubensdifferenzen festgehalten wird, sondern vor allem wegen der Macht der Geschichte und wegen der Schwierigkeiten, in großen sozialen Gebilden Reformen durchzusetzen. Natürlich lassen sich historische Prozesse nicht rückgängig machen, selbst wenn frühere (Miss-)Verständnisse soweit aufgearbeitet werden konnten, dass sie die Trennung nicht mehr legitimieren. Heute sind es vor allem Differenzen in den Zielvorstellungen der Ökumene, die konkrete Schritte erschweren. Diese Problematik scheint mir gewichtiger als die Machtfrage, die oft als das eigentliche Motiv für Tendenzen zur Beharrung angesehen wird. Von besonderem Gewicht ist der Vorschlag aus kanonistischer Sicht, die Interpretation und die Anwendung des Kodex von 1983 aus der Perspektive des vorgängigen Entscheids des II. Vatikanums für die Ökumene zu treffen. Weil die Neufassung des

Kodex das Konzil in das Leben der Kirche übersetzen wollte, müssen dessen Bestimmungen im Lichte seiner ökumenischen Grundentscheidung gelesen werden und dürfen dieser jedenfalls nicht widersprechen.[16]

Allerdings lässt sich nicht übersehen, dass es in allen Kirchen auch gegenläufige theologische Tendenzen gibt, wo man die je eigene Form des Kircheseins für die allein legitime erachtet und eine Einigung nur auf der Basis der eigenen Ekklesiologie für möglich hält. Dann wird Übereinstimmung auch in den Fragen gefordert, die mehrheitlich als nicht kirchentrennend angesehen werden, oder bestehende Differenzen werden zum Ausdruck einer Grunddifferenz hochstilisiert, die alle Konvergenzen als wertlos erscheinen lässt. Nicht selten werden längst gelöste Probleme wiederum als trennend bezeichnet und erreichte Übereinstimmungen ignoriert. Vor allem aber werden immer diffizilere Differenzen zur Begründung für die gegenseitige Verwerfung nachgeschoben. Schon Heinrich Fries hat über den Eindruck geklagt, „als sollte die Meßlatte des Ökumenischen immer höher gelegt werden", und jede neu entdeckte Differenz würde „wie ein Sieg gefeiert"[17]. In der Konsequenz sind die Dokumente der Dialogkommissionen immer umfangreicher geworden, die Differenz dagegen zu dem, was den Gemeinden als relevant und sinnvoll erscheint, immer größer. Die Forderung nach noch mehr Präzision lässt sich fast unbegrenzt erheben. Auch mancher kirchenamtliche Text erweckt den Eindruck, bei seinen Autoren herrsche mehr Freude an einem neu entdeckten Problem als an 99 gelösten.

Natürlich weiß die Theologie, dass sie die Gemeinschaft der Kirchen nicht herstellen kann, Ökumene kann nur in einem Prozess verwirklicht werden, der von der Kirche als Ganzer getragen wird. Aber die Theologie muss einen unverzichtbaren Beitrag dazu leisten, indem sie Probleme aufarbeitet, deretwegen die Kirchen sich gegenseitig exkommuniziert und sich abgesprochen haben, Kirche Jesu Christi zu sein, seine Botschaft zu verkünden und nach seinem Gebot

---

[16] Siehe hierzu Myriam Wijlens, Die Verbindlichkeit des II. Vatikanischen Konzils, in: Christoph Böttigheimer (Hg.), Zweites Vatikanisches Konzil, Freiburg 2014, 37–62, hier 51f., 60.

[17] Heinrich Fries, „Damit die Welt glaube", Frankfurt 1987, 183.

zu leben. Wenn dieses Urteil nicht mehr unabdingbar ist, ist es hinfällig und darf nicht aus Gewohnheit festgehalten werden. Gleichzeitig hat Theologie darauf hinzuweisen, dass die Einheitsforderung im ökumenischen Kontext nicht in einem Maße hochgeschraubt werden darf, das weit über das hinausgeht, was innerkirchlich an Übereinstimmung gefordert wird. Es kann sehr wohl ihre Aufgabe sein, die Mahnung zu Geduld in Frage zu stellen. Denn die Kirche hat nicht das Recht, an einem Zustand festzuhalten, der ihrem Auftrag widerspricht. Einheit gehört zu ihren Wesensmerkmalen, wie das Credo sie formuliert, und Kirche darf sich nicht an eine Situation gewöhnen, die diesem entgegengesetzt ist.

Wenn man davon ausgeht, dass es nicht mehr Glaubensfragen sind, die trennen und an den Spaltungen festhalten lassen, hat das natürlich auch Bedeutung für die ökumenische Theologie. Wenn nicht alles täuscht, hat sie in den vergangenen Jahren an Stellenwert eher verloren. Die Zeiten, als in München ein Ökumenisches Institut eingerichtet wurde, weil Ökumene überall sein muss, liegen weit zurück. Derzeit stellt die Pluralität der Religionen die vielleicht gewichtigere Herausforderung dar, insbesondere die Begegnung mit dem Islam und dem Buddhismus. Sie findet jedenfalls mehr öffentliches Interesse als das Verhältnis zwischen den christlichen Kirchen. Nicht zufällig ist das Wort von der größeren Ökumene entstanden, die auch die Religionen mit einschließt. Fast könnte man den Eindruck gewinnen, Ökumene ist out, Pluralismus ist in. Standen noch vor wenigen Jahrzehnten die Ökumeniker an der Spitze der theologischen Neubesinnungen und galten von Berufs wegen als progressiv, vielleicht auch als unbequem, werden sie heute eher als konservativ angesehen, weil sie die dogmatisch verbindlichen Entscheidungen der Kirchen ernst nehmen und sie auch in einen ökumenischen Konsens einbringen wollen. Als fortschrittlich gelten heute eher Religionspluralisten, die allein die Verwerfungen verwerfen.

Papst Franziskus berichtet, er habe bei einem Treffen mit dem ökumenischen Patriarchen Bartholomäus diesen gefragt, ob die Berichte zutreffen, die von der legendären Begegnung von Papst Paul VI. und dem Patriarchen Athenagoras 1964 in Jerusalem erzählt werden. Bei dieser Gelegenheit soll der Patriarch den – wohl nicht ganz ernst gemeinten – Vorschlag unterbreitet haben: „Schicken wir diese ganzen Theologen doch einfach auf eine Insel, wo sie sich die Köpfe zerbrechen können und wir machen hier inzwischen alleine weiter". Bartholomäus bestätigte: „Es stimmt. Genau das hat er gesagt"[18]. Nun, in den mehr als 50 Jahren, die seither vergangen sind, hat die Theologie viele gangbare Wege erschlossen und aufgezeigt, wie man in der Ökumene weitermachen könnte. Dass es immer noch Leute gibt, die reif wären für die Insel, ist unbestritten. Allerdings befinden sie sich mehrheitlich nicht unter den Theologinnen und Theologen.

c) Die Kirchenleitungen

Durch die Verbuntung religiösen Lebens sind natürlich auch die Kirchenleitungen herausgefordert. In allen christlichen Kirchen haben die Amtsträger eine besondere Verantwortung für die Treue zur christlichen Botschaft, ihnen ist ein Dienst an der Apostolizität der Kirche und damit an ihrer Einheit anvertraut. Selbst wenn auch nach der Überzeugung der bischöflich verfassten Kirchen die Sukzessionskette für sich allein die Ursprungstreue nicht garantieren kann, wird sie von ihnen als gewichtiges, eventuell gar als unverzichtbares Zeichen für die Apostolizität erachtet. Auch die nicht bischöflich verfassten Kirchen kennen eine *episkopé*, ein übergemeindlich-regionales Amt, das mit Vollmacht sprechen kann und den Auftrag hat, die rechte Lehre zu schützen. Allerdings, so muss nicht weniger nachdrücklich festgehalten werden, haben die Amtsträger auch den Auftrag, die Gemeinden anzuregen und die christliche Botschaft als in der Gegenwart fruchtbar zu erweisen. Wer nur bremst, kann nicht leiten. Von dieser doppelten Aufgabe sind die Kirchenleitungen herausgefordert.

Ein Blick auf die vergangenen Jahrzehnte zeigt, dass sich Päpste und Bischöfe häufig eines vor allem verbalen Ökumenismus befleißigten und sich dadurch nicht selten als die wahren Ökumeniker zu präsentieren suchten. Man hat weitreichende Absichtserklärungen formuliert und Selbstverpflichtungen unterschrieben, solange diese

---

[18] Zitiert in Papst Franziskus, Die Spaltung unter uns Christen ist ein Skandal!, Stuttgart 2017, 183.

211

nicht konkret wurden. Ein Beispiel für eine sprachgewaltige Ökumene können die Worte von Papst Johannes Paul II. bei seinem Abschied aus Deutschland im November 1980 sein: „Ich will der Einheit dienen, ich will alle Wege beschreiten, die Christus uns nach den Erfahrungen der Jahrhunderte und Jahrtausende zur Einheit in jener Herde führt, in der er allein der einzige und sichere gute Hirte ist."[19] Und in der Ökumene-Enzyklika *Ut unum sint* versicherte der Papst, das ökumenische Bemühen sei „eine der pastoralen Prioritäten" seines Pontifikats[20].

In der Praxis dagegen hat Rom oft auch kleine Schritte zu mehr Gemeinsamkeit verweigert und auch Bischöfe, die sich für Reformen einsetzten, mit Verweis auf die universalkirchlichen Konsequenzen, die sie haben könnten, in die Schranken gewiesen. Die immer nachdrücklichere Betonung von Autorität und Gehorsam hat in den letzten Pontifikaten einer ökumenischen Annäherung einen Riegel vorgeschoben. Es gibt heute keine binnenkirchlichen Vorgänge mehr, die nicht auch die anderen Kirchen betreffen würden. Die harten Reaktionen auf offene Feiern des Herrenmahls bei Kirchentagen, die Ablehnung der Voten der Würzburger Synode durch den Vatikan, problematische Stellungnahmen zu moralischen Fragen, insbesondere die Enzyklika *Humanae vitae,* das definitive Verbot, über Frauenordination auch nur zu sprechen, haben das Verhältnis zu den christlichen Kirchen nachhaltiger geprägt als feierliche Erklärungen zur Ökumene und wohl auch mehr als die Enzyklika *Ut unum sint.* Hier wurden Überzeugungen als mit der christlichen Botschaft unvereinbar verworfen, die in den evangelischen Kirchen selbstverständlich praktiziert werden. Ist es überraschend, wenn diese sich brüskiert fühlten?

In ihrem Auftrag, die apostolische Botschaft zu bewahren, können die Kirchenleitungen nur überzeugen, wenn sie sich auf die zentralen und identitätsstiftenden Wahrheiten konzentrieren. Das II. Vatikanum hat das Wort von der Hierarchie der Wahrheiten geprägt, Döllinger hat die *unitas in necessariis* betont, Rahner und Fries haben festgehalten, dass ihre Thesen zur Einheit der Kirchen den Glauben

---

[19] Papst Johannes Paul II. in Deutschland (Verlautbarungen des Apostolischen Stuhls), Bonn 1981, 204.
[20] *Ut unum sint* Nr. 99.

an die Botschaft der Heiligen Schrift sowie an die altkirchlichen Glaubensbekenntnisse voraussetzen. Nur in der Konzentration auf das unterscheidend Christliche, den Grundkonsens, in dem die christlichen Kirchen übereinstimmen und sich von anderen Religionen und Weltdeutungen unterscheiden, wird die Botschaft überzeugen. Tendenzen, die Gestalt der Kirche und ihre Lehre wie eine Burg an ihren Grenzen und in ihren diffizilsten Ausgestaltungen zu verteidigen und aus dieser Mauer keinen Stein herausbrechen zu lassen, beschwören als Gegenreaktion die Gefahr herauf, dass mit den sekundären auch die zentralen Inhalte der christlichen Botschaft einem Pluralismus zum Opfer fallen.

Den Auftrag, die Botschaft zu verkünden und sie zu bewahren, kann das kirchliche Amt nur im Rahmen der Kirche als Ganzer erfüllen, es muss durch Argumente überzeugen. Die Berufung allein auf Autorität und die Forderung von Gehorsam gegenüber dem Lehramt wird, wie Newman in seiner Schrift über das Glaubenszeugnis der Laien gewarnt hat, „bei den Gebildeten mit Indifferenz und bei den Armen mit Aberglauben enden"[21]. Ob etwa der Diensteid mit der Einführung von „definitiven" Entscheidungen des Lehramtes, die abweichende Überzeugungen von vornherein ausschließen, dem gedient hat? Ökumenefähig wird die Kirche nur sein, wenn sie die Energie darauf setzt zu überzeugen, sodass die Gläubigen in Freiheit und aus eigener Einsicht die vorgegebene Botschaft mitvollziehen und leben können. Meine Arbeiten zum I. Vatikanum und zur Rezeption des II. Vatikanums haben mir nicht den Eindruck vermittelt, dass man hier schon alles Mögliche getan hätte. Die Vorstellung, dass der Glaube aufgrund der Autorität der Lehramts und gestützt auf das Zeugnis des Wunders gleichsam wie eine Last getragen werden muss und abweichende Überzeugungen mit Drohungen und Angstvisionen perhorresziert werden, kann die Botschaft nicht glaubwürdig machen. Wenn nicht die Kraft des Arguments entscheiden soll, sondern die Autorität, also nicht zählt, was gesagt wird, sondern wer es sagt, läuft das Amt Gefahr, seine Relevanz zu verlieren. Mir scheint, das wäre der schnellste Weg in eine „Diktatur des Relativismus".

---

[21] John Henry Newman, Über das Zeugnis der Laien in Fragen der Glaubenslehre, in: Polemische Schriften, Mainz 1959, 292.

3. Ein Ausblick in Zuversicht

Ein Ergebnis meiner ökumenischen Erfahrungen ist die Entscheidung, mich durch Enttäuschungen nicht entmutigen zu lassen. So konnte ich aus den Leitlinien, die Papst Franziskus für sein Pontifikat aufgezeigt hat, neue Zuversicht schöpfen. Sicher sind auch dies zunächst Worte, die Hoffnung auf die Umsetzung in das konkrete Leben der Kirche wurden bislang noch nicht erfüllt. Aber die Worte des Papstes haben etwas bewirkt und sie haben die Kirche verändert, Handlungsspielräume erweitert und Hoffnung erweckt, auch für die Ökumene. Triumphalismus, der die Kirche als Haus voll Glorie sehen möchte, ist dem Papst fremd. In seinem apostolischen Schreiben *Evangelii gaudium* (2014) schreibt er, er erstrebe eine verbeulte Kirche, eine Kirche die hinausgeht an die Ränder[22], zu denen, die sonst keinen Fürsprecher haben. In seinem persönlichen Lebensstil macht er die Option für die Armen glaubwürdig.

Nicht allein in Lund, bei vielen Gelegenheiten hat Papst Franziskus die Ökumene angesprochen und sie als einen gemeinsamen Weg bezeichnet. Einheit erscheint in seinen Worten nicht als ein fixer, unveränderlicher Zustand, sondern als Prozess. „Die Einheit wird nicht kommen wie ein Wunder am Ende. Die Einheit kommt auf dem Weg. Der Heilige Geist bewirkt sie im Unterwegssein"[23]. Der Papst wartet nicht auf volle theologische und institutionelle Übereinstimmung, solche wird es wohl nie geben. Das gemeinsame Gehen, das Auf-dem-Weg-Bleiben erscheint als Ziel der Einheit. Auch in der Frage der Eucharistiegemeinschaft verweist der Papst nicht auf das, was man traditionell als „volle Einheit" bezeichnet hat, sondern auf den gemeinsamen Weg. Er macht Mut: „Sprecht mit dem Herrn und geht voran"[24]. Als entscheidende Kategorie christlichen Lebens bezeichnet er nicht den Ort, sondern die Zeit. Bild für die Einheit ist nicht die in sich ruhende Kugel, sondern das Polyeder, das Vielfalt und Vielgestaltigkeit zum Ausdruck bringt.

---

[22] *Evangelii gaudium* Nr. 49.
[23] Papst Franziskus, Die Spaltung unter uns Christen ist ein Skandal!, Stuttgart 2017, 109.
[24] A. a. O. 94.

Der griechische Terminus für einen gemeinsamen Weg ist *synodos*, aus dem sich der Begriff Synode herleitet. Der Papst beruft sich auf Johannes Chrysostomos, demzufolge „Kirche und Synode Synonyme sind". „Synodalität ist das, was Gott sich von der Kirche des dritten Jahrtausends erwartet"[25]. Eine synodale Kirche ist „eine Kirche des Zuhörens". In einer programmatischen Ansprache zum 50. Jahrestag der Einrichtung der Bischofssynode bezeichnete der Papst diese als „eines der kostbarsten Vermächtnisse der letzten Konzilssitzung". Sie gibt auch seinem eigenen Amt eine neue Gestalt. „Ich bin überzeugt, dass in einer synodalen Kirche auch die Ausübung des petrinischen Primats besser geklärt werden kann. Der Papst steht nicht allein über der Kirche, sondern er steht in ihr als Getaufter unter Getauften, im Bischofskollegium als Bischof unter den Bischöfen"[26]. Das setzt neue Perspektiven für die Primatsfrage. Die nach dem Konzil eingeführte Bischofssynode diente der Beratung der Päpste und diese sind frei, was sie von den Ratschlägen in ihren postsynodalen Schreiben aufgreifen. Im Laufe der Jahre haben Päpste in zunehmendem Maße aus den von den Synoden verabschiedeten Texten zitiert, Papst Franziskus ist 2019 in seinem postsynodalen Schreiben zur Amazonas-Synode einen Schritt weiter gegangen und hat den Text der Synode als Ganzen aufgenommen und ihn sich so zu eigen gemacht.

Der Papst spricht in seiner Vision einer synodalen Kirche von der „Notwendigkeit, in einer heilsamen ‚Dezentralisierung' voranzuschreiten", also nicht alle Entscheidungen von Rom zu erwarten, sondern in Anwendung des Subsidiaritätsprinzips auf die Kompetenz der Ortsbischöfe zu vertrauen. Vor allem aber gilt es, auf den Glaubenssinn der Gläubigen zu hören. Synodalität „beginnt im Hinhören auf das Volk"[27]. Um dieses zu gewährleisten, hat er die Bischofssynode zu Fragen der Familie 2014/2015 zweigeteilt. In einer ersten Sitzungsperiode wurde ein vorläufiger Text erstellt, der in die Gemeinden ging. Sie sollten dazu Stellung beziehen können. Die Reaktionen der Basis und damit derer, die in Familien leben und ihre Er-

---

[25] Andreas R. Batlogg – Paul M. Zulehner, Der Reformer, Würzburg 2019, 143.
[26] A. a. O. 145.
[27] A. a. O. 144.

fahrungen gesammelt haben, sollten in die zweite Etappe der Bischofssynode und in ihre Voten eingehen. Für die nächste Bischofssynode, die für den Oktober 2022 geplant ist, hat Papst Franziskus als Thema festgelegt: „Für eine synodale Kirche – Gemeinschaft, Teilhabe und Mission". Synodalität steht in Spannung zu einem Kirchenbild, das im I. Vatikanum und im Antimodernismus seinen Höhepunkt gefunden hat. Wenn sich die Kirche für diese Synodalität öffnet, wird die römische Vision von der Einheit nicht mehr in der Unterwerfung unter den Papst kulminieren und damit ein zentraler Einwand gegen eine ökumenische Gemeinschaft entfallen.

In seiner Betonung der Synodalität nimmt Papst Franziskus die Kirche nicht von den Amtsträgern her in den Blick und versteht die Laien nicht in einer Negativdefinition als Nicht-Kleriker. Das schließt einen Klerikalismus und damit ein Überlegenheitsgefühl des Priesters und ein Herrschaftsverhalten gegenüber Ordensschwestern aus, die der Papst als eine der Ursachen für die Missbrauchsfälle anprangert. In der Reaktion auf diese schlimmen Vorkommnisse macht Papst Franziskus auch von der Autorität Gebrauch, die ihm das Kirchenrecht verleiht.

Diese im Begriff der Synodalität zusammengefassten Aspekte sind unverzichtbar für ökumenische Gemeinschaft. Nur wenn sie sich realisieren lassen und die Ämter in der Kirche in diesen Kontext einbezogen werden, wird die Kirche ökumenefähig sein. Es ist kein Zufall, dass sich der Papst in seinem Plädoyer für Synodalität auf die Erfahrungen in der Ökumene, insbesondere der orthodoxen Kirchen beruft.

Bei alledem kann nicht übersehen werden, dass auch bei Papst Franziskus bislang Absichtserklärungen überwiegen und Konkretisierungen in der Praxis auf sich warten lassen. Insbesondere bei der Amazonas-Synode 2019 waren die Erwartungen hoch, dass er zumindest für diese entlegene Region Sonderregelungen treffen würde, die dann eventuell als Präzedenzfälle wirken könnten. Es ist zu vermuten, dass er in der Kurie auf massiven Widerstand stößt. Dennoch wird er als Reformer wahrgenommen, selbst wenn sich die enttäuschten Stimmen mehren. Doch auch durch seine Worte hat er die Stimmung und das Klima in der Kirche verändert, Vorschläge zu Reformen, auch zu mutigen Reformen werden ermutigt und es dominiert nicht mehr die Angst vor Repressalien.

Sicherlich zeigen sich Widerstände gegen die Anregungen des Papstes zu Synodalität und Partizipation auf allen Ebenen, nicht allein in der römischen Kurie. In Deutschland wurde insbesondere als Reaktion auf die Missbrauchsfälle, aber auch wegen des immer drückenderen Priestermangels und der nach wie vor bestehenden Minderwertung der Frauen der Synodale Weg einberufen, in dem sich Bischöfe, Priester und Laien um verbindliche Regelungen in den konkreten Herausforderungen mühen. Auch hier gab es Kritik von konservativer Seite. Man forderte, es dürfe nichts thematisiert werden, was einer gesamtkirchlichen Regelung vorbehalten ist und schon gar nicht sei es möglich, in solchen Fragen verbindliche Entscheidungen zu treffen. Doch, so das Gegenargument, Anregungen zu Reformen von gesamtkirchlicher Relevanz müssten von den Ortskirchen kommen, sie stellen einen Dienst an der Universalkirche dar, die solche Impulse braucht, um nicht in Unbeweglichkeit zu erstarren. Es ist offensichtlich, dass solche von Orts- oder Teilkirchen ausgehenden Impulse für eine ökumenische Gemeinschaft von entscheidender Bedeutung sind.

Als von bischöflicher Seite die Kritik kam, der Synodale Weg sei „quasi ein protestantisches Kirchenparlament", wies Kardinal Reinhard Marx als Vorsitzender der Bischofskonferenz dies zurück. Es komme ihm „doch einigermaßen merkwürdig vor, dass ‚protestantisch' in Köln offenbar als Schimpfwort benutzt werde"[28]. Vielleicht hat man im Synodalen Weg eine Form der Willensbildung wiederentdeckt, die katholischerseits untergegangen war, die aber für das Volk Gottes bedeutsam ist. Ökumene kann und soll von Einseitigkeiten befreien und bereichern. Das Wort von der Bekehrung und Erneuerung, deren die Kirche bedarf, formulierte das II. Vatikanum an die eigene Adresse, nicht nur an „die anderen" (LG 8).

Die Zuversicht, die ich mir nicht habe rauben lassen, richtet sich auch auf die ökumenischen Großereignisse, auf die wir zugehen: den Ökumenischen Kirchentag in Frankfurt 2021 und die Vollversammlung des Ökumenischen Rates der Kirchen in Karlsruhe 2022.

---

[28] Dokumentiert auf der Website der Evangelischen Kirche von Hessen: https://www.ekhn.de/aktuell/detailmagazin/news/synodaler-weg-wird-die-katholische-kirche-jetzt-evangelisch.html, Zugriff 1.12.2020.

Der Dritte Ökumenische Kirchentag in Frankfurt vom 12.–16. Mai 2021 steht unter dem Leitwort „schaut hin". Dies ist in der Deutung des Präsidiums als Appell zu verstehen. „Schauen ist mehr als sehen. Schauen nimmt wahr und geht nicht vorbei. Schauen bleibt stehen und übernimmt Verantwortung. Aktiv Verantwortung zu übernehmen, ist unser Auftrag als Christinnen und Christen". „Wir nehmen die Sorgen und Bedrängnisse der Menschen ernst. Wir tun das in der Gewissheit, dass Gott nicht wegschaut"[29].

Wie zu erwarten, ist auch für Frankfurt, wie bereits in Augsburg 1971, Berlin 2003 und München 2010, der Wunsch nach einer Gemeinschaft im Herrenmahl laut geworden. Das Plädoyer des Ökumenisch-theologischen Arbeitskreises[30] hat ihm, angesichts der Kompetenz, die sich in ihm versammelt, erhebliche Dynamik verliehen. Zudem hat die Bischofskonferenz mit ihrem Text über die Gemeinschaft im Herrenmahl den Türspalt erweitert und Papst Franziskus hat mehrfach auf die persönliche Gewissensentscheidung hingewiesen. Allerdings hat die römische Glaubenskongregation in altbekannter Weise wieder von der „Notwendigkeit einer weiteren theologischen Vertiefung bestimmter Kernthemen wie der Frage der Realpräsenz und des Opferbegriffs der Eucharistie, damit verbunden der Frage des Weihesakraments" gesprochen. Sie schließe „eine individuelle Gewissensentscheidung über ein Hinzutreten zum Abendmahl bzw. zur Eucharistie" aus[31]. In dieser Situation scheint mir das Motto des Kirchentags „schaut hin" hilfreich zu sein. Schauen kann man nur selbst, im Unterschied zum Hören, das sich auf andere und ihre Argumente oder ihre Autorität bezieht. Die nötigen Entscheidungen werden die Betroffenen selbst treffen müssen und, angesichts der theologischen Arbeit und der Erfahrungen der vergangenen 50 Jahre, auch guten Gewissens verantworten können.

Angesichts der Corona-Krise wird der Ökumenische Kirchentag 2021 weithin auf digitalem Weg stattfinden und dabei dezentral Ge-

---

[29] Auf der Website des 3. Ökumenischen Kirchentags.
[30] Siehe oben S. 10.
[31] Brief des Präfekten der Glaubenskongregation an den Vorsitzenden der Deutschen Bischofskonferenz vom 18. September 2020, auf der Website der DBK in der Rubrik Ökumene, Zugriff 3.11.2020.

meinden und Verbände einbeziehen. Die Frage der Gemeinschaft im Herrenmahl wird sich damit wohl nicht auf spektakuläre einzelne Gottesdienste konzentrieren, sondern die Praxis in den Gemeinden in den Blick nehmen müssen.

Der Ökumenische Rat der Kirchen hat angesichts der Corona-Krise seine 11. Vollversammlung um ein Jahr auf den September 2022 verschoben. Sie wird in Karlsruhe stattfinden, es ist die erste Vollversammlung in Deutschland und seit Uppsala 1968, also seit mehr als 50 Jahren, die erste in Europa. Sie steht unter dem Thema „Die Liebe Christi bewegt, versöhnt und eint die Welt". Dieses Motto ist, wie der ÖRK erklärt, „ein grundlegender Aufruf an die Kirchen, miteinander, mit Menschen anderen Glaubens und mit allen Menschen guten Willens unermüdlich für gerechten Frieden und Versöhnung zu arbeiten, damit die sichtbare Einheit der Kirche ein prophetisches Zeichen und ein Vorgeschmack auf die Versöhnung dieser Welt mit Gott und auf die Einheit der Menschheit und der ganzen Schöpfung werden kann"[32].

Diese beiden Veranstaltungen, und nicht nur sie, werden unseren Erfahrungsschatz in Sachen Ökumene bereichern. Ich bin zuversichtlich, dass sie der Gemeinschaft der Christenheit und ihrer Versöhnung dienen.

---

[32] So auf der Website des ÖRK: https://www.oikoumene.org/de/about-the-wcc/ organizational-structure/assembly#thema-und-symbol-der-vollversammlung, Zugriff 3.11.2020.

Abkürzungen

AcK	Arbeitsgemeinschaft christlicher Kirchen
ARCIC	Anglikanisch-römisch-katholische internationale Kommission
BEM	Baptism, Eucharist, Ministry (= Lima-Papier, 1982)
BSLK	Bekenntnisschriften der evangelisch-lutherischen Kirche (1930, Neuausgabe 2014)
CA	Confessio Augustana (Augsburger Bekenntnis)
DBK	Deutsche Bischofskonferenz
DEKT	Deutscher Evangelischer Kirchentag
DH	Denzinger-Hünermann (= Kompendium der Glaubensbekenntnisse und kirchlichen Lehrentscheidungen, [45]2017)
DiH	II. Vatikanisches Konzil, Erklärung über die Religionsfreiheit *Dignitatis humanae* (1965)
DÖSTA	Deutscher Ökumenischer Studienausschuss
DwÜ	Dokumente wachsender Übereinstimmung (bislang 4 Bde.)
EKD	Evangelische Kirche in Deutschland
GER	Gemeinsame Erklärung zur Rechtfertigungslehre (1999)
GÖK	Gemeinsame Ökumenische (Bischofs-)Kommission
GS	II. Vatikanisches Konzil, Pastorale Konstitution über die Kirche in der Welt von heute *Gaudium et spes* (1965)
JPIC	Justice, Peace and Integrity of Creation
KNA	Katholische Nachrichtenagentur
LG	II. Vatikanisches Konzil, Dogmatische Konstitution über die Kirche *Lumen gentium* (1964)
LThK E	Lexikon für Theologie und Kirche, Ergänzungsbände mit Konzilstexten und Kommentaren (1966–1968)
LWB	Lutherischer Weltbund
ÖAK	Ökumenischer Arbeitskreis evangelischer und katholischer Theologen
ÖRK	Ökumenischer Rat der Kirchen
RGG	Religion in Geschichte und Gegenwart (3. Aufl. 1957–1962; 4. Aufl. 1998–2007)
UR	II. Vatikanisches Konzil, Dekret über den Ökumenismus *Unitatis redintegratio* (1964)

VELKD	Vereinigte Evangelisch-Lutherische Kirche Deutschlands
WA	Weimarer Ausgabe der Schriften Martin Luthers
ZdK	Zentralkomitee deutscher Katholiken
ZöF	Zentrum für ökumenische Forschung

Sachregister

Personenregister